서울을 달리는 100가지 방법

100명의 러너가 추천하는 서울 러닝 코스 100

서울을 달리는 100가지 방법

100명의 러너가 추천하는 서울 러닝 코스 100

지은이 안정은·최진성

디스커버리미디어

서울을 달리자
서울을 느끼자

"물고기는 헤엄치고 새는 날고 인간은 달린다." 혹시 에밀 자토페크Emil Zátopek 아시나요? 체코의 육상 영웅이죠. 1952년 제15회 헬싱키올림픽에서 5,000m, 1만m, 마라톤에서 동시에 우승해 금메달 세 개를 조국 체코에 안겼죠. "기적은 단 한 번 훈련으로 일어나지 않는다." "러너는 가슴 가득 꿈을 안고 뛰어야 한다." 그는 가슴에 새겨야 할 달리기 명언도 많이 남겼습니다. 호모러너스. 자토페크의 말대로 우리는 달리는 존재입니다.

달리기를 시작한 이후 참 많은 사람을 만났습니다. 희열, 도전, 체력, 건강, 다이어트, 힐링, 자유, 자신감, 스트레스 해소, 자아 찾기, 친목 도모……. 달리는 이유는 조금씩 달랐지만, 몇 가지 공통점이 있더군요. 러너들은 하나 같이 활기찼습니다. 긍정적이고, 또 항상 웃습니다. 그런데 문득, 궁금했습니다. 이 많은 사람이 어디서 달릴까? 그래서 생각했습니다. 100명의 러너에게 물어보자. 그리고 이제, 궁금증에서 얻은 열매, 러너 100명의 추천을 받아 만든 서울 100대 코스를 공유합니다. 이제는 어디를 달릴까 고민하지 마세요. 서울에 살든, 서울에 살지 않든, 이 책의 몇 코스만 달리면 당신은 어느새 서울의 매력에 흠뻑 빠지게 될 겁니다. 책이 나오기까지 과정이 긴 달리기라면 이 책의 출발지점은 궁금증이었습니다. 그리고 이 책의 도착지점은 호모러너스, 바로 당신입니다.

베를린, 도쿄, 뉴욕, 샌프란시스코, 몽골, 코타키나발루, 아프리카 모리셔스……. 해외에서도 여러 곳을 달렸지만 서울만큼 아름다운 곳은 없더군요. 때로는 고즈넉하고 때로는 화려한 서울. 외국인 친구에게 자랑을 늘어놓아도 부족하지 않은 도시죠. 『서울을 달리는 100가지 방법』은 러너를 위한 서울 코스 가이드북입니다. 하지만 코스 정보만 있는 게 아닙니다. 다른 정보도 알뜰살뜰 담았습니다. 100명의 러너 이야기를 담았습니다. 그들의 러닝 이야기에 귀 기울여보세요. 코스별 짐 보관 방법도 알려줍니다. 코스별 러닝 팁도 물론 담았지요. 인생 사진을 남길 수 있는 포토 포인트도 중요하겠지요? 그리고 이젠, 러닝 후 허기진 배를 이끌고 어디를 갈까 고민하지 마세요. 코스 주변 맛집도 담았으니까요. 그리고 하나 더! 러닝 후 피크닉을 즐기라고 주변 명소도 안내합니다. 서울을 달리는 100가지 방법! 여러분, 같이 서울을 달릴 준비 되셨나요?

『서울을 달리는 100가지 방법』은 러닝 전도사 안정은과 달리는 사진가 최진성의 공동 작업입니다. 이 책을 준비하면서 서울을 더 사랑하게 되었습니다. 한 명, 한 명의 이야기를 듣고 감정에 공감하면서 이 책의 주인공과도 사랑에 빠졌습니다. 나만 알고 싶은 러닝 코스와 팁을 가감 없이 내보여준 100명의 러너에게 가장 큰 감사의 인사를 드립니다. 디스커버리미디어의 유명종 편집장님, 긴 시간을 함께 응원해준 부모님과 가족, 고맙습니다. 그리고 저희가 사랑하는 도시가 '서울'이어서 감사합니다.

봄날에 다 같이 달릴 수 있기를 기대하며

2020년 2월

안정은, 최진성

목차

종로구

중구·용산구

서초구·강남구

송파구·강동구

광진구·성동구·동대문구

성북구·강북구·도봉구·노원구·중랑구

마포구·서대문구·은평구

영등포구·동작구

강서구·양천구·구로구·금천구·관악구

테마별 추천 코스

취향 따라 목적 따라 골라 달려요

과거로 떠나는 달리기 여행 코스 01, 02, 03, 04, 06, 12, 14, 19, 23, 62, 82

자연과 함께하는 힐링 코스 39, 51, 60, 73, 75, 76, 83, 93, 96

혼자 달리면 참 좋은 코스 09, 11, 21, 24, 26, 47, 64, 65, 67

함께 달리면 더 좋은 코스 05, 07, 16, 17, 38, 46, 66, 79

빛나는 야경이 예쁜 코스 32, 34, 69, 85, 92

장거리를 달리기 좋은 코스 31, 33, 42, 48, 72, 81, 87

트랙 훈련하기 좋은 코스 28, 36, 63, 78, 95, 100

서울에서 달리기 좋은 트레일러닝 코스 10, 41, 45, 50, 58, 80

한강을 바라보며 달리는 코스 18, 43, 86, 87, 91

교정이 아름다운 캠퍼스 코스 55, 56, 57, 59, 99

+숫자는 코스 번호를 뜻합니다.

서울 달리기 코스 베스트 10

안정은·최진성 작가가 강추합니다

01 쉿, 아무도 모르는 서초의 비밀 숲속 길, 길마중길 (29코스)

02 콧노래가 절로 나와 사뿐사뿐 달리게 되는 반포 허밍웨이 길 (30코스)

03 응봉산 팔각정에서 바라보는 황금빛 한강 야경 (50코스)

04 피톤치드 향 가득한 노을공원의 메타세쿼이아 길 (73코스)

05 황금빛으로 물드는 한강과 억새꽃, 하늘공원 (76코스)

06 손기정 선수와 설치 예술을 만날 수 있는 만리동 윤슬 (23코스)

07 작은 센트럴파크와 놀이동산을 조우하는 즐거움, 어린이대공원 (46코스)

08 공릉동을 관통하는 옛 철길의 새로운 발견, 경춘선숲길 (64코스)

09 2개 궁궐을 통과하는 외국인 관광 1번지, 북촌 (04코스)

10 한양 도성길 동쪽 정상에 서면 만나는 낙산공원 (09코스)

종로구

경복궁역~서촌 코스

#서촌 #수성동계곡 #인왕산 #지니코치

1인 1운동 시대를 소망하는 러닝 코치 이진이 님의 추천 코스

오래된 서울, 소박해서 더 매력적인 서촌 한 바퀴

경복궁역을 출발해 서촌 안으로 들어간다. 골목을 달릴수록 인왕산이 가까워진다. 거대한 바위산이 압권이다. 인왕산 아래, 골목길이 끝나는 곳에 수성동 계곡이 있다. 겸재 정선이 마음을 빼앗긴 그 계곡이다. 서울 한복판에 이렇듯 아름다운 계곡이 있을 거라고 누가 상상이나 했을까? 러닝 코치 이진이 님이 선택한 코스는 이곳, 서촌이다. 이진이 님은 건강한 달리기 문화를 알리고자 학부 시절부터 러닝 코치를 시작했다. 어느새 5년 차. 달리기와 생활체육 문화가 더욱 발전해 모든 사람이 1인 1운동을 하는 날이 오기를 기대한다.

서촌은 경복궁 서쪽에 있는 마을이다. 골목마다 한옥과 카페, 음식점, 아기자기한 상점이 즐비하다. 물소리가 맑아 '수성동'이라 불릴 만큼 자연 친화적인 동네다. 이곳을 달리면 마음이 정화되고 복잡한 머릿속도 차분히 정리된다. 계곡 주변으로는 정자와 산책로가 있어 마치 시골에 온 듯한 기분이다. 계곡 위로 보이는 곳은 인왕산. 조금 더 올라가면 인왕산 자락길과 인왕산 등산로로 이어진다. 서울에서 꼭 달려보아야 할 숨은 명소이다.

코스 정보

코스 경로 경복궁역~경복궁 돌담길~서울농학교 앞길~수성동계곡길~경복궁역 원점 복귀 거리 3.5km 난이도 하 러닝 시간 30분 워킹 시간 40분 찾아가기 경복궁역 4번 출구 짐 보관 경복궁역 내 짐 보관함 코스 주소 종로구 적선동 88-1

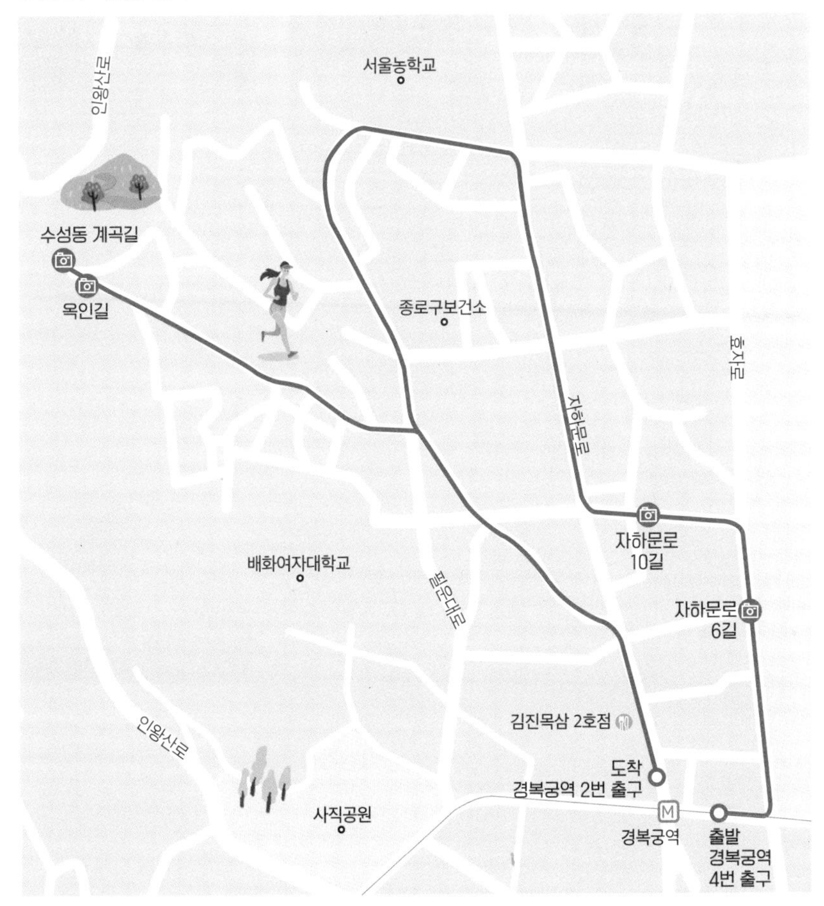

마라톤 팁

① 마라톤 대회 참가 시, 최소 1시간 전 대회장에 도착해 충분히 워밍업 해요. 그리고 출발 전까지 땀이 식지 않도록 체온을 보호해요.

② 대회 후에는 회복 조깅 및 스트레칭으로 근육과 관절을 이완시켜요. 회복 조깅으로 피로물질이 쌓이는 것을 최소화해야 다음에도 달릴 수 있어요.

③ 회복 조깅 페이스는 상대방과 대화를 주고받을 수 있을 정도로 15분이 좋아요.

포토 스팟

자하문로10길

옥인길

수성동 계곡길

김진목삼 2호점

통목살, 통삼겹살

자극적이지 않은 세련된 맛으로 통목살과 통삼겹살이 특히 맛있다. 밑반찬과 채소는 직접 농사 지은 재료들이라 더욱 깔끔하다. 종로구 자하문로1길 51 02-929-2929

대림미술관

일상이 예술이 되는 미술관

한국 최초의 사진 전문 미술관으로 시작하여 현재는 사진뿐 아니라 디자인을 포함한 패션, 라이프스타일, 미디어아트 등 일반인도 일상 속에서 쉽게 접할 수 있는 다양한 영역의 작품을 관람할 수 있다. '일상이 예술이 되는 미술관'이라는 비전을 토대 삼아 일상에서도 예술을 즐길 수 있도록 다양한 예술 장르를 넘나든다. 전시 외에 어린이, 청소년, 대학생, 성인을 위한 다양한 교육 프로그램을 운영하고 있다. 예술과 더 친해질 수 있는 프로그램들이다. 온라인 회원가입 시 할인이 적용되니 홈페이지를 통해 확인해 보자.

종로구 자하문로4길 21 대림미술관 **화·수·금** 10:00-19:00 **목·토** 10:00-20:00(매주 월요일 휴관) ₩ 성인 10,000원, 초·중·고 3,000원, 미취학 아동 2,000원 02-720-0667 http://www.daelimmuseum.org/

청와대

대한민국 정치 1번지

대한민국 대통령의 집무실과 관저이다. 본관과 비서실·경호실·춘추관·영빈관·관저 같은 부속 건물로 구성되어 있다. 청와대라는 명칭은 화강암 석조에 청기와를 덮어 유래하였었다. 고려 시대는 별궁이 있던 곳이고, 조선 시대에는 경복궁 후원이었다. 1945년 해방 후 이승만 정권 시절엔 경무대로 불렸으나 4.19혁명 후부터 청와대로 불렸다. 청와대를 배경으로 사진 찍기 가장 좋은 장소는 경복궁 신무문이다. 20~120일 전에 신청하면 청와대 경내를 관람할 수 있다.

종로구 청와대로 1 02-730-5800 www.president.go.kr

광화문역~삼청동 코스

#경복궁 #청와대 #조계사 #경복궁 #삼청동

외국인 친구와 달리고 싶은 이욱호 님의 추천 코스

서울 역사의 중심, 광화문 '엄지 척!' 코스

외국인이 물어보면 주저하지 않고 추천하는 러닝 코스가 있다. 서울에서 가장 매력적인 러닝 코스, 역사와 전통의 1번지 광화문과 삼청동을 달려보자. 이 코스엔 볼거리와 즐길거리가 많다. 경복궁, 대한민국의 중심인 청와대, 조계사, 그리고 전통 음식 막걸리까지. 달리다가 힘들면 주변을 구경해도 좋다. 경복궁에 잠시 들어가 바람을 쐬어도 좋고, 청와대 앞에서 기념사진을 찍어도 좋다. 삼청동 언덕에서 서울의 조망해도 좋다. 조계사에서 마음의 안정을 찾는다면 금상첨화다. 뭐든지 가능한 곳이 광화문~삼청동 엄지 척, 코스다.

이 코스는 서울 중심을 모두 거치며 달린다. 서울 심장을 눈에 담고 싶은 러너에게 제격이다. 중간 즈음 삼청동에서 마주하는 오르막길은 힘들 수도 있다. 하지만 삼청동 위에서 아래를 내려보는 풍경이 어려움을 싹 잊게 해 준다. 주변 풍경을 감상하며 달리다 보면 초보자들도 어느새 러닝이 끝나버리는 신비한 마법을 경험할 수 있다. 그가 속한 러닝크루의 이름건강과 행복처럼 '달리기'에 빠져 건강하고 행복해진 이욱호 님의 추천 러닝 코스다.

코스 정보

코스 경로 광화문역~광화문~경복궁 돌담길~청와대 앞길~삼청동주민센터~한국금융연수원~정독도서관~조계사~종각역~원점 복귀 거리 6 km 난이도 중 러닝 시간 40분 워킹 시간 80분 찾아가기 광화문역 5번 출구 짐 보관 광화문역 내 짐 보관함 이용 코스 주소 종로구 세종대로 172

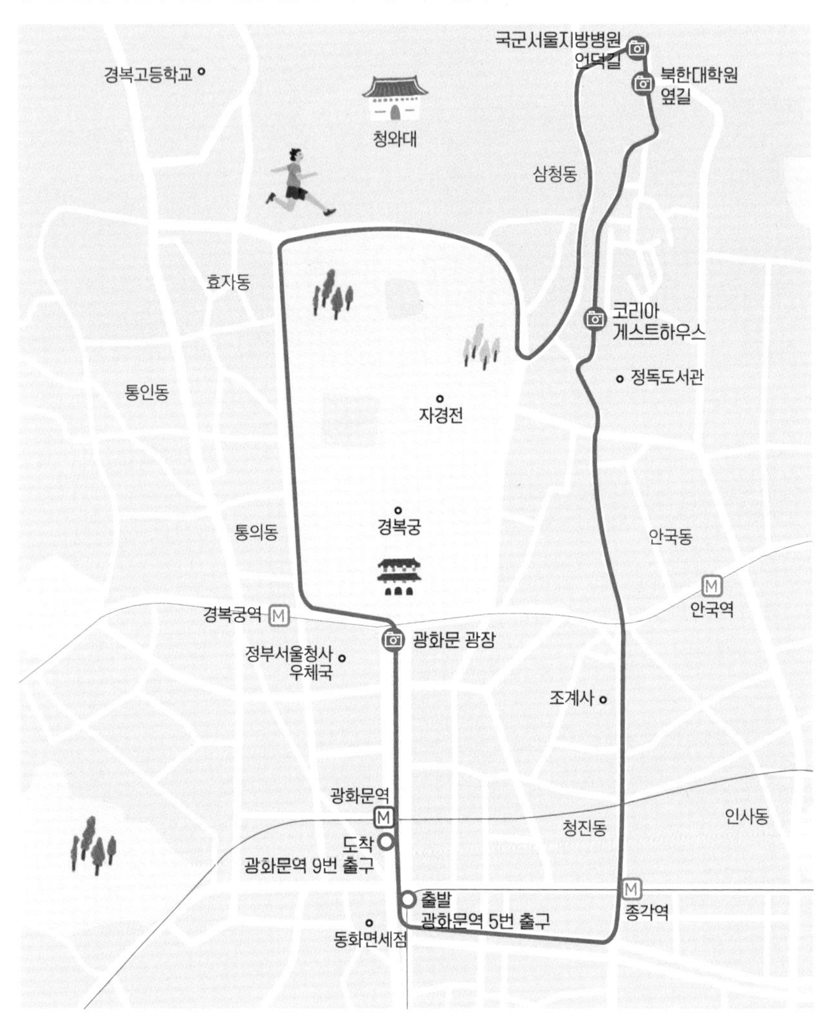

코스 팁

① 청와대와 삼청동 주거지에서는 시민에게 피해 주지 않도록 소음을 줄여요.

② 음악 Sunset City의 『Forger It All』과 Galantis의 『Satisfied』를 추천해요.

포토 스팟

광화문 광장

북한대학원 옆길

코리아게스트하우스

월향

수제 막걸리

오전 일찍 달리기를 마친 러너들에게 추천하는 낮술 할인 가능한 수제 막걸리집. 월향 채소 막걸리와 함께 먹는 치즈호감전이 특히 맛있다. 중구 세종대로21길 30 02-723-9202

광화문

수문장 교대식 구경하기

광화문은 경복궁 정문이다. 임진왜란 때 불타 없어졌다가 1867년 재건립되었으며 6·25전쟁 때 폭격으로 또 소실되었다가 2006년 광화문 복원 및 이전 공사가 시작되어 2010년 8월, 전통적인 옛 모습을 찾았다. 임금이 행차하는 문이며 정면 좌우에는 상상의 동물이자 영물인 해태상을 설치했다. 흥선대원군이 경복궁을 재건할 때 잦은 화재로 공사가 지연되자 불꽃처럼 생긴 남쪽의 관악산이 원인이라는 주장에 따라 해태상을 설치하여 화재를 막고 길운을 빌었다. 광화문 앞에서 매일 10시, 13시, 15시에 수문장 교대식이 열린다. 단, 화요일은 휴무이다. 종로구 사직로 161 09:00-17:00(화요일 휴무) 02-3700-3901

조계사

경내를 걸으며 마음 다스리기

우리나라 최대 종파인 조계종을 대표하는 사찰로 사대문 안에 최초로 자리 잡은 사찰이다. 대웅전 규모가 웅장하다. 24시간 경내를 개방한다. 내·외국인 누구나 드나들 수 있으며, 불교 관련 행사에 참여할 수 있는 열린 공간도 있다. 마당에는 부처의 진신사리가 봉안된 칠층석탑이 있고 대웅전을 지키는 백송은 천연기념물 제9호로 지정되어 있다. 매년 연등축제과 연꽃축제, 그리고 국화축제가 열린다. 종로구 우정국로 55 02-768-8600 http://www.jogyesa.kr/

시청역~경복궁 코스

#광화문 #시청역 #경복궁 #경복궁돌담길

서울의 심장을 달리는 정보라 님의 추천 코스

야경 감상하며 광화문과 경복궁 돌담길을 달려요

정보라 님은 퇴근 후 러닝복으로 갈아입는다. 지하철 시청역을 출발해 덕수궁과 태평로를 지나면 광화문 광장과 경복궁까지 만날 수 있다. 서울의 심장을 달리는 완벽한 코스다. 시청역~경복궁 코스를 선으로 그리면 파리채 모양이 나온다. 1호선, 2호선, 5호선! 주변에 지하철 노선이 많아 러닝 후 어디든 이동하기 편리하다. 남대문 맛집 골목, 북창동 먹자골목도 지척이다. 정보라 님이 추천하는 코스는 현재와 과거가 멋지게 공존한다. 태평로와 세종로가 오늘의 서울 야경을 보여준다면 광화문과 경복궁은 우리를 과거의 어느 시간으로 데리고 간다. 시간 여유가 있다면 야간개장에 맞추어 경복궁을 산책해도 좋다. 봄, 여름, 가을, 겨울. 고궁엔 언제 가도 옛이야기와 깊은 감성이 흐른다. 정보라 씨는 제법 여러 운동을 해왔다. 하지만 러닝만큼 중독적이고 매력적인 운동을 찾을 수 없었다. 비싼 장비도 필요 없다. 좋은 사람과 멋진 장소가 있다면 지친 마음을 달랠 수 있다. 경복궁 코스가 당신을 기다리고 있다.

코스 정보

코스 경로 시청역~광화문 광장~경복궁 돌담길~광화문~원점 복귀 거리 5km 난이도 중 러닝 시간 40분 워킹 시간 60분 찾아가기 시청역 3번 출구 짐 보관 시청역 내 짐 보관함 코스 주소 중구 세종대로 101

코스 팁

① 시청에서 광화문까지는 보행자와 충돌할 수 있어요. 천천히 달리며 주변을 즐겨요.

② 경복궁 야간개장 기간은 4월 말부터 10월 말까지예요. 러닝 후 야경을 감상하면 서울과 더욱 친해지는 기분이 들어요.

포토 스팟

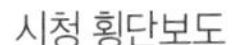

시청 횡단보도

광화문 광장

경복궁 돌담길

농민백암순대 시청직영점

순대국

북창동 먹자골목에서 이름난 순대 전문점이다. 순대, 순댓국, 모듬 수육을 추천한다.

⊚ 서울 중구 남대문로1길 33 ✆ 02-755-5232

닭진미 옛 강원집

닭곰탕

남대문 시장 먹자골목에서 가장 유명한 닭곰탕 맛집이다. 60년 가까이 손님이 끊이지 않는다.

⊚ 서울 중구 남대문시장길 22-20 ✆ 02-753-9063

경복궁

조선의 이야기를 들려준다

조선의 5대 궁궐로 태조가 조선을 건국하고 한양으로 수도를 옮기면서 가장 먼저 지었다. '경복'은 '큰 복을 누리며 번성하라'는 뜻이다. 태조의 명을 받아 정도전이 지었다. 궁궐 안에는 왕과 관리들의 정무 시설, 왕족들의 생활공간, 휴식을 위한 후원 공간이 있다. 약 3,000명이 궁궐 안에서 살았다. 임진왜란 때 불타 방치되던 궁궐을 조선 말 흥선대원군이 다시 지었다. 하지만 일제 강점기 조선의 정통성을 부정하려고 총독부가 끊임없이 훼손했다. 경복궁 안에 총독부를 짓고, 무려 4,000여 칸의 건물을 팔거나 철거했다. 경복궁은 10분의 1로 축소되었다. 해체된 무수한 전각은 일본인의 개인 집이나 사당, 사찰을 짓는 데 쓰였다. 남아있는 경복궁 전각은 고종 때 중건된 것이고, 일부는 1990년대 이후 복원되었다. 경복궁의 정문은 광화문이다. 제법 웅대한 구조이며 균형과 조화미가 뛰어나다. 서울의 모든 궁궐 문 중 군계일학이다.

⊚ 종로구 사직로 161 경복궁 ✆ 02-3700-3900

◷ **11월~2월** 09:00-17:00 **3월~5월, 9월~10월** 09:00-18:00 **6월~8월** 09:00-18:30

₩ 어른 3,000원(만 24세 이하 및 만 65세 이상 무료) ≡ http://www.royalpalace.go.kr/

※ 매주 화요일 휴무. 한복(생활한복 포함) 입고 입장 시 무료

안국역~북촌 코스

#안국역 #원서동 #국립현대미술관 #중앙고등학교 #돌담길

외국인에게 한국의 아름다움을 보여주고 싶은 김보람 님의 추천 코스

시간 여행, 조선 시대 양반마을 북촌 달리기

옛 삶의 터전이 그대로 녹아 있는 북촌 코스는 어떨까? 북촌 한옥마을은 600년 서울의 역사를 상징하는 장소이다. 시간을 과거로 거꾸로 돌린 듯 전통 한옥들이 옹기종기 모여있다. 전통 한옥 900여 채가 보존되고 있으며, 지금도 주민들이 살아가는 생활 터전이다. 청계천과 종로의 북쪽 마을이라 북촌이라는 이름을 가진 이곳은 조선 시대에 왕족과 고위 관료들이 사는 고급 주택가였다. 서울의 생활 변천사를 한눈에 살펴볼 수 있는 특별한 동네이다. 북촌을 달리는 순간 당신은 서울의 깊은 서정이 흐르는 이 동네와 곧 사랑에 빠지게 될 것이다. 북악산 기운이 전해져 내려오는 북촌 코스에는 두세군데 오르막길이 있지만 많은 볼거리가 있어 힘들지 않게 달릴 수 있다. 다채로운 북촌 풍경이 구경도 하고 인생 사진도 찍으라며 당신의 발걸음을 잡는다. 안국역에서 출발해 창덕궁 돌담길, 중앙고등학교, 정독도서관, 국립현대미술관으로 달려보자. 비교적 짧은 코스지만 북촌 대부분을 달릴 수 있다. 한옥과 골목의 조화, 그리고 과거와 현재를 동시에 경험하는 특별한 달리기 여행이 될 것이다.

코스 정보

코스 경로 안국역~창덕궁 돌담길~중앙고등학교~재동초등학교~정독도서관~국립현대미술관~안국역 거리 3.5 km 난이도 중 러닝 시간 30분 워킹 시간 50분 찾아가기 안국역 2번 출구 짐 보관 안국역 내 짐 보관함 코스 주소 종로구 북촌로 8

코스 팁

① 실제 주민들이 거주하고 있어요. 소음을 줄여주세요.

② 시티런 할 때는 수신호와 구령(바닥, 장애물, 보행자 등)을 지켜주세요.

포토 스팟

중앙고등학교

국립현대미술관

국립현대미술관 대한제국 역사관

어니언 안국

팡도르 빵

도심 속의 한옥 카페로 커피뿐 아니라 다양한 빵을 즐길 수 있다. 팡도르 빵이 대표적이며, 좌식 자리도 마련되어 있다. ◎ 종로구 계동길 5 카페 어니언 ☏ 070-7543-2123

중앙고등학교

〈겨울연가〉와 〈도깨비〉로 더 유명해진

1908년 전국의 애국지사들이 교육으로 나라를 구하려고 세운 사립고등학교이다. 아름다운 고딕 양식의 근대건축물이 많다. 20세기 전기의 건축양식이 잘 드러나 있어 사적으로 지정되었다. 드라마의 단골 촬영지로 더 유명하다. <겨울연가>의 주인공과 <도깨비>의 여주인공이 다닌 학교이다. ◎ 종로구 창덕궁길 164

국립현대미술관 서울관

건축과 미술 감상을 한 번에

국립현대미술관 '서울'은 경복궁 동쪽 삼청로에 있다. 국립현대미술관은 1986년 과천, 1998년 덕수궁, 2013년 서울, 2018년 청주 등 4관 체계로 운영하고 있다. 현대미술의 흐름을 한눈에 볼 수 있는 다채로운 전시와 영화, 공연, 교육 등이 열린다. 현대미술을 누구나 쉽게 즐길 수 있는 '도심 속 열린 미술관' 이다. 옛 기무사 건물을 리모델링 했는데, 건축미가 뛰어나다. 서울관 뒤편엔 조선 왕실의 종친부 건물 두 채가 있다.

◎ 종로구 삼청로 30 ⏱ **일~목요일** 10:00-18:00 **금~토요일** 10:00-21:00(18:00-21:00 야간개장 무료, (1월 1일, 설날, 추석 휴관) ₩ 통합관람권 4,000원(만 24세 이하, 만 65세 이상 무료) ☏ 02-3701-9500 ☰ www.mmca.go.kr

을지로4가역~다시세운 코스

#세운상가 #종묘 #창경궁 #다시세운 #안녕하세운

러닝을 통해 자신의 벽을 허무는 안세희 님의 추천 코스

홍콩의 영화 거리를 연상시키는 다시세운 코스

세운상가는 1968년에 지은 한국의 첫 종합전자상가다. 성행하던 시기도 있었지만, 컴퓨터와 전자 업종 상점이 1987년 용산전자상가로 이선하면서 철거 위기에 처했다. 이후 도시재생사업으로 '다시세운 프로젝트'가 진행되고 '뉴트로'가 유행하면서 과거와 현재가 공존하는 지금의 세운상가가 탄생했다. 이 코스를 추천한 안세희 님도 힘들지만 늘 웃으며 함께 달리는 누군가가 있기에 에너지를 충전하여 세운상가처럼 다시 일어서게 되었다. 젊음의 열기가 다시 샘솟는 곳에서 즐기는 에너지 재생 러닝은 어떤 모습일까? 세운상가의 꾸밈없는 단색 간판과 예스러움, 좁은 골목 풍경에서 홍콩 영화 서정을 느낄 수 있다. 세운상가를 뒤에 둔 채 청계천의 평화로움을 바라보면 다른 차원의 장소에서 달리는 느낌이 든다. 속도보다 여유를 즐기며 달리면 종묘와 세운상가의 기운을 더 많이 받을 수 있다. 시간이 된다면 세운상가 9층 옥상으로 올라가 보자. 과거와 현재가 어우러진 허름한 모습부터 역사를 간직한 종묘, 명동 일대와 남산타워까지 모든 것이 내 발아래에 있다. 이곳에서 단체 사진을 찍으면 특별한 인생 사진을 남길 수 있다.

코스 정보

코스 경로 을지로4가역~세운상가~종묘~창경궁~원점 복귀 거리 5.3 km 난이도 하 러닝 시간 40분 워킹 시간 60분 찾아가기 을지로4가역 3번 출구 짐 보관 을지로4가역 내 짐 보관함 코스 주소 중구 창경궁로 46

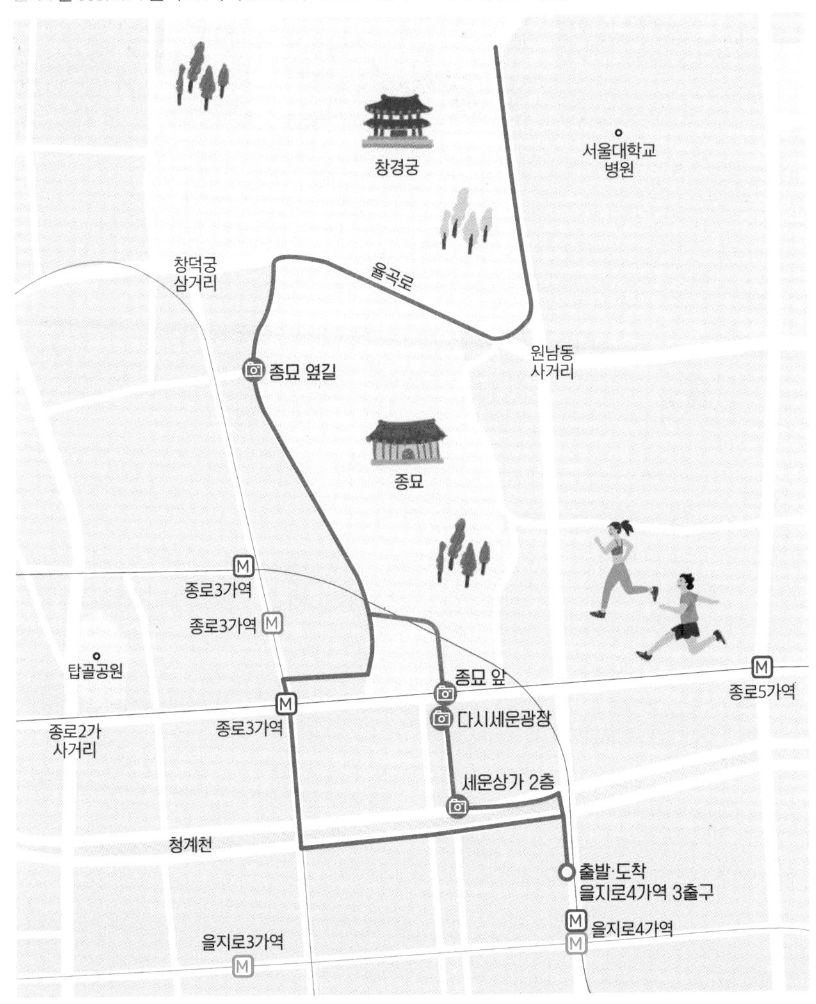

코스 팁

① 언덕이 없어 초보자도 어렵지 않게 달릴 수 있어요.

② 시티런임에도 불구하고 저녁에는 유동인구가 많지 않아 다른 곳보다 안전해요.

③ 세운상가엔 알려지지 않은 뷰포인트가 있어요. 종묘와 북악산은 기본이고 북한산까지 조망할 수 있어요. 9층 옥상으로 올라가 보세요.

포토 스팟

세운상가 2층

다시세운 광장

종묘 옆길

백제정육점

육회, 육회비빔밥

종로5가 효제초등학교 옆에 있는 유명한 육회 맛집이다. 등심, 육회비빔밥도 맛있다. 낙원동에 2호점이 있다. 종로구 종로35길 34 02-762-7491

종묘

동양의 파르테논신전

종묘는 서양의 파르테논신전에 비견되는 동양을 대표하는 신전 건축이다. 조선 시대 역대 왕과 왕비의 신주를 모시고 제사 지내는 사당으로, 단아함과 절제미가 뛰어나다. 꼭 필요한 장식 외에는 하지 않았으며, 단청의 색깔이나 문양의 사용도 절제되어 있다. 간결함과 단순함은 신전으로서의 종묘 이미지를 더욱 숙연하면서도 성스럽게 만들어 주고 있다. 종묘는 400년 넘게 원형이 그대로 보존되고 있는, 동양뿐만 아니라 세계적으로도 보기 드문 독특한 목조 건축이자 의례 공간이다. 유네스코는 원형이 살아있는 신전 건축의 가치를 인정하여 1995년 12월 세계문화유산으로 등재하였다. 또 종묘에서 치르는 제사인 '종묘 제례'와 제사 때 연주하는 '종묘제례악'도 2001년 인류 구전 및 무형 유산 걸작으로 등재되었다. 종묘 제례는 매년 5월 첫째 주 일요일 전주 이 씨 종친들이 거행하고 있다. 종로구 종로 157 종묘 **2월~5월, 9월~10월** 09:00~18:00 **6월~8월** 09:00~18:30 **11월~1월** 09:00~17:30(매주 화요일 휴무) ₩ **어른** 1,000원 **만 24세 이하·만 65세 이상** 무료(매주 토, 매월 마지막 주 수요일, 명절 및 국경일엔 자유 관람) 02-756-0195 http://jm.cha.go.kr/

©전성영

©전성영

경복궁역~창덕궁 코스

#경복궁 #창덕궁 #창경궁 #궁투어 #한복무료입장

1일 1러닝을 실천하는 아나운서 박지혜 님의 추천 코스

외국인, 내국인 누구나 반기는 궁궐 달리기

아나운서 박지혜 님은 1일 1러닝을 실천하는 운동 마니아이다. 그녀는 매일 무언가를 하는 것 그 자체만으로도 삶의 원동력이 된다고 말한다. 작은 습관이 30일이 되고 1년이 되면 나 자신이 가장 먼저 변화를 느낀다. 그리고 변화는 또 다른 에너지와 가능성을 안겨준다. 꼭 달리기가 아니어도 좋다. 좋아하는 운동을 하루에 조금씩이라도 해보기를 추천한다.

경복궁역~창덕궁 코스는 경복궁, 창덕궁, 창경궁까지 궁을 세 개나 둘러볼 수 있다. 조선 왕실로 시간 여행을 떠날 수 있다. 러닝복을 입고 대한민국 관광 1번지를 달리는 기분이 남다르다. 그뿐 아니라 관광객의 부러운 시선도 받을 수 있다. 여행자가 많아 달릴 수 있을까, 생각하겠지만 관광객은 대부분 포토 스팟 중심으로 몰려있기에 그다지 불편하지 않다. 다만, 빨리 달리기나 소음을 내는 것은 피하자. 또한, 한복을 입으면 경복궁 입장이 무료다. 한복을 입고 관광하거나 달리기를 한다면 더 이색적인 경험이 되지 않을까? 경복궁은 매주 화요일마다 휴관이다. 관광객이 없는 궁궐을 배경으로 사진을 남기고 싶다면 화요일 달리기를 추천한다.

코스 정보

코스 경로 경복궁역~안국역~창덕궁~창경궁~원점 복귀 거리 4 km 난이도 하 러닝 시간 30분 워킹 시간 50분
찾아가기 경복궁역 5번 출구 짐 보관 경복궁역 내 짐 보관함 코스 주소 종로구 세종로 1-57

코스 팁

① 주변에 관광하는 외국인이 많으니 한국의 대표라는 생각으로 매너 지키며 달려요.
② 달리는 순간만큼은 신나게 달려요. 나에게 집중하면 힘들고 지치게 했던 일들을 싹 잊을 수 있어요.
③ 관광객이 많은 오후보다는 경복궁 오픈 전인 오전 일찍이나 저녁 달리기를 추천해요.

포토 스팟

인정문 앞

인정문

인정전

청국장밥 삼청동점

청국장코다리정식, 수제돈까스

집밥 먹고 싶을 때 청국장밥 삼청동점을 기억해두자. 구수한 청국장에 담백한 코다리의 조화가 좋다. 청국장 코다리정식을 추천하지만 수제돈까스도 맛있다. 종로구 삼청로2길 29 02-6053-1009

창덕궁

가장 아름다운 궁궐, 세계문화유산이 되다

창덕궁은 북악산 왼쪽 봉우리인 응봉 자락에 앉아 있다. 후원도 창덕궁만큼 유명하다. 창경궁과 하나의 영역을 이루고 있다. 경복궁의 동쪽에 있다고 하여 창경궁과 더불어 '동궐'이라 불렀다. 임진왜란으로 모든 궁궐이 소실되어 재건했다. 조선 말 경복궁이 중건되기 전까지 조선의 법궁 역할을 했다. 서울의 궁궐 중 가장 오랜 기간 임금들이 거처했으며, 조선의 궁궐 중 원형이 가장 잘 보존되어 있고, 자연과 조화로운 배치가 뛰어나며, 한국의 정서가 담겨 있다는 점을 인정받아 1997년 유네스코 세계유산에 등재되었다.

종로구 율곡로 99 **2월~5월, 9월~10월** 09:00-18:00 **6월~8월** 09:00-18:30 **11월~1월** 09:00-17:30(월요일 휴무) ₩ 3,000원(만 24세 이하와 만 65세 이상 무료) 02-3668-2300 http://www.cdg.go.kr/

창경궁

사도세자 이곳에서 죽다

창경궁은 성종 14년1483에 정희왕후, 안순왕후, 소혜왕후 세 분의 대비를 모시기 위해 옛 수강궁 터에 창건한 궁이다. 독립적인 궁궐 역할을 함과 동시에 창덕궁의 모자란 주거공간을 보충해주는 역할을 했다. 사도세자가 이 궁 뜰에서 뒤주에 갇혀 죽었다. 창경궁의 정문 홍화문은 국왕이 직접 백성들을 만나 군역에 대한 의견을 들었던 곳이다. 홍화문을 들어서면 옥천교가 가장 먼저 보이는데, 5개의 궁궐 금천교 중 유일하게 보물로 지정되었다.

종로구 창경궁로 185 09:00-21:00(월요일 휴무) ₩ 1,000원(만 24세 이하와 만 65세 이상 무료) 02-762-4868 http://cgg.cha.go.kr/

을지로3가역~광화문 코스

#힙지로 #세운상가 #덕수궁 #청계천 #을지로노가리골목

힙한 러닝크루 CVS의 추천 코스

이 코스는 몰랐지? 힙지로 코스

'힙지로'가 정말 힙하다. 힙지로는 을지로를 부르는 별칭이다. 을지로3가부터 노가리 골목과 인쇄소 골목, 세운상가를 비롯한 예스러운 공구 상가 골목 등을 일컫는 말이다. 젊은이들이 '뉴트로'의 매력에 이끌려 너나 없이 찾아오고 있다. 힙지로에서 밥과 술은 먹어보았지만 달리기를 하는 사람은 드물 것이다, 그래서 준비했다. 남들보다 더욱 '힙하게' 힙지로와 청계천, 고궁을 즐기는 러닝 코스를 소개한다.

골목 어디를 다녀도 힙한 느낌이 가득하다. 을지로와 더불어 정동, 광화문, 삼청동 등은 보행자 친화적인 인도 체계를 갖춘 곳이다. 그래서 서울의 다른 어떤 도심보다 더 다양하고 아름다우며 안전한 코스를 구성할 수 있다. 힙지로 러닝 코스의 가장 큰 매력이다. 힙지로를 시작으로 청계천, 덕수궁, 광화문, 경복궁을 달려보자. 조금 과장해서 말하면 중구와 종로의 명소들은 다 거친다고 해도 지나치지 않은 코스이다. 아마 서울을 다 누빈 듯한 뿌듯함과 상쾌함을 느끼게 해 줄 것이다. 이곳을 달리는 러닝크루 역시 힙하다. CVS 러닝크루는 서울과 한강 곳곳을 달리며 러닝 후 편의점 맥주 한잔의 시원함을 즐기는 사람들이 모여 탄생했다.

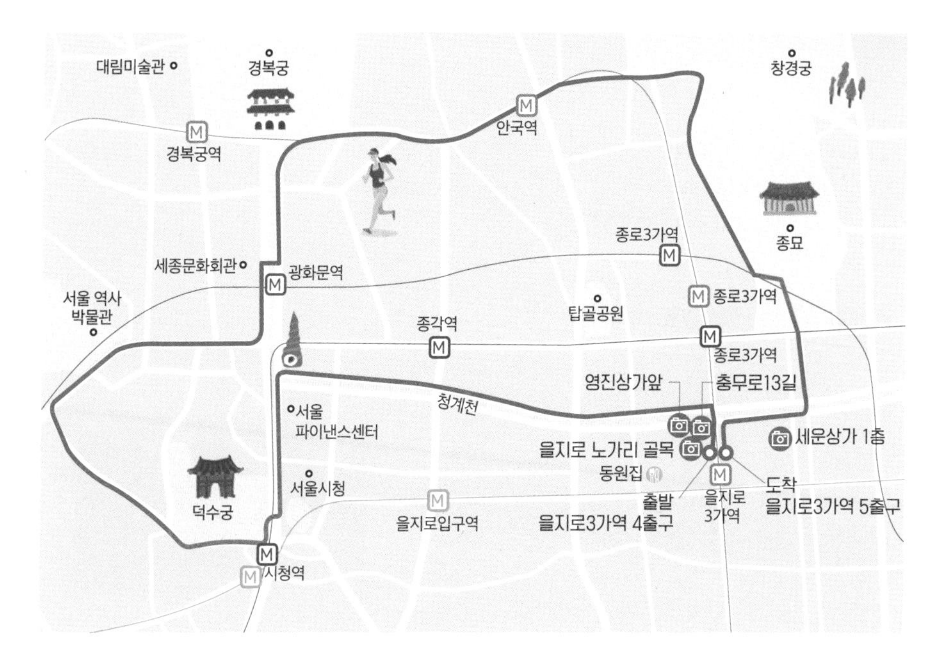

코스 정보

코스 경로 을지로3가역~청계천~덕수궁~경희궁~광화문역~경복궁~서울우리소리박물관~세운상가~을지역 3가역 도착 거리 7.3 km 난이도 중 러닝 시간 60분 워킹 시간 100분 찾아가기 을지로3가역 4번 출구 짐 보관 을지로3가역 내 짐 보관함 코스 주소 중구 을지로3가 176-5

코스 팁

① 골목에는 예상치 못한 장애물과 보행자가 있을 수 있으니 항시 주의하고 속도를 줄여요.
② 밤에 달릴 때는 밝은색 러닝복을 입고 특히, 가로등이 없는 곳에서는 바닥을 주시하면서 달려요.
③ 시티런의 특성상 신호등이 많아 최대한 신호등이 없는 코스로 달리는 것이 좋아요.

포토 스팟

을지로 노가리 골목

충무로13길

영진상가 앞

동원집
감자국

감자국감자탕 맛집으로 뚝배기 넘치게 한가득 나온다. 달리기 후 에너지를 넉넉히 채우기 좋다. 1층과 2층, 그리고 천막을 친 옥상으로 구성되어 있다. ◎ 중구 을지로11길 22 ☏ 02-2265-1339

운현궁
고종과 대원군이 살던

운현궁 가는 길은 흥선대원군을 만나러 가는 길이기도 하다. 운현궁은 고종의 잠저임금이 왕에 오르기 전에 살던 집이며 고종의 아버지 흥선대원군 이하응1820~1898의 사저이다. 고종은 왕이 되기 전인 12살까지 이곳에서 살았다. 이하응은 아들이 왕이 되기 전 시정잡배들과 어울리고, 당시 세도가인 안동 김씨 집안을 기웃거리며 그림이나 팔아볼 궁리를 하는 몰락한 왕족의 모습을 아낌없이 보여줬다. 그러나 이건 때를 기다리는 자의 의도적인 시나리오였다. 고종이 즉위하자1864 이하응은 대원군이 되고 그의 집은 운현궁이 되었다. '운현'은 당시 부근에 있던 언덕 이름이다. 규모가 컸을 때는 담장 길이가 몇 리에 달했고, 대문 네 개가 궁궐 문처럼 웅장하였다고 전해진다. 대단한 기세는 모두 사라지고 지금은 오히려 조촐한 기운마저 느껴진다. 마당의 큰 느티나무가 운현궁의 스토리와 세월을 품고 주인처럼 서서 우리를 맞는다.

◎ 종로구 삼일대로 464
☏ 02-766-9090
◷ **4월~10월** 09:00~19:00
11월~3월 09:00~18:00
(매주 월요일 휴관)

혜화역~이화동 코스

#마로니에공원 #이화벽화마을 #창경궁

평생 러닝메이트, 남편과 함께 달리는 이지영 님의 추천 코스

은행나무가 아름다운 혜화동과 이화동을 달려요

혜화동에서 8년간 직장 생활을 했지만, 회사 근처밖에 알지 못했다. 하지만 달리기를 시작한 뒤 활동 반경이 넓어지자 몰랐던 혜화동 곳곳이 눈에 들어오기 시작했다. 더 많은 걸 알아가고 더 많은 이들과 공유하게 되었다. 퇴근 후 모자를 푹 눌러쓰고 회사 근처를 달려보는 건 어떨까? 나도 몰랐던 나만의 장소를 발견하게 되고, 거리 풍경이 색다르게 다가올 것이다. 어쩌면 출근길이 즐거울 수도?

마로니에공원은 서울대학교 옛터다. 1975년 서울대학교가 관악구로 이전할 때까지 서울대학교의 중심이었다. 지금은 그 자리에 공원이 조성되고 서울시민들을 위한 예술 공간이 되었다. 가을의 마로니에공원은 노란 은행잎이 참 아름답다. 달리면서 보이는 빨간 벽돌과 바스락거리는 효과음은 마치 내가 연극의 주인공이 된 거 같은 느낌을 받는다. 달리기 전후로 연극을 관람해도 좋고, 창경궁에서 역사 여행을 해도 좋다. 60년 넘은 학림다방에서 커피 향에 취해도 좋고, 근처 맥주 펍에서 낭만을 마셔도 좋으리라. 대학로라는 이름만으로 마음이 설렌다.

코스 정보

코스 경로 혜화역~마로니에 공원~낙산공원~이화동 벽화마을~이화사거리~창경궁 홍화문~원점 복귀 거리 3.8 km 난이도 중 러닝 시간 30분 워킹 시간 50분 찾아가기 혜화역 2번 출구 짐 보관 혜화역 내 짐 보관함 코스 주소 종로구 대학로 122

코스 팁

① 낙산공원을 달릴 때는 비둘기를 조심하고, 이화동 벽화마을을 지날 때에는 소음을 줄여요.

② 이화동 벽화마을은 곳곳에 구경거리가 많아요.

③ 달리는 사이에 신발끈이 풀리지 않도록 신발 끈은 끈 사이로 넣어요.

포토 스팟

이화동 코너길

이화동길

창경궁 홍화문

학림다방

비엔나커피

1956년에 생겼으니까 60년이 넘은 아주 오래된 커피숍이다. 한쪽 벽면을 장식하고 있는 LP판 덕분에 옛 대학로의 느낌이 물씬 풍긴다. 이청준, 전혜린, 홍세화, 김민기, 황지우의 추억을 품고 있다. 비엔나커피가 시그니처 메뉴이다. 커피 외에 와인도 즐길 수 있다.

종로구 대학로 119 02-742-2877

이화동 벽화마을

이곳엔 감성과 여유가 흐른다

이화벽화마을은 혜화역 2번 출구 부근, 도보 약 10분 거리에 있다. 예술가들이 주민들에게 소소한 행복을 전하기 위해 하나, 둘씩 벽화를 채우기 시작하면서 이름이 나기 시작했다. 대학로의 마로니에공원이 활기차고 에너지 넘치는 곳이라면 이곳엔 감성과 여유가 흐른다. 귀엽고 창의적인 벽화가 마음을 흔든다. 사진 촬영의 명소이기도 하다. 달리기를 시작하기 전, 혹은 달리기를 마친 후 거닐면 특히 좋다. 다만 주민들이 거주하는 지역이므로 조용히 산책하자. 쓰레기는 반드시 되가져 가야 한다. 벽화들을 따라 걷다 보면 언덕이나 계단도 어느새 쉽게 넘고 있을 것이다.

종로구 이화장길 70-11

동대문역~낙산공원 코스

#동대문 #동대문성곽공원 #낙산성곽길 #낙산공원

혼자 달리는 러너를 위한 이지민 님의 추천 코스

한국의 몽마르트르 낙산 성곽길을 달려요

이지민 님은 주로 실내 러닝을 했다. 혼자 밖을 달리기엔 부끄러운 느낌이 들어 엄두를 내지 못했는데 그룹 러닝을 경험하면서 함께 달리는 즐거움을 알게 되었다. 그리고 자연스레 혼자 달리는 야외 러닝도 즐기게 되었다. 생각보다 밖에서 달리는 것은 어렵지 않다. 이지민 님의 추천 코스는 프랑스의 몽마르뜨 언덕을 닮은 서울의 낙산공원이다. 낙산은 낙타의 등을 닮았다 하여 붙여진 이름이다.

동대문 성곽공원에서 출발해 낙산성곽길을 오르다 보면 제법 숨이 차다. 하지만 전망대에 올라 성곽 아래로 내려다보이는 야경은 곧 서울과 사랑에 빠지기에 충분하다. 낙산공원 성곽의 은은한 불빛도 절경이다. 여름이면 시원해서 좋고, 겨울이면 달빛이 아름다워 좋다. 낮에도 좋지만 고즈넉한 성곽에서 달빛을 만나고 싶다면 달밤의 낙산공원 달리기를 추천한다. 근처에는 이화동 벽화마을이 있어 방향을 바꿔 새로운 나만의 코스를 개발할 수 있다. 한양도성 스탬프 투어를 겸해 재미있게 달리는 방법도 있다.

코스 정보

코스 경로 동대문역~동대문 성곽공원~낙산성곽길~낙산공원 전망대~원점 복귀 거리 3.3 km 난이도 상 러닝 시간 30분 워킹 시간 50분 찾아가기 동대문역 1번 출구 짐 보관 동대문역 내 보관함 코스 주소 종로구 창신동 442-1

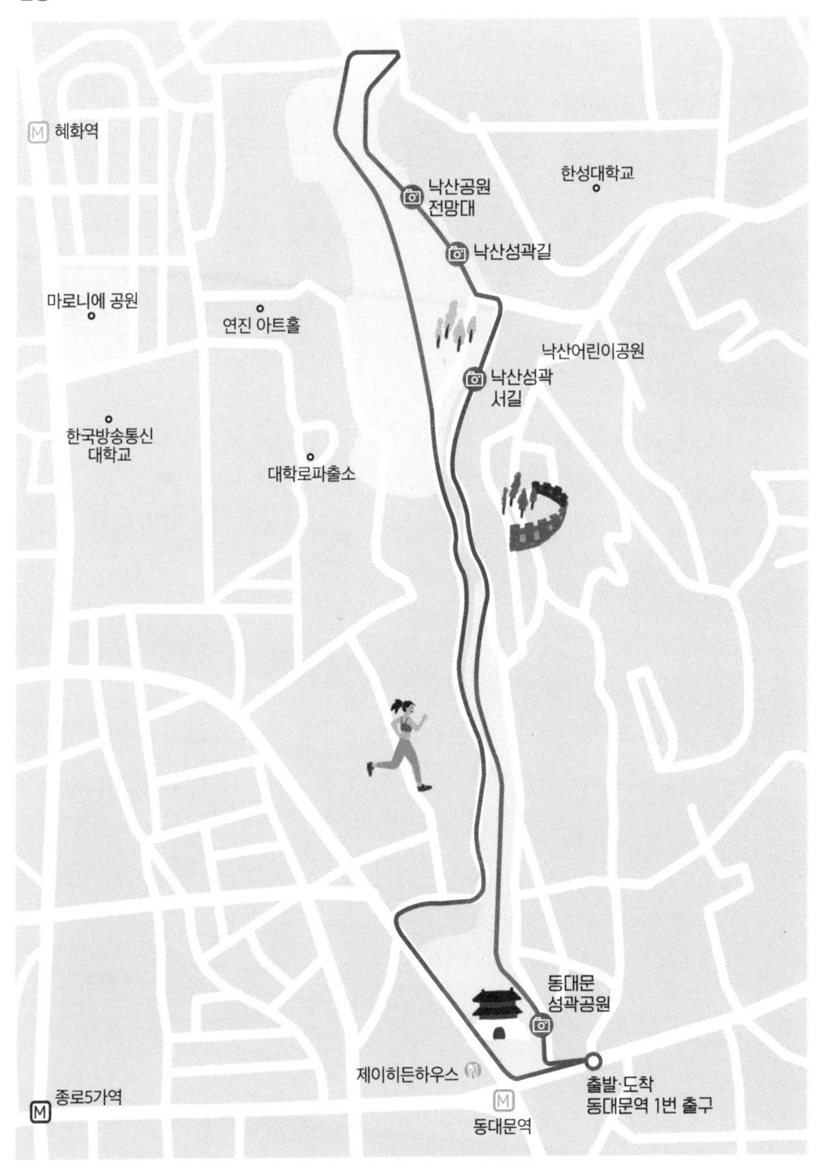

코스 팁

① 성곽 사이로 뚫린 네모난 구멍으로 서울 시내를 바라보세요. 한 폭의 액자 같아요.
② 성곽길을 올라갈 때와 내려갈 때의 보이는 뷰는 매우 다르니 꼭 왕복 달리기를 추천해요.
③ 해가 진 후 계단을 내려올 때는 위험할 수도 있어요. 안전에 유의해요.

포토 스팟

동대문성곽공원

낙산성곽서길

낙산성곽길

제이히든하우스
코코넛크루와상

100년 넘은 고택을 개조한 현대적인 한옥 카페이다. 아메리카노와 함께 먹는 코코넛크루와상은 달리기 후 여유를 즐기기에 더없이 좋다.

종로구 종로 269-4 02-744-1915

한양도성 박물관
조선 시대 사람들은 어떻게 살았을까?

조선 시대부터 현재까지의 한양도성의 역사와 문화가치를 담은 박물관이다. 각종 전시와 학습실을 갖추고 있다. 서울을 지켜온 600년 성곽역사를 한눈에 볼 수 있으며 한양도성의 건설뿐 아니라 성문의 개폐, 도성의 관리, 도성 안팎에서 살아온 조선 시대 서울 사람들의 생활 모습까지 관람할 수 있다. 한양도성은 낙산 구간, 남산목멱산, 인왕산, 그리고 북악백악 구간으로 나누어져 있다.

종로구 율곡로 283 **3~11월** 09:00-19:00 **토·일·공휴일·12월~2월** 09:00-18:00(1월 1일, 매주 월요일 휴관) 02-724-0243

http://www.museum.seoul.kr/scwm/NR_index.do

경복궁역~북악스카이웨이 트레일러닝 코스

#부암동 #북악스카이웨이 #북악팔각정 #트레일러닝

코스를 개발하는 재미에 빠진 어수하 님의 추천 코스

정복한 자만이 웃을 수 있는 북악스카이웨이 힐 트레이닝

러닝의 권태기를 런태기라고 한다. 런태기를 극복하는 방법은 새로운 코스를 개발하는 것이다. 취향과 난이도에 맞는 코스를 직접 개발하는 건 특별하고 짜릿한 경험이다. 그 코스를 친구나 크루와 같이 달린다면? 그리고 그 장소를 그들이 마음에 들어 한다면 얼마나 뿌듯할까. 서울엔 남산 말고도 언덕 훈련을 하기에 안성맞춤인 힐 트레이닝 러닝 코스가 있다. 어수하 님이 추천하는 경복궁역~북악스카이웨이 코스이다.
경복궁 돌담길을 달리다가 창의문을 거쳐 북악산로로 올라가는 코스이다. 청와대 앞길에서 이어지는 언덕 구간부터는 무척 힘들다. 하지만 힘이 들더라도 꾸준히 페이스를 유지해야 한다. 높은 언덕도 처음 달리면 지루함을 느끼지 못한다. 서울 도심 풍경을 내려다보며 달리는 기분이 남다를 것이다. 특히 북악스카이웨이 팔각정에 올라 서울 시내를 바라보면 모든 고통이 눈 녹듯이 사라질 것이다. 그리고 훨씬 강해진 나 자신을 만나게 될 것이다. 한 번쯤 나의 한계에 도전 해보자. 나의 가능성은 언제나 열려있다.

코스 정보

코스 경로 경복궁역~경복궁 돌담길~창의문~북악산로~북악팔각정~성북동~감사원~헌법재판소~안국역~경복궁역 원점 복귀 거리 13 km 난이도 상 러닝 시간 80분 이상 워킹 시간 3시간 30분 이상 찾아가기 경복궁역 5번 출구 짐 보관 경복궁역 내 짐 보관함 코스 주소 종로구 세종로 1-57

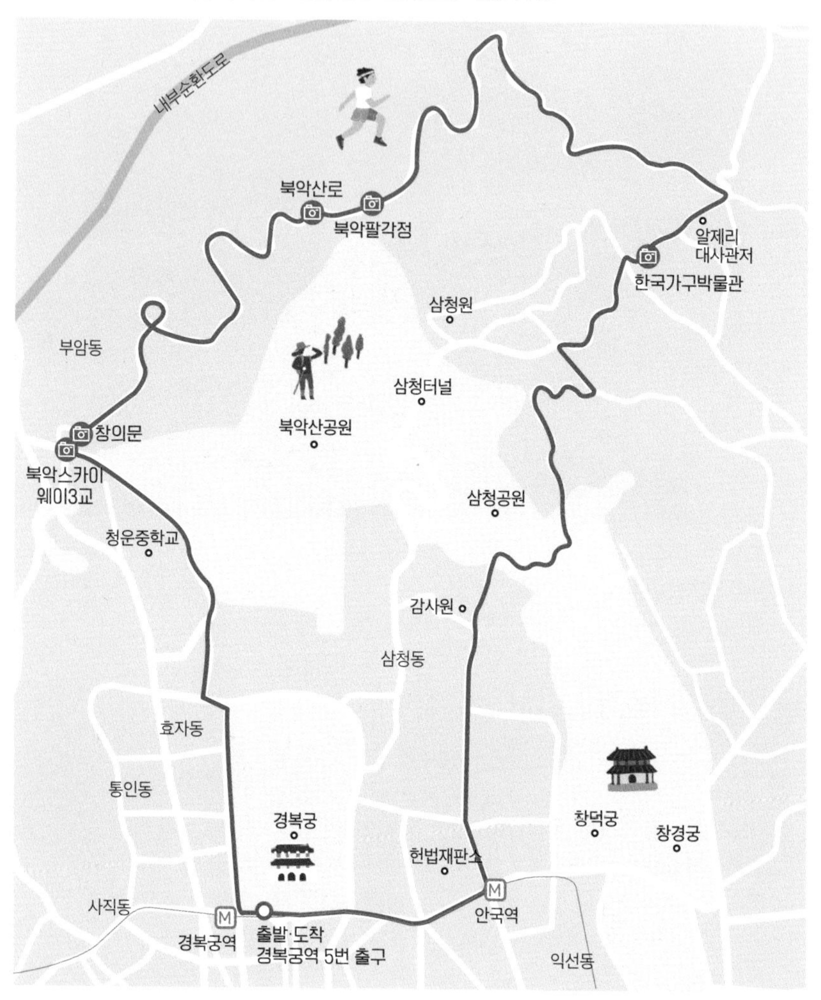

코스 팁

① 급수가 어려워 트레일러닝 가방을 메고 훈련하는 것이 좋아요.

② 북악스카이웨이로 가는 길은 경사가 급한 언덕이에요. 페이스 조절에 신경 쓰세요.

③ 달리다가 힘이 들면 슬쩍 뒤를 돌아 내가 올라온 만큼 아름다워지는 서울의 전경을 바라봐요.

포토 스팟

북악스카이웨이 3교

북악산로

북악팔각정

돈암김밥

계란채김밥, 간땡이김밥

마라토너가 운영하는 김밥집. 밥보다 계란지단이 더 많이 들어간 계란채김밥과 간장에 절인 땡초아주 매운 고추를 말하는 경상도 사투리가 들어가 있는 간땡이김밥을 추천하다. 성북구 아리랑로 89 일신건영휴먼빌아파트상가 105호 02-922-3345

인사동

골목마다 예술의 향기가 흐르고

인사동길에 들어서면 문득 공기가 바뀐다. 오래된 한옥에선 예스러움이 안개처럼 피어난다. 여기에 예술의 향기가 보태어지면 인사동 풍경이 완성된다. 길이나 장소에도 운명이라는 게 있다면 인사동이야말로 그런 곳이다. 예전 도화서圖畫署가 있던 곳인데, 쉽게 말하면 왕립미술원이 이곳에 있었다. 김홍도와 신윤복이 걸었던 그 길을 지금도 예술가들이 걷는다. 외국 여행자, 산책 나온 시민들, 연인들도 인사동의 표정에 생기를 넣어준다. 종로구 인사동길 44(쌈지길)

삼청동

낭만과 예술의 거리

삼청동은 경복궁 동쪽 국제갤러리부터 삼청공원까지 이어진다. 젠트리피케이션 영향으로 예전만 못하지만 그래도 여전히 많은 사람의 발길이 이어진다. 길목 곳곳에 아기자기한 상점과 고풍스러운 음식점, 카페가 늘어서 있다. 갤러리도 제법 많다. 독특하고 매혹적인 미술품을 감상하며 특별한 예술 체험을 하기에 그만이다. 특히나 길 따라 이어진 은행나무는 삼청동을 더욱 우아하고 다채롭게 만들어 준다. 사계절 내내 산책이나 데이트코스로 많은 이들이 찾는다.

종로구 삼청로 54(국제갤러리)

광화문역~청계천 코스

#광화문 #청계광장 #청계천

러닝으로 하루를 마무리하는 이다래 님의 추천 코스

도심 속 푸른 계곡 청계천 러닝

청계천은 종로구와 중구의 경계를 흐르는 물길이다. 길이는 5.8km. 도심 하천치고는 꽤 긴 물길이다. 청계천 위로 다리 22개가 지난다. 매년 11월이면 해마다 다른 콘셉트로 등을 밝히는 서울빛초롱축제가 열린다. 연인에겐 이미 유명한 데이트 코스이고, 해외 여행객에겐 필수 관광코스이다. 찻길이 없고 나무가 가림막이 되어 줘 러너들에게도 아주 좋은 곳이다. 서울이 낯설었던 이다래 님은 러닝 크루에 가입해 동갑 친구들과 서울의 이곳저곳을 달렸다. 그러는 사이 서울의 매력에 빠졌다. 그중에서 청계천은 퇴근 후 하루의 스트레스를 날려 버리는 그녀만의 러닝 코스가 되었다. 청계천을 달리다 보면 청량한 물소리와 시원한 바람이 살며시 다가온다. 특히나 석양을 보며 청계천을 달리면 수고한 하루를 보상받는 느낌이 들어 기분이 좋다. 청계천 아래는 마치 다른 차원의 공간처럼 서울 중심의 번잡한 소리가 들리지 않는다. 따라서 '나다움'을 선물할 수 있는 여유와 힐링의 공간이다. 한강까지 멀리 가지 않아도 된다. 운동화만 있다면 퇴근 후 도심에서 자연을 느끼며 달릴 수 있다. 힘에 부친다면 청계천 다리를 구경하며 천천히 달리자.

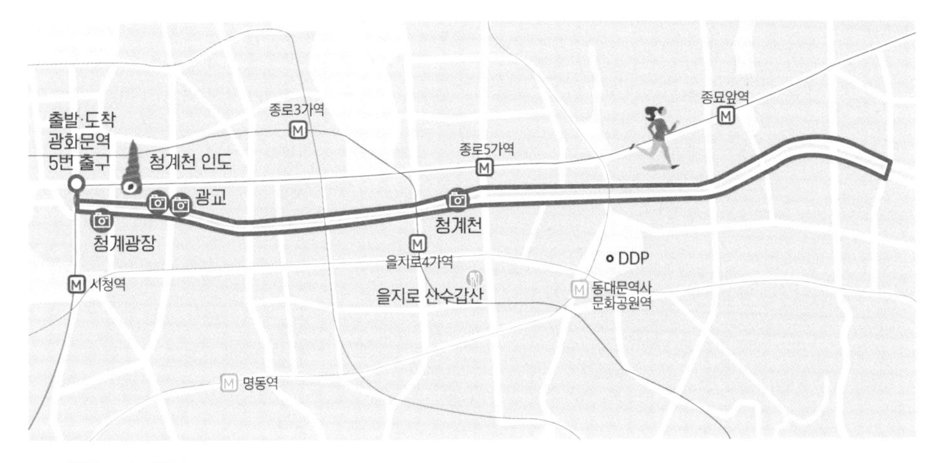

코스 정보

코스 경로 광화문역~청계천~4.5km 지점에서 반환 후 원점 복귀 거리 9km 난이도 중 러닝 시간 60분 워킹 시간 120분 찾아가기 광화문역 5번 출구 짐 보관 광화문역 내 짐 보관함 코스 주소 종로구 세종로 1-68

코스 팁

① 퇴근 후 달릴 때는 다리가 붓는 것을 예방하기 위해 카프가드를 착용해요.

② 바닥이 울퉁불퉁한 돌 구간도 있으니 안전에 유의하며 달려요.

포토 스팟

청계광장

청계천 광교

청계천

을지로 산수갑산

순대모듬

을지로 4가의 순대국밥 맛집으로 순대 모듬이 특히 일품이다. 머릿고기와 대창으로 만든 순대는 식사와 술안주로 겸할 수 있어 가성비가 알차다.

중구 인현동1가 15-4 02-2275-6654

중구·용산구

서대문역~덕수궁 코스

#덕수궁돌담길 #경희궁 #돈의문박물관마을 #광화문연가

끊임없이 옆길로 새는 강민제 님의 추천 코스

사계절 내내 낭만이 흐르는 덕수궁 돌담길

덕수궁 돌담길은 <광화문 연가>에 나오는 바로 그곳이다. "이제 모두 세월 따라 흔적도 없이 변하였지만" 그래도 그곳엔 아직 덕수궁 돌담길도, 눈 덮인 조그만 예배당도 그대로 남아있다. 연인이 덕수궁 돌담길을 함께 걸으면 헤어진다는 소문이 있었지만, 그건 이곳에 이혼 소송을 진행하는 가정법원이 있던 시절의 아주 먼 옛이야기가 돼버렸다. 정동엔 근대의 시간이 흐른다. 고종이 머물던 덕수궁, 정동교회, 서울시립미술관, 옛 러시아 공사관, 성공회 서울주교좌성당……. 100년 전 이야기를 저장한 공간이 곳곳에서 당신을 반긴다. 이곳에선 조금 느리게 달리자. 근대의 공간에 당신의 달리기 이야기가 보태어져 정동의 표정이 더 풍성해진다. 강민제 님은 달리다 자주 옆길로 샌다. 그럴 때 생각지도 못한 좋은 길을 만난다. 그 순간을 위해 오늘도 그는 옆길로 방향을 튼다. 매번 성공하는 건 아니지만 어느 길이나 도전하여 스스로 이야기를 만들면 낯선 길도 나의 길이 된다. 옆길로 샌다는 것은 잘못된 것이 아니라 나답게 살아가는 가장 완벽한 방법이다.

코스 정보

코스 경로 서대문역~배제학당~덕수궁길~덕수초등학교~경희궁~돈의문 마을~서대문역 복귀 거리 3.7 km 난이도 하 러닝 시간 30분 워킹 시간 50분 찾아가기 서대문역 5번 출구 짐 보관 서대문역 내 짐 보관함 코스 주소 중구 충정로1가

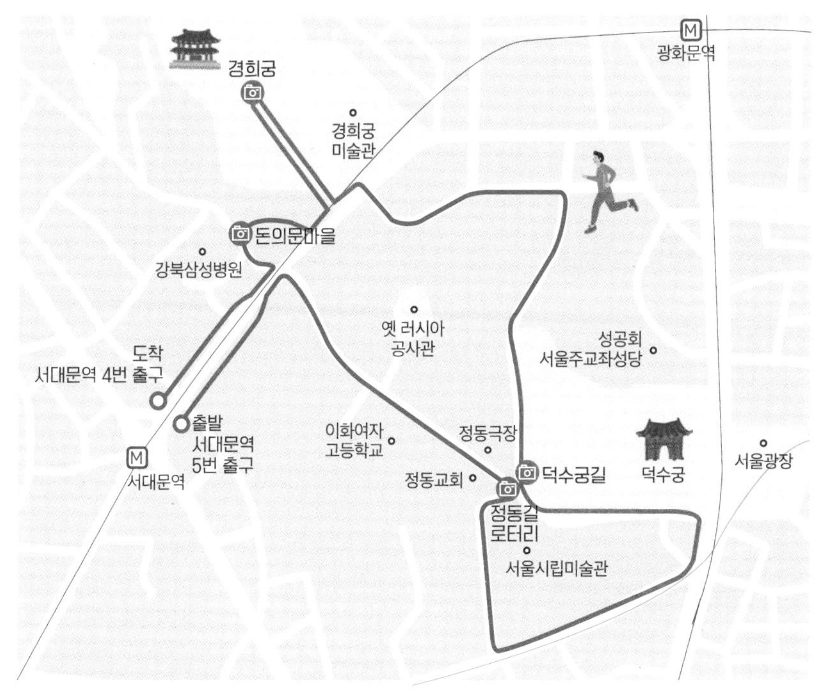

코스 팁

① 덕수궁 코스는 천천히 달려요. 그래야 더 많은 것을 볼 수 있어요.

② 돈의문마을은 관광객이 많을 수도 있으니, 주변을 잘 살피며 달려요.

③ 보폭을 좁게 달려요. 처음엔 근육통이 있겠지만 어느 정도 적응되면 더 멀리, 더 편하게 달릴 수 있어요.

포토 스팟

정동길 로터리

경희궁

돈의문마을

도토리 브라더스

대창덮밥

대창덮밥이 시그니처 메뉴이다. 미소 소스로 맛을 낸 쫀득하고 고소한 대창을 부추와 함께 먹는다. 대창을 쉽게 먹지 못하는 사람도 맛에 반하게 된다. ◎ 종로구 경희궁길 41 ☏ 02-737-2224

덕수궁

고종의 슬픔을 간직하다

원래는 성종의 형 월산대군의 저택이었다. 임진왜란 때 왕의 임시거처로 사용하면서 정릉동 '행궁'으로 불리다가 광해군 때에 '경운궁'으로 바뀌었다. 1907년 순종에게 양위한 고종이 이곳에 머물렀다. 고종의 장수를 빈다는 의미로 이름을 '덕수궁'으로 바꾸었다. 덕수궁은 구한말의 역사현장으로 전통목조건축과 서양식 건축이 함께 남아있다. 그래서 조선의 궁궐 가운데 분위기가 독특하다. 국립현대미술관 덕수궁관이 궁궐 안에 있다. 대한문 앞에서는 매일 세 차례 덕수궁 왕궁수문장 교대식이 열린다. ◎ 중구 세종대로 99 덕수궁 ◷ 09:00-20:00(월요일 휴무) ₩ 어른 1,000원 ☏ 02-771-9951 ≡ http://www.deoksugung.go.kr/

경희궁

영조, 이곳에서 즉위하다

1600년대 초에 지었다. 유사시 왕이 임시 거처하는 이궁이었다. 원래 이름은 경덕궁이엇으나 영조 때 경희궁으로 바뀌었다. 인조, 효종, 철종 등이 머물렀으며, 영조 즉위식이 이곳에서 열렸다. 일제강점기 때 궁터에 일본 중학교지금의 서울중고등학교를 세우면서 건물 대부분이 사라지고, 일부는 다른 곳으로 옮겨졌다. 서울중고등학교가 서초구로 이전한 뒤 흥화문, 숭정원, 자정전 등 일부를 복원하였다.

◎ 종로구 새문안로 55 ◷ 09:00-18:00(월요일 휴무) ₩ 무료 ☏ 02-724-0274

돈의문 박물관 마을

100년의 시간을 품다

4대문 가운데 서쪽 큰 문인 돈의문서대문은 1394년 처음 세워졌으나 일제강점기 때 도로 확장을 핑계로 철거되어 지금은 흔적조차 찾을 수 없다. 돈의문 박물관 마을은 돈의문 터 옆에 있다. 돈의문의 역사적 가치와 근현대 서울의 삶을 기억하기 위해 도시재생으로 마을 전체가 박물관으로 재탄생했다. 돈의문의 역사가 담긴 돈의문 전시관, 체험 교육관, 6080세대의 추억이 깃든 아날로그 감성 공간, 독립운동가의 집, 사교장클럽, 게임장과 만화방 등 마을 구석구석을 돌아다니면 시간 가는 줄 모른다. ◎ 종로구 신문로2가 7-24 ◷ 10:00-19:00(월요일 휴무) ₩ 무료 ☏ 02-739-6994 ≡ http://dmvillage.info/

명동역~남산타워 코스

#명동 #남산 #N서울타워 #남산타워 #남산팔각정 #벚꽃런

N서울타워를 향해 달리는 신명석 님의 추천 코스

남산, 서울에서 가장 높은 달리기 트랙

숲속 피톤치드가 환영해주는 자연의 트랙, 남산 코스를 소개한다. 시작점은 지하철 4호선 명동역으로 남산공원길, N서울타워를 지나 다시 명동역으로 돌아오는 코스이다. 남산공원길로 오르는 처음과 N서울타워로 오르는 곳은 경사가 심한 언덕길이다. 하지만 단숨에 치고 올라서면 성취감에 절로 마음이 뿌듯해진다. 낮이든 밤이든 N서울타워로 가는 길은 관광객이 많다. 관광객의 시선과 부러움을 한 몸에 받으며 달릴 수 있다. 박수를 보내거나 격려하는 이들도 있다.

N서울타워의 조명에는 비밀이 있다. 빨강, 초록, 파랑으로 바뀌는 색깔은 기분 따라 변하는 것이 아니라 서울의 미세먼지 농도다. 붉은색은 초미세먼지 주의보이니 외출을 삼가야 하며 초록색은 중간 단계, 파란 조명이 켜지면 맑은 날이기에 달리기를 놓쳐선 안 된다. 최적의 시기는 4월 말의 봄. 남산 정산까지 이어져 있는 벚꽃은 달리는 구간마다 팡파르를 울려준다. 바람이라도 불면 벚꽃잎으로 샤워를 한다. 단체 달리기라면 반드시 남산 팔각정 계단에 앉아 기념사진을 찍자.

코스 정보

코스 경로 명동역~남산 북측순환로~남산공원길~N서울타워~소월로~명동역 복귀 거리 8.5 km 난이도 상 러닝 시간 60분 워킹 시간 130분 이상 찾아가기 명동역 3번 출구 짐 보관 명동역 내 짐 보관함 및 남산 북측 순환로 내 무료 라커룸 코스 주소 중구 충무로2가

코스 팁

① 업힐에서는 몸에 힘을 빼고 짧은 보폭으로 달려 올라가요.

② 다른 생각을 하기보다 당신의 호흡과 발소리에 최대한 집중해요.

③ 도로에 대형버스가 오가니 반드시 보행자길로 달려요.

포토 스팟

소월로

남산공원길(소월로 방면)

N서울타워

블랙앤쿡

로제파스타, 떡볶이

로제 파스타와 프리미엄 블랙 떡볶이 맛집이다. 특히 프리미엄 블랙 떡볶이는 일반 떡볶이를 생각하면 안 된다. 치즈와 납작 당면, 그리고 차돌박이가 들어간 프리미엄으로 요리 이상의 맛을 느낄 수 있다.
서울 중구 퇴계로4길 69 02-778-2323

N서울타워와 남산팔각정

아름다운 서울을 그대 품 안에

서울의 상징인 남산은 도성의 남쪽에 있어 '남산'으로 불리며 옛 이름은 목멱산이다. 남산의 자연 경치는 매우 아름다워 예부터 조상들이 골짜기마다 정자를 지어 시를 쓰고 그림을 그리며 풍류를 즐겼다. N서울타워는 1969년 라디오 방송을 수도권에 송출하기 위해 세워졌으며 지금은 서울의 대표 상징물이되었다. 서울을 한눈에 내려 볼 수 있는 가장 높은 곳으로, 나들이 코스이자 외국인이 즐겨 찾는 관광명소이다. 전망대와 360도 회전하는 레스토랑이 있다. N서울타워 바로 옆에 있는 팔각정은 조명이 아름다워 밤에 더 인기가 높은 포토 스팟이다. 용산구 남산공원길 126 평일 및 일요일 10:00-23:00(토요일은 24시까지 운영) ₩ 11,000원 02-3455-9277 http://www.nseoultower.com/

명동과 명동성당

쇼핑 천국과 아름다운 성당

명동은 거대 쇼핑 도시를 연상케 하는 공간으로 외국 여행자의 필수코스다. 쇼핑 천국이자 오후 16시부터주말은 오후 14시부터 길거리 음식 거리도 생긴다. 명동예술극장과 명동성당 같은 명소도 있다. 명동예술극장은 옛 명동 국립극장을 복원하여 2009년 연극 예술 전문 공연장으로 개관했다. 1934년 바로크 양식으로 건축된 외관과 현대적인 내부공연 시설이 멋진 조화를 이룬다.
명동성당은 천주교 서울대교구의 주교좌 성당이다. 1898년 십자가 모양으로 지었다. 길이는 69미터, 너비는 28m, 높이는 23m이다. 종탑 높이는 47m이다. 우리나라에서 가장 큰 고딕식 근대 건축물이다. 성당 안으로 들어가면 뾰족 아치의 향연이 펼쳐진다. 그 모습이 경건하고 장엄하다. 천주교 신자가 아니더라도 안으로 들어가 특별한 경건함을 꼭 체험하길 권한다.
중구 명동길 74 02-774-1784 http://www.mdsd.or.kr/

충무로역~남산국악당 코스

#남산골한옥마을 #남산국악당 #필동 #충무로

한국인 러닝 친구를 만들고 싶은 채드 밀러 님의 추천 코스

외국인이 바라본 남산골한옥마을의 아름다움

함께 달리면 러닝은 더 즐겁다. 채드 밀러Chad Miller, 한국 이름 정주영 님도 한국인 러너와 함께 달리고 싶었다. 하지만 한국 친구를 사귀는 건 쉽지 않았다. 어느덧 한국 생활 5년 차. 외국인이지만 서울을 사랑하는 마음은 한국인과 다르지 않다. 외국인이 꼽은 서울의 아름다운 코스는 어디일까? 얼마나 아름답기에 이토록 함께 달리고 싶어할까?

남산골한옥마을 코스는 마치 시간여행을 하는 거 같다. 충무로역에서 시작해 남산국악당, 남산골한옥마을, 타임캡슐 광장을 지나 충무로로 되돌아오는 코스다. 이 코스는 한국의 전통이 물씬 흐르는 한옥을 감상할 수 있고 더불어 한국 문화를 느끼고 체험할 수 있다. 게다가 남산을 품고 달릴 수 있다. 너무 좋은 코스지만 가까이 있으면 그 소중함을 미처 알지 못한다. 남산골한옥마을 코스는 한국인에게도 추천할 만한 코스다. 남산 밑 타임캡슐 광장엔 서울의 모습을 담은 타임캡슐이 묻혀 있다. 400년 뒤인 2394년에 개봉할 예정이다. 마라톤 대회나 서울의 러닝 코스에서 채드 밀러를 만나면 망설이지 말고 인사하자!

코스 정보

코스 경로 충무로역~남산국악당 연못~타임캡슐 광장~충무로역 원점 복귀 거리 3.5 km 난이도 하 러닝 시간 30분 워킹 시간 50분 찾아가기 충무로역 4번 출구 짐 보관 충무로역 내 짐 보관함 코스 주소 중구 필동2가

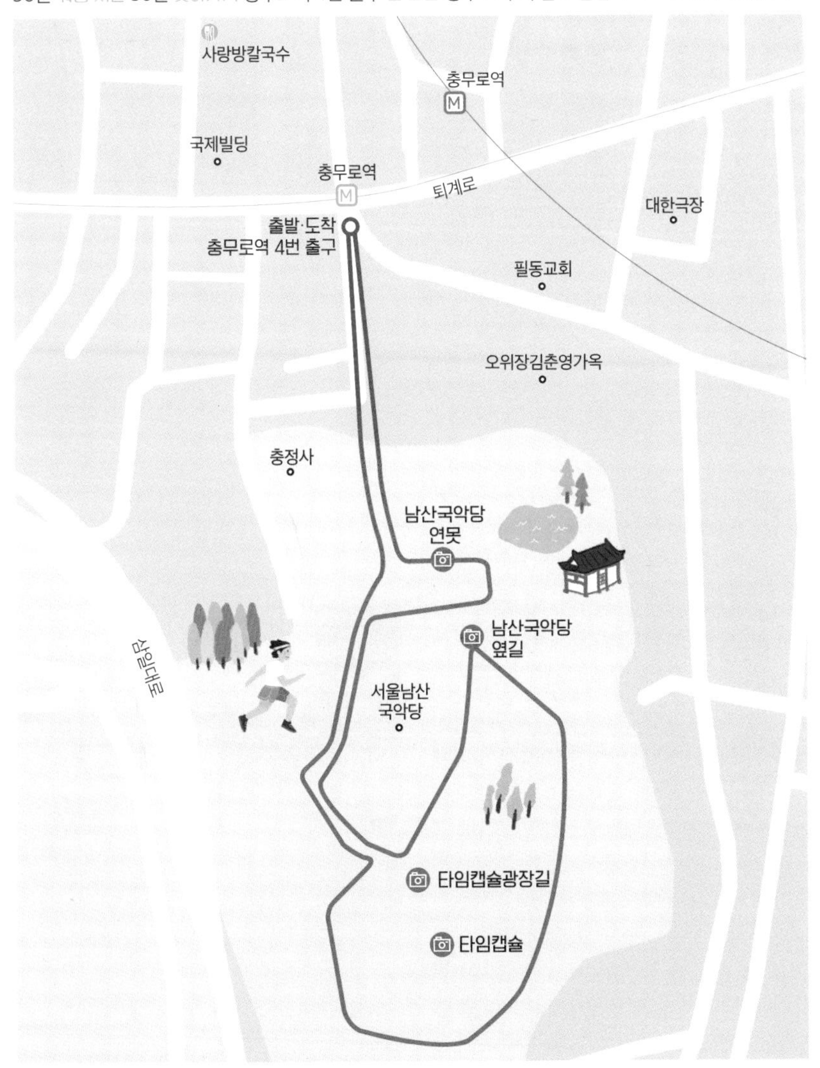

코스 팁

① 관람객이 놀라지 않도록 조심히 달려요.

② 과한 운동은 오히려 부상을 불러요. 휴식도 달리기의 일부임을 잊지 말아요.

포토 스팟

남산국악당 옆길

타임캡슐

타임캡슐 광장길

사랑방칼국수

백숙백반, 칼국수

가성비 좋은 백숙백반 맛집으로 닭육수로 만든 칼국수 또한 일품이다. 달리기 후 먹으면 모든 피로가 풀린다. 중구 퇴계로27길 46 02-2272-2020

남산골한옥마을

과거로 떠나는 서울 시간여행

1989년의 남산골 모습을 복원하기 위해 서울 각 지역에 흩어져 있던 전통 한옥 다섯 채를 이전하여 만든 마을이다. 사대부 가옥부터 서민의 집까지 당시의 생활방식을 한자리에 볼 수 있다. 집의 규모와 신분에 걸맞은 가구들을 배치하여 선조들의 삶의 내면을 구경할 수 있어서 더 좋다. 전통정원은 남산에서 자라는 식생물로 만들었고, 정원 서쪽에는 계곡을 만들었다. 정자와 연못도 전통양식으로 꾸몄다. 전통공예 전시관에는 무형문화재로 지정된 기능보유자들의 작품과 관광 기념상품이 전시되어 있다. 남산골한옥마을의 가장 깊은 곳에는 서울특별시의 모습과 시민의 생활을 담은 문물 600점을 캡슐에 담아 묻었다. 600점은 서울 정도 600년을 상징한다. 보신각종 모형의 타임캡슐은 400년 이후인 2394년에 후손들에게 공개할 예정이다. 2394년은 서울 정도 1천년이 되는 해이다.

중구 퇴계로34길 28 남산골한옥마을
4월~10월 09:00-21:00
11월~3월 09:00-20:00, 월요일 휴무
₩ 무료 02-2261-0517
https://www.hanokmaeul.or.kr/

동대입구역~남산북측순환로 코스

#남산 #장충단공원 #국립극장 #남산북측순환로

엄마와의 추억을 가슴에 안고 달리는 박종진 님의 추천 코스

훈련이 필요하다면 남산 따라 북측순환로 한 바퀴

10년 전, 첫 마라톤 대회 출전 신청서를 낸 그 날 밤 어머님이 운명하셨다. 두 달 뒤 연습도 하지 못하고 출전한 대회에서 10km를 완주했다. 먼저 떠나신 엄마와 한 약속처럼 느껴져 힘들어도 걷지 않았다. 10년이 지난 지금도 아들은 여전히 건강하게 운동 잘하고 있다.

달리기는 장충단공원에서 시작된다. 고종 황제가 명성황후를 지키다 순국한 장병들에게 제사 지내기 위해 장충단 사당을 지금의 신라호텔 자리에 지었다. 일제강점기 조선총독부는 사당을 폐쇄하고 그 자리에 벚꽃을 심어 공원으로 만들었다. 민족정신 말살 정책이었다. 만해 한용운 시비와 사명대사, 유관순 열사, 이준 열사의 동상이 이 공원에 있다. 장충단공원을 지나 남산 북측순환로로 접어들면 숲이 더 무성하다. 나무 사이로 N서울타워가 고개를 빼꼼 내민다. 이곳은 러너들의 훈련 명소이다. 나무가 우거져 여름엔 시원하고 겨울엔 포근하다. 언덕이 반복돼 훈련하기 좋고, 차가 다니지 않아 안전하다. 마라톤 풀 코스를 준비하거나 기록 단축에 욕심이 있다면 2회전, 혹은 3회전으로 늘려도 좋다.

코스 정보

코스 경로 동대입구역~장충단공원~국립극장~북측순환로~북측순환로 입구 반환 후 원점 복귀 거리 7km 난이도 상 러닝 시간 50분 워킹 시간 100분 찾아가기 동대입구역 6번 출구 짐 보관 동대입구역 내 짐 보관함 및 남산 북측순환로 내 무료 라커룸 코스 주소 중구 동호로 261

코스 팁

① 오르막이 많으니 페이스 조절에 유의해요.
② 저 오르막까지만 달리자, 저 오르막까지만 달리자, 하는 생각으로 하나씩 위기를 넘겨요.
③ 남산 북측순환로에 짐 보관용 무료 락커룸이 있어요. 신분증 준비하세요.

포토 스팟

국립극장

남산 북측순환로 명동 방면

남산도식후경 앞

필동멸치국수

멸치국수

백종원의 골목식당에 나왔던 맛집이다. 원래 이름난 맛집이지만 텔레비전에 나온 뒤로 더 유명세를 타고 있다. 확장해서 이전했지만, 맛은 여전히 깊고 담백하다. 무엇보다 양이 많으며 칼칼하고 깔끔한 국물이 좋다.

중구 퇴계로 210-4 010-3329-2886

국립극장

판소리부터 오페라 공연까지

장충단공원 위에 있다. 아시아에서 처음으로 세운 국립극장이다. 처음 세울 땐 지금 위치가 아니라 현재 서울시의회 건물에 있었다. 1950년 설립과 동시에 국립극단을 창단했다. 한국전쟁 당시 대구로 이전하였다가 1957년 다시 서울로 이관했다. 지금 건물은 1973년에 개관하였다. 뉴욕의 링컨센터를 벤치마킹하여 건축했다. 국립극장엔 다목적 공연장 해오름극장과 소극장인 창극 전문 공연장 달오름극장, 공연의 성격에 따라 무대가 바뀌는 별오름극장과 원형 야외무대인 하늘

극장이 있다. 국립극장엔 판소리부터 발레, 오페라까지 다양한 장르의 기획물이 무대에 오른다. 최근 대극장 해오름의 리모델링을 마쳐 훨씬 쾌적한 환경에서 공연예술을 관람할 수 있다. 극장 안에 우리나라 최초의 공연예술박물관이 있다. 1950년부터 현재에 이르기까지 다양한 공연예술 자료를 관람할 수 있다.

중구 장충단로 59 02-2280-4114

https://www.ntok.go.kr/kr/Main/Index

동대문역사문화공원~종로 코스

#DDP #동대문역사문화공원 #장미정원 #동대문시장 #엽떡

함께 달리고 나누는 걸 좋아하는 이설희 님의 추천 코스

잠들지 않는 도시, 동대문시장과 DDP의 LED 장미정원

달리는 사람이 많아지면 얼마나 좋을까? 게다가 나만의 러닝 코스가 소개되고, 많은 사람이 그 코스를 달린다면 이보다 더 좋은 일은 없을 것이다. 특별히 서울을 사랑하고, 함께 달리고 나누는 것을 좋아하는 이설희 님은 DDP와 종로 코스를 추천한다. 서울의 부도심이라 접근성이 좋고, DDP는 그 자체로 포토 스팟이다. 특히나 어둠이 내리고 화려한 조명이 들어오면 우주 공간에 뜬 느낌이 든다. 이곳을 달리면 덩달아 우주에 떠 있는 것처럼 가벼워지는 것 같다.

DDP 광장에서는 DDP의 전경이 한눈에 보인다. 이곳에서 몸풀기를 시작해 동대문 방향으로 달리자. 종로5가, 대학로 초입, 원남동사거리, 청계천을 지나 동대문역사문화공원으로 들어오면 코스가 마무리된다. 이 코스의 초입과 마지막에 동대문시장을 지난다. 시장은 늘 활기가 넘쳐 삶에 자극을 준다. 그리고 동대문역사문화공원에 이르러 당신의 기분은 절정에 달한다. 공원 내 장미정원의 수백 송이 LED 장미는 완주를 축하해주는 화려한 꽃다발이다.

코스 정보

코스 경로 동대문역사문화공원역~DDP ~ 동대문~종로5가역~홍익대학교 대학로 캠퍼스~원남동사거리~청계천 윗길~동대문역사문화공원~동대문역사문화공원역 원점 복귀 거리 5 km 난이도 하 러닝 시간 40분 워킹 시간 70분 찾아가기 동대문역사문화공원역 1번 출구 짐 보관 동대문역사문화공원역 내 짐 보관함 코스 주소 중구 을지로 281

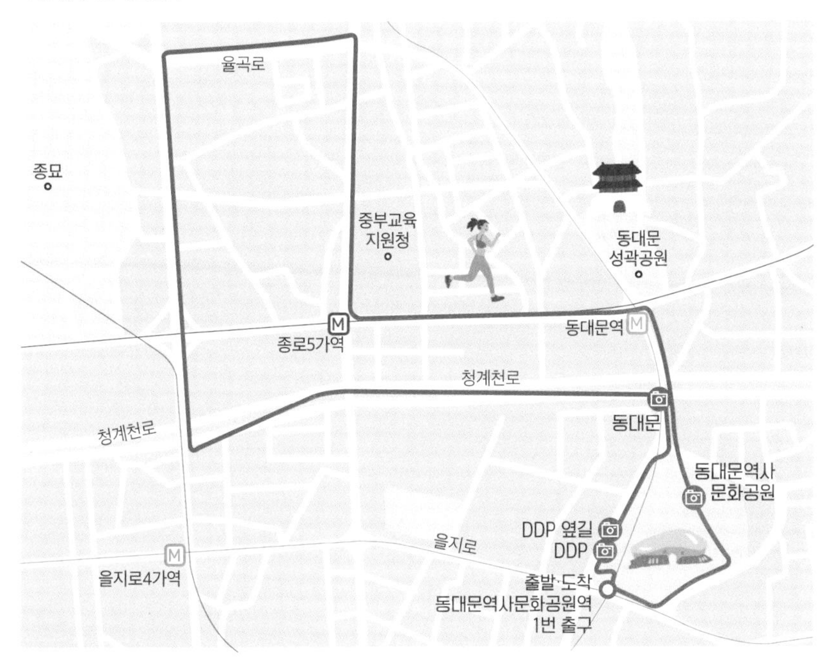

코스 팁

① 보행로에서는 반드시 속도를 줄이고 횡단보도는 걸어서 이동해요.

② 낮보다는 빛나는 밤이 더욱 아름다운 코스예요.

포토 스팟

DDP 옆길

동대문

동대문역사문화공원

동대문엽기떡볶이 동대문본점

엽기떡볶이, 엽기어묵

여성들이 좋아하는 엽기떡볶이의 원조이자 본점이다. 엽기떡볶이 오리지널을 맛보고 싶다면 이곳을 추천한다. 떡과 어묵의 선호에 따라 엽기떡볶이, 엽기어묵, 엽기반반을 선택할 수 있다.

중구 다산로 265 02-2236-8592

DDP

우주선을 닮은 디자인의 성지

동대문역사문화공원역에 있는 복합 문화공간이다. 세계 최대 3차원 비정형 건축물로 이라크 출신 여성 건축가 자하 하디드Zaha Hadid가 설계했다. 이른 새벽부터 밤이 저물 때까지 쉼 없이 움직이는 역동적인 동대문 지역과 이음새 없이 곡선이 물결처럼 DDP는 어딘지 닮았다. 디자인전시관, 박물관, 디자인숍, 전시 공간과 국제회의장, LED 장미정원 등이 있다. 매년 4월부터 10월까지 금요일과 토요일에 밤도깨비야시장이 열린다. 서울패션위크 패션쇼도 이곳에서 열린다. 중구 을지로 281 **배움터** 일~목요일·공휴일 10:00-19:00, 금~토 10:00-21:00, 매주 월요일 휴관 **살림터** 평일 10:00-21:00, 주말 및 공휴일 10:00-22:00, 매월 셋째 주 월요일 휴관 **알림터** 프로그램에 따라 운영 시간이 다름 02-2153-0000 http://www.ddp.or.kr/

동대문시장

한국 패션 1번지

패션 쇼핑몰이 몰려 있는 우리나라 최대 의류 시장이다. 불이 꺼지지 않는 한국 패션 1번지로, 이른 저녁부터 새벽까지 전국 각지에서 올라온 도·소매 의류 상인들로 북적인다. 새벽 2시가 절정이다. 1905년에 90여 개의 점포로 출발했지만, 지금은 약 3만여 개의 점포로 발전하였다. 일하는 사람은 10만 명, 하루에 이곳을 찾는 사람은 외국인을 포함하여 50만 명이 넘는다. 쇼핑몰마다 야외공연장에서 초청공연이나 댄스경연 등 다양한 이벤트를 진행한다. 외국인 야간 투어 코스로도 유명하다.

서울 중구 장충단로 275

이촌역~용산가족공원 코스

#가족 #용산가족공원 #국립중앙박물관 #국립한글박물관

늦둥이 아들과 마라톤 소풍을 떠나는 김종태 님의 추천 코스

가족과 함께 달리는 가장 아름다운 길, 용산가족공원

선물과 같은 늦둥이 아들을 만나고 김종태 님은 다시 달리기로 했다. 아들과 함께 더 많은 추억을 쌓으려면 늘어난 몸무게를 줄이고 떨어진 체력도 길러야 했다. 하지만 뜻대로 되지 않았다. 몸은 여기저기 아팠고 달리기 속도가 붙지 않아 속상했다. 게다가 회사는 끊임없이 발목을 잡았다. 모든 게 힘들었지만 그래도 달렸다. 다행히도 아들 수환이는 잘 뛰었고 함께 땀 흘리며 노는 걸 좋아했다. 그가 달릴 수 있었던 가장 큰 이유다. 그가 추천하는 코스는 용산가족공원이다. 옛 미군사령부의 골프장을 공원으로 만든 까닭에 아이와 뛰어놀기에 더없이 좋다. 국립중앙박물관과 국립한글박물관과도 이어져 있어 놀거리와 볼거리도 많다. 특히, 국립중앙박물관의 어린이 체험 코스는 누구나 좋아하는 명소. 공원 내에는 폭포와 연못도 있어 맑고 상쾌하게 달릴 수 있다. 종태 님의 모토는 '아들과 함께하는 마라톤 소풍'이다. 아무리 바빠도 다시 돌아오지 않을 아이들의 순수한 모습을 기억하고 추억하기 위해 그는 오늘도 용산가족공원을 달린다. 달리는 만큼씩 하나, 둘 추억이 저장된다.

코스 정보

코스 경로 이촌역~국립중앙박물관~용산가족공원 러닝 후 이촌역 복귀 거리 2.5 km 난이도 하 러닝 시간 20분 워킹 시간 40분 찾아가기 이촌역 2번 출구 짐 보관 이촌역 내 짐 보관함 코스 주소 용산구 용산동 5가

러닝 팁

① 아이의 의욕이 너무 앞서 오버 페이스 하지 않도록 신경 써주세요.

② 러닝을 하며 발견하는 즐거움을 느끼게 해주세요. 발견의 기쁨은 계속 달리게 하는 동기가 되거든요.

포토 스팟

정자

용산가족공원

친환경 텃밭

스즈란테이

히레까스

일본 가정식 맛집으로 일본 정통요리를 맛볼 수 있다. 히레까스가 추천 메뉴이다. 도시락 형태로 음식이 나오는데 담백한 음식 한 상 대접받는 느낌을 준다. 용산구 이촌로 245 02-749-5324

국립중앙박물관

살아있는 역사 교과서

그 자체로 살아있는 한국사이다. 유물 약 30만여 점을 소장한 세계적인 박물관이다. 전시관 단위로 운영되는 해설사와 함께 관람하거나 자동 안내기를 이용하면 더 좋다. 동관은 상설 전시관, 서관은 어린이박물관으로 이루어져 있다. 실외는 각종 유물과 문화재가 가득한 야외 박물관이다. 전시실의 1층은 선사·고대관과 중·근세관, 2층은 기증관과 서화관, 3층은 아시아관과 조각, 공예관으로 이루어져 있다. 전시실 곳곳에 의자가 있어 쉬엄쉬엄 편하게 관람할 수 있다. 전시실 입구에 짐을 보관할 수 있는 시설이 있다.

용산구 서빙고로 137 **월·화·목·금요일** 10:00-18:00 **수·토요일** 10:00-21:00 **일·공휴일** 10:00-19:00, 1월 1일·설날 당일·추석 당일 휴관 ₩ 무료(유료 특별전시 제외) 02-2077-9000

http://www.museum.go.kr/

국립한글박물관

한글에 관한 모든 것

세종대왕의 애민정신과 한글의 우수성을 널리 알리기 위한 박물관이다. 박물관 전경은 한글 모음의 제자 원리인 천지인을 형상화하였다. 28개의 자모음을 만드는 과정부터 인쇄 기술과 한글의 기계화, 그리고 국어 학자들의 한글을 지키기 위한 노력까지 한글이 걸어온 길을 따라 관람할 수 있다. 한글과 쉽게 친해질 수 있도록 아이들을 위한 한글 놀이터와 외국인을 위한 한글 배움터가 마련되어 있어 남녀노소 누구나 방문하기 좋다.

용산구 서빙고로 139

월~금·일·공휴일 10:00-18:00 **토·마지막 수요일** 10:00-21:00
1월 1일·설날 당일·추석 당일 휴관

₩ 무료 02-2124-6200

https://www.hangeul.go.kr/

용산역~한강대교 코스

#용산역 #한강대교 #노들섬 #FYC

더불어 달리는 즐거움을 아는 조항준 님의 추천 코스

함께 하면 더 많은 걸 얻을 수 있는 한강대교

고독을 즐기며 혼자 달리는 러닝도 좋지만, 함께 달리면 혼자 가지 못한 곳까지 가게 해준다. 더 많은 걸 보고 느끼는 건 즐거운 덤이다. FYCForever Young Crew가 추천하는 코스는 용산역~한강대교 코스다. 용산역에서 출발해 한강대교를 건넜다가 되돌아온다. FYCForever Young Crew는 사실 러닝크루가 아니다. 크로스핏, 클라이밍, 수영, 등산 등 다양한 스포츠에 도전하고 즐기는 젊은 크루다. 하지만 스포츠 중에서도 달리기는 모든 운동의 기초가 아니던가.

용산역~한강대교 러닝 코스는 지루할 틈이 없다. N서울타워부터 한강, 63빌딩까지 고개를 돌릴 때마다 랜드마크가 시야에 들어온다. 특히, 나이트 러닝을 하며 한강대교 위를 달리면 오늘 하루도 꽉 채워 보람차게 살았다는 기분이 들어 행복 세포가 샘솟는다. 기찻길을 건너는 재미도 있다. 도심에서 좀처럼 경험할 수 없는 특별한 체험이다. 혼자 뛰는 것이 힘들다면 주변에서 러닝 크루를 찾아보자. 그도 힘들다면 이들과 함께 한강을 달려보자! 시작이 반이다.

코스 정보

코스 경로 용산역~용산 기찻길~한강대교~노들섬~한강대교 남단~한강철교~원점 복귀 거리 6.5 km 난이도 중 러닝 시간 50분 워킹 시간 80분 찾아가기 용산역 2번 출구 짐 보관 용산역 내 짐 보관함 및 용산역 지하 1층 이마트 락커 이용 코스 주소 용산구 한강대로23길 55

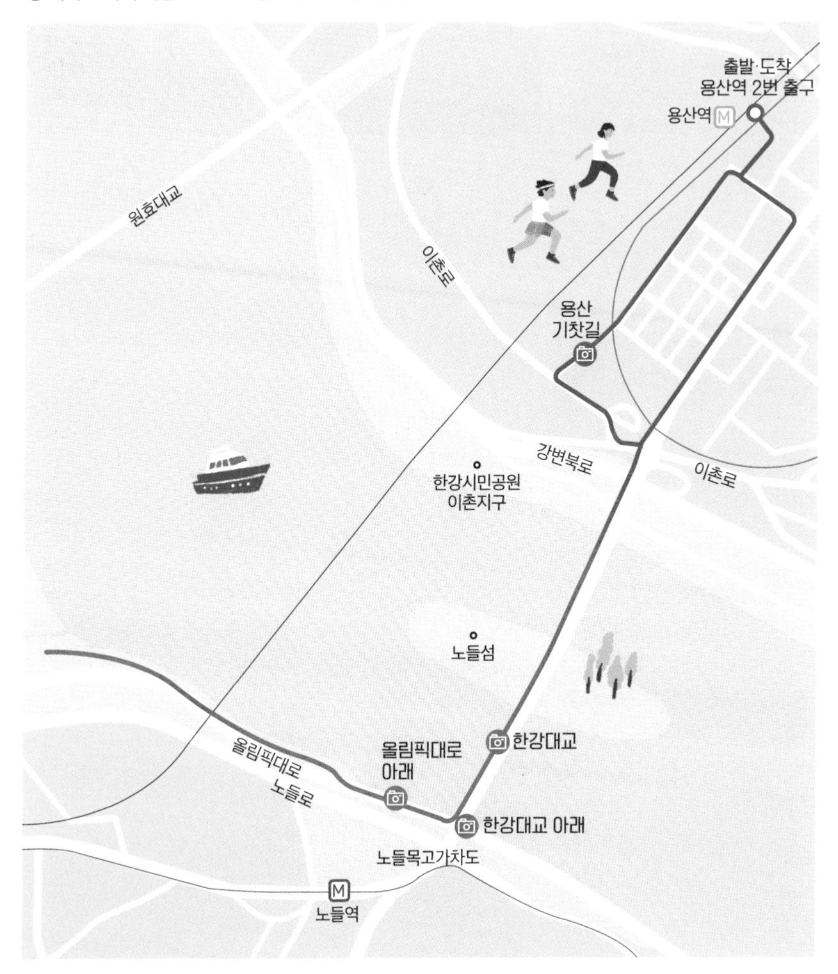

코스 팁

① 기찻길을 건널 때는 기차가 지나가는지 꼭 확인하세요.

② 한강대교 위는 길이 좁아져요. 보행자를 살피며 달리세요.

포토 스팟

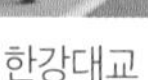

한강대교

한강대교 아래

올림픽대로 아래

손문대구막창 갈매기살 용산점

양념 갈매기살, 쟁반국수

풍부한 육즙과 숯불 향이 묻어나는 양념 갈매기살이 시그니처 메뉴이다. 함께 먹는 새콤달콤한 쟁반국수는 추가 주문을 부르는 맛이다. 용산구 새창로 213-9 02-793-3189

노들섬

한강 위에 들어선 복합문화 공간

한강 한 가운데 떠 있는 섬으로 한강대교 아래에 있다. 예부터 버드나무가 늘어져 있고 백로가 날아들어 '노들'이라 불리었다. 원래는 용산과 맞닿는 넓고 아름다운 백사장이었다. 60년대 중반까지 여름에는 피서지와 낚시터로, 겨울에는 스케이트장으로 사용되었다. 하지만 박정희 시대 여의도를 개발하려고 용산 쪽 모래를 다 퍼내 인공섬으로 변했다. 서강대교 밑 밤섬도 같은 이유로 잃어버렸다. 모래밭이 사라지고 인공섬이 되면서 사람 발길이 끊어졌으나 최근 서울시가 대중음악 공연장과 전시장, 카페, 야외 잔디 공연장, 창작 스튜디오, 산책로, 일부 상업공간이 모인 복합문화시설로 탈바꿈시켰다. 도시를 벗어나 해방감을 느끼기에 딱 좋은 공간으로, 특히 젊은이들의 발길이 잦다. 63빌딩과 한강이 바로 옆에 있어서 사진 명소로 떠오르고 있다.
용산구 양녕로 445 02-749-4500 http://nodeul.org/

남영역~전쟁기념관 코스

#전쟁기념관 #평화 #열정도 #동적명상

동적 명상, 달리며 명상하는 김현우 님의 추천 코스

평화와 통일을 향해 달리는 아름답고 숭고한 길

김현우 님은 '동적 명상'을 추구한다. 사실 모든 러너는 이미 '동적 명상'을 하고 있다. 두 단어는 상반되지만 그 속에서 조화를 이룬다. '동'은 달리기, 혹은 걷기, 요가, 수영, 춤 등 모든 움직임을 말한다. '명상'은 자신에게 집중하는 것이다. 이름하여 '동중정', 움직이면서 고요함을 추구하는 것이다. '동적 명상'은 멈추어 단순히 명상만 하는 것보다 더 빠르게 우리 마음에 여유를 가져다준다. 김현우 님은 몸을 움직이며 균형을 잡았고 깊은 사고를 통해 고민을 해결했다. 그리고 평안을 얻었다. 김현우 님은 남역영~전쟁기념관 코스를 추천한다. 남영역, 한강대로, 전쟁기념관, 요즘 한창 핫한 열정도 골목을 달리는 코스이다.

전쟁을 기념한다고? 무슨 자랑이라고 전쟁을 기념하는가? 게다가 우리가 기억하는 전쟁이란 한국전쟁인데, 이는 같은 민족끼리 싸운 내전 아닌가? 하지만 한 번 더 생각하면 전쟁을 기념하지만 그것은 은유일 터이다. 전쟁의 비극을 다시 겪지 않으려고, 평화의 소중함을 새기고자 하는 것이리라. 남영역~전쟁기념관 코스는 그러므로, 평화와 통일을 향해 달리는 아름답고 숭고한 길이다.

코스 정보

코스 경로 남영역~전쟁기념관~녹사평역~열정도~원점 복귀 거리 5.7 km 난이도 하 러닝 시간 40분 워킹 시간 70분 찾아가기 남영역 1번 출구 짐 보관 남영역 내 물품보관함 없음. 전쟁기념관 내 물품보관함 이용 코스 주소 용산구 한강대로77길 25

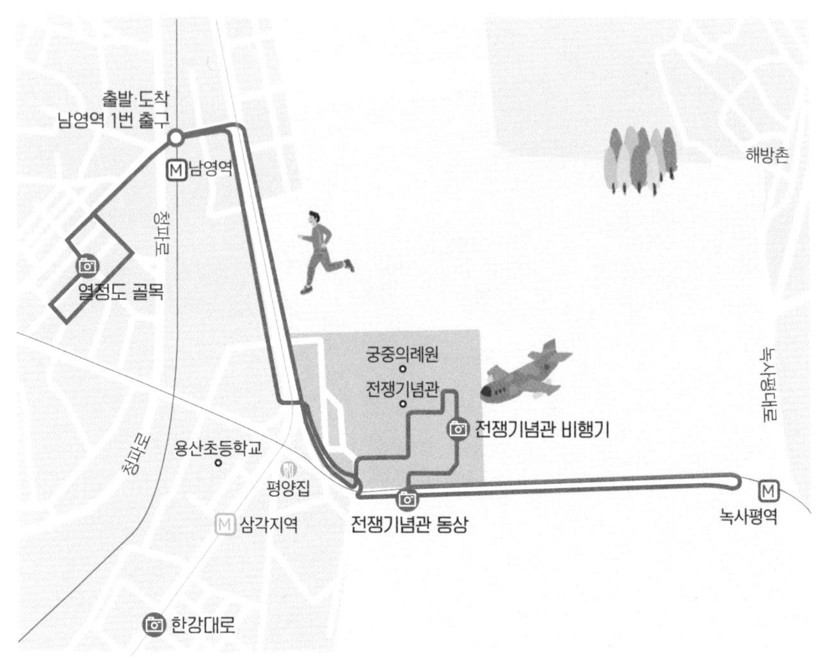

러닝 팁

① 전쟁기념관 경내를 달릴 때는 소음을 삼가고 엄숙하게 달려요.

② 열정도 골목은 길이 좁아 한 줄로 달려야 해요.

포토 스팟

전쟁기념관 동상

한강대로

열정도 골목

평양집
내장곰탕

깔끔한 내장곰탕집이다. 국밥 애호가라면 반드시 방문해야 할 40년 전통 맛집이다. 특히, 달래와 고추를 절여 만든 소스에 양과 곱창을 찍어 먹으면 그 맛이 환상이다.

용산구 한강대로 186 02-793-6866

전쟁기념관
평화를 위하여

'전쟁'을 주제로 한 대한민국 유일의 전쟁사 종합박물관이다. 순국선열을 기리고, 전쟁의 비극과 평화의 소중함을 배울 수 있다. 6.25전쟁실 등 모두 7개 전시실로 구성되어 있다. 선사시대부터 현대까지의 각종 호국 전쟁 자료를 전시하고 있다. 전시실 입구 양측에는 국군 전사자와 유엔군 전사자의 명비가 있다. 이곳을 지날 때 저절로 경건하고 엄숙해진다. 옥외 전시장에는 6.25 전쟁 당시에 사용했던 무기와 2차 세계대전 이후에 사용된 세계 각국의 항공기와 미사일 등 70여 점이 전시되어 있다. 특히 장갑차는 내부까지 들어가 관람할 수 있다.

용산구 이태원로 29 전쟁기념관 09:30-18:00, 월요일 및 월요일이 연휴인 경우 다음날 휴관 ₩ 무료(일부 특별기획전 별도) 02-709-3139 http://www.warmemo.or.kr/

열정도
뉴트로 먹자골목

남영역과 효창공원역 사이에 있다. 옛 인쇄소 골목에 청년 상인들이 열정으로 만든 공간이다. '열정도' 골목마다 트렌디하고 뉴트로 향기 물씬 나는 카페와 맛집이 늘어서 있다. 나만의 아기자기한 단골집을 찾는 재미가 쏠쏠. 주변의 화려하고 높은 아파트들과 어울리지 못하는 외딴 섬처럼 보이지만 사실은 열정 청년들이 만들어 낸 새로운 불빛이 늦은 밤까지 작은 섬을 환하게 밝히고 있다.

용산구 백범로87길 55가

이태원역~한남동 코스

#이태원 #한남동 #잠수교 #서빙고

오르막과 내리막을 즐기는 유경덕님의 추천 코스

지구촌 산책길, 이태원 골목 따라 한강까지

유경덕 님은 기부 봉사 러닝 크루 'UCON'을 통해 함께 나누고, 더불어 달리는 매력을 알았다. 지금은 88년생 동갑내기 달리기 모임 '뛰용뛰용'의 리더로 활동하고 있다. 스스로 달리기 모임을 만들고, 그 모임을 이끌 만큼 그의 달리기 사랑은 남다르다. 그는 달리기 운동을 하며 '존중'을 배웠다. 걷는 사람, 자전거 타는 사람, 자동차 운전하는 사람, 그리고 운동을 하지 않는 사람……. 그는 달리는 동안 수많은 사람을 만난다. 이 사람들을 배려해야 자신도 존중받을 수 있음을 매일 느낀다.

유경덕 님은 이태원역~한남동 코스를 달린다. 이태원의 화려한 네온사인에서 시작해 한강을 따라 달리다가 한적한 한남동을 지나 다시 화려한 이태원으로 돌아오는 코스다. 낮보다는 밤을 더 추천한다. 지역을 크게 돌다 보니 다양한 뷰가 펼쳐지고 거리마다 분위기가 달라 달리는 내내 눈이 즐겁다. 또 롤러코스터 같은 오르막과 내리막의 아찔한 즐거움도 크게 느낄 수 있다. 오르막과 내리막은 마치 인생 같다. 그는 달리는 사이사이 존중을 배우고, 인생을 배운다.

코스 정보

코스 경로 이태원역~서빙고 지하터널~한남 방향 한강~한남나들목~순천대학병원 앞길 거리 5.5 km 난이도 중 러닝 시간 50분 워킹 시간 80분 찾아가기 이태원역 4번 출구 짐 보관 이태원역 내 짐 보관함 코스 주소 용산구 이태원로 177

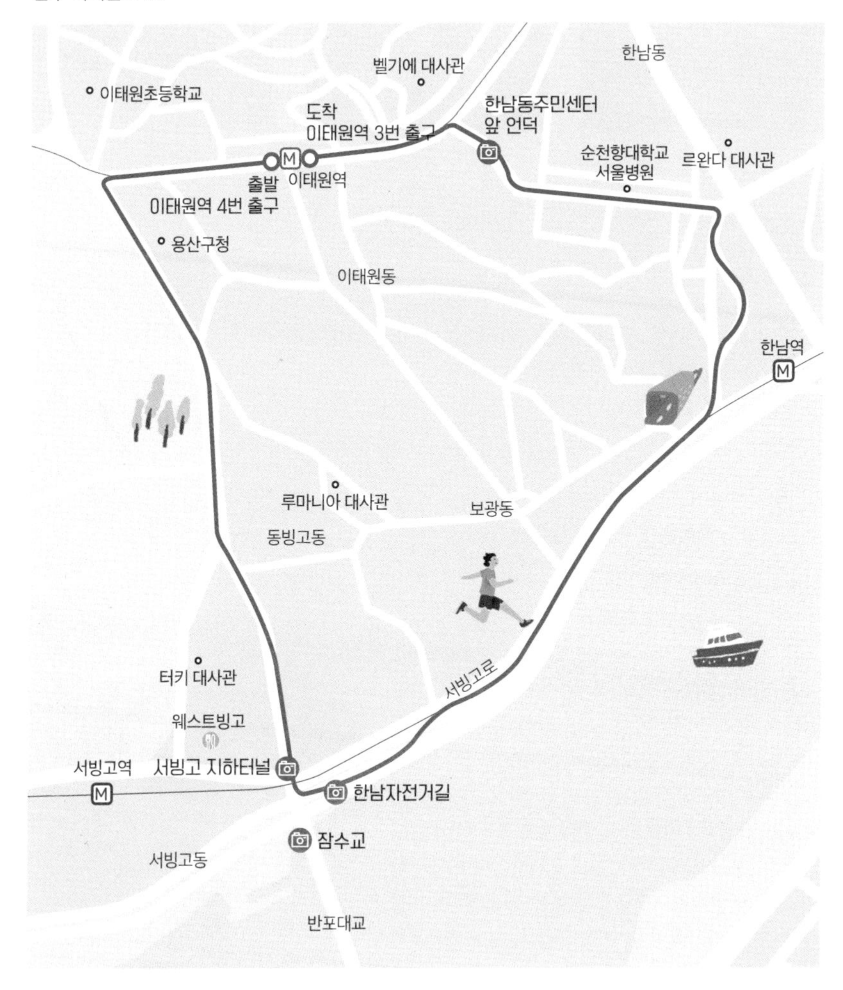

코스 팁

① 겨울철에는 빙판길을 조심하세요.

② 거리를 늘리고 싶다면 잠수교, 혹은 한강으로 더 달려도 돼요.

③ 한남역에서 이태원으로 오는 길은 오르막이니 체력 분배에 유의해요.

포토 스팟

잠수교

한남 자전거길

한남동주민센터 앞 언덕

웨스트빙고

커피, 수박 주스

서빙고에 있는 카페이다. 통유리 덕분에 맑은 햇살이 들어와 실내 분위기가 따뜻하고 여유가 넘친다. 분위기만으로도 커피의 맛을 더하는 곳이다. 여름이면 수박 주스를 추천한다.

용산구 서빙고로51길 10 010-5119-8833

삼성미술관 리움

작품도 건축도 남다르다

한국과 세계의 최고 미술품을 관람할 수 있는 보기 드문 미술관이다. 미술관은 한남동 남산 자락에 앉아 한강을 내려다보고 있다. Museum1, Museum2, 삼성아동교육문화센터 등 세 개 건물로 이루어져 있다. Museum1에는 청자, 분청사기, 백자, 고서화, 불교미술, 금속공예 등 우리의 고미술품을 상설전시하고 있다. Museum2에는 이미 널리 공인받은 국내외 현대미술작품을 주로 전시하고 있다. 삼성아동교육문화센터는 기획전시관이다. 젊고 혁신적인 작가의 작품을 주로 전시하며 교육 기능도 겸하고 있다. 세 개 건물은 세계적인 건축가 마리오 보타, 장 누벨, 렘 쿨하스가 설계하였다. 세 개 건물이 각기 다른 모양과 표정을 가진 독특한 디자인이라 건물 자체를 감상하는 즐거움도 남다르다. 유명 건축가 세 명의 건축 디자인을 한 곳에서 볼 수 있는 건 세계적으로 드문 일이다. 특별한 건축 체험이 될 것이다.

용산구 이태원로55길 60-16 02-2014-6900

10:30~18:00(매표 마감 17:30) **휴관** 월요일, 1월1일, 설·추석 연휴 ₩ 일반 1만원

한강진역~보광동 코스

#남산 #소월로 #이태원 #한남동 #보광동

글 쓰는 이태원 주민 박한빛누리 님의 추천 코스

낭만과 허무, 인생의 희로애락을 담은 소월로

위쪽으로는 남산이 있고 아래로는 경리단길이다. 글을 쓰는 것이 직업인 박한빛누리 님은 남산의 소월길을 달린다. 남산을 가르는 경계선이자 도시의 풍경이 아득하게 펼쳐지는 곳. 소월로는 김소월의 호를 따서 지은 만큼 아름답고 낭만적인 길이다.

한강진역 1번 출구에서 시작해 용산국제학교의 산책길로 곧장 오르면 지금까지 보지 못한 이태원 뷰를 만난다. 이 코스는 구름다리를 포함해 나무 데크가 두 개다. 다리를 달릴 때면 발자국에 또르르 들리는 경쾌한 나무 울림이 심장을 더 요동치게 한다. 더욱이 코스가 남산 품 안에 안겨있어 사계절 자연의 변화를 가까이서 감상할 수 있다.

골목 사이에는 카페와 레스토랑, 그리고 인테리어 매장까지 들어서 색다른 볼거리가 다채롭다. 하얏트호텔, 이슬람 중앙성원, 한국폴리텍대학 장수캠퍼스, 이태원 엔틱가구거리, 이태원역까지 내리락 오르락 달리면 이윽고 평지다. 남산과 소월로, 이태원의 흥겨움, 그리고 한강까지. 각기 다른 서정을 모두 느껴보자.

코스 정보

코스 경로 한강진역~용산국제학교 산책길~남산야외식물원~이슬람 중앙성원~한국폴리텍대학~이태원역~원점 복귀 거리 6 km 난이도 중 러닝 시간 50분 워킹 시간 90분 찾아가기 한강진역 1번 출구 짐 보관 한강진역 내 짐 보관함 코스 주소 용산구 이태원로 287

코스 팁

① 언덕이 있어 허벅지 강화 훈련에 좋아요.

② 호흡은 복식으로 발에 맞춰 하면 심장에 부담이 덜 가고 더 많은 산소를 마실 수 있어요.

포토 스팟

구름다리

대성슈퍼마켓

블루스퀘어

내고향 생삼겹살

삼겹살

두툼하고 윤기 흐르는 삼겹살 맛집이다. 함께 먹는 달걀노른자 동동 파절이는 감칠맛을 더해준다. 마무리는 볶음밥으로 하자.

용산구 우사단로 10 02-749-9789

북파크

커피 향이 흐르는 책 공원

블루스퀘어는 이미 잘 알려진 공연장이지만 공연장 옆에 잘 알려지지 않은 예쁜 서점, 복합문화공간인 '북파크'가 있다. 이름 그대로 책으로 둘러싸인 공원이다. 모두 도서 7만 5천여 권을 보유하고 있으며 1층부터 4층까지 오픈 형식으로 되어있다. 책으로 가득 찬 벽은 그 자체만으로도 멋진 인테리어가 된다. 층마다 카페가 있어 커피를 마시며 여유롭게 책을 읽을 수 있다. 단, 외부 음식은 가지고 들어갈 수 없다. 홈페이지를 통해 각종 북콘서트를 신청할 수 있다.

용산구 이태원로 294 11:00-22:00(설, 추석 당일 휴무)

02-6367-2018 http://www.bookpark.com/

서울역~백범광장 코스

#서울역 #백범광장 #남대문시장 #서울로7017 #숭례문

달리기는 운동이 아니라 일상이라는 오예석 님의 추천 코스

재미와 낭만, 의미까지 갖춘 서울역 주변 달리기

오예석 님이 추천하는 코스는 서울역에서 시작한다. 백범광장, 남대문, 남대문시장, 서울로7017을 지나 서울역에서 마무리된다. 백범광장은 김구 선생을 기리는 광장이다. 광장에 오르면 선생의 동상이 먼저 반겨준다. 오른손을 하늘 높이 들어 올린 모습에서 민족정기가 뿜어져 나오는 듯하다. 광장은 마치 하늘 위에 놓인 나만의 트랙 같다. 광장에 서면 조금 전까지 우쭐대던 높은 건물들이 당신의 발아래에 있다.

코스는 백범광장에서 아래로 향한다. 대한민국 국보 제1호 숭례문에 눈길을 주며 달리면 이윽고 남대문시장이다. 시장을 지나면 하늘 위의 달리기 코스 서울로7017이 나타난다. 서울역~백범광장 코스는 비교적 짧지만 종합 선물세트처럼 중간중간 재미와 의미를 아울러 갖추고 있다. 보행자가 많지 않을까 염려되지만 걱정하지 않아도 된다. 인근 상가는 이른 저녁부터 문을 닫고 언제 그랬냐는 듯 조용하고 한적한 러닝 코스로 바뀐다. 나만을 위한 한밤의 달리기. 재미와 낭만, 의미까지 느끼며 서울의 밤을 달리자.

코스 정보

코스 경로 서울역~백범광장~안중근기념관~남대문시장~숭례문~서울로7017~원점 복귀 거리 3.2 km 난이도 상 러닝 시간 30분 워킹 시간 50분 찾아가기 서울역 11번 출구 짐 보관 서울역 내 짐 보관함, 롯데마트 물품 보관함 코스 주소 용산구 한강대로 405

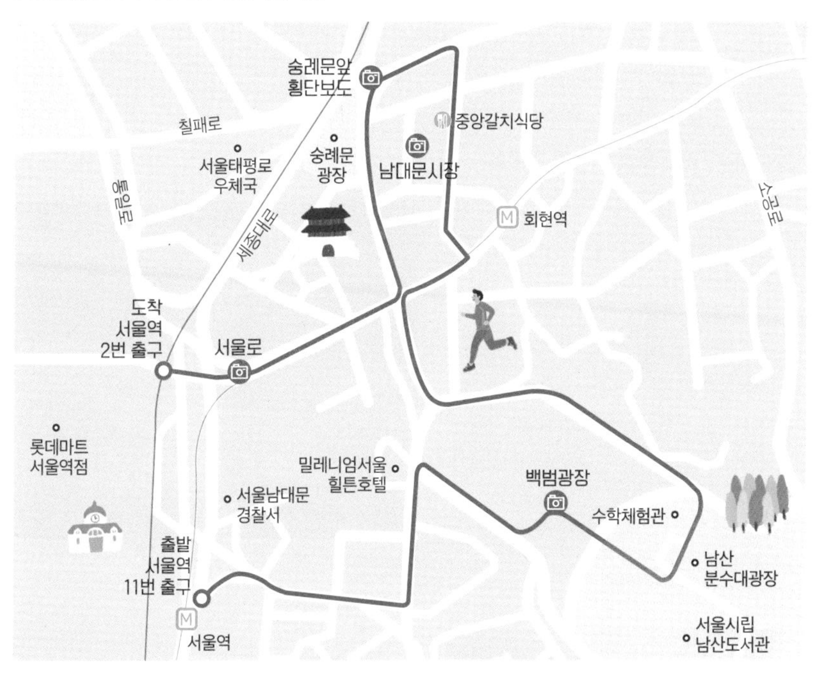

코스 팁

① 서울역에서 백범광장까지는 급한 오르막이에요. 페이스 조절에 유의하세요.

② 서울로 위엔 화단이 많아요. 러닝보다는 천천히 이동하며 풍경을 감상해보세요.

포토 스팟

숭례문 앞

남대문시장

서울로7017

중앙갈치식당

갈치조림

양념이 맛있는 남대문시장의 갈치조림 맛집이다. 현지 상인들이 많이 찾는 맛집 중의 진짜 맛집이다. 비린내 없는 국물에 밥을 비벼 먹으면 밥도둑이 따로 없다. ⊙ 중구 남대문시장길 22-12 ✆ 02-752-2892

숭례문

서울 목조 건축의 자존심

서울의 목조건물 중 가장 오래되었다. 우리나라 국보 제1호이다. 2008년 2월 방화로 2층 문루는 소실되고 1층 문루는 일부 불에 탔다. 살릴 수 있는 부분은 최대한 살리고, 불탄 부분만 재현하였다. 복구공사에 사용한 소나무의 일부는 국민들이 자발적으로 기증한 것이다. 기와는 전통 기왓가마에서 직접 구워 사용했다. 일제강점기 당시, 일본에 의해 변형된 부분도 원형대로 되돌려 놓았다. 약 3년의 복구공사를 거쳐 2013년 5월 4일 더 멋진 모습으로 시민에게 돌아왔다.

⊙ 중구 세종대로 40

⊙ 중구 청파로 432

☰ http://seoullo7017.seoul.go.kr/

서울로7017

밤이 더 아름다운 공중 산책로

서울로7017은 서울역 고가도로를 재활용한 산책로이다. '자동차의 길'을 '사람 길'로 재생했다. 서울로7017의 숫자 '7017'은 고가도로가 생긴 1970년의 '70'과 사람 길로 바뀐 2017년의 '17'을 더해 만들었다. 서울로7017 덕분에 서울역과 고가도로가 단절했던 주변 동서 지역이 통합되었다. 특히 서울역 서쪽 지역에서 동쪽으로 가는 도보 이동권이 남대문시장, 명동, 남산까지 확대되었다. 서울로7017은 지금도 지역 활성화와 도심 활력 확산에 기여하고 있다. 서울로7017에는 약 2만여 가지 꽃, 식물, 나무가 자란다. 낮에 산책해도 풍경이 아름답지만, 밤 산책은 주변 건물의 야경까지 보태어져 더 아름답다. 홈페이지에 신청하면 서울로 문화관광 해설 투어를 무료로 할 수 있다.

서울역~손기정기념관 코스

#만리동 #윤슬 #서소문역사공원 #손기정기념관

달리며 삶의 동기부여를 얻는 한성수 님의 추천 코스

당신의 마음에 반짝이는 잔물결을 안겨줄 만리동 윤슬

러너라면 반드시 기억해야 할 손기정기념관을 달리는 코스다. 서울역을 시작으로 시청 앞 서울광장, 서소문역사공원, 만리동 손기정체육공원 지나 다시 서울역으로 돌아오는 코스다. 서소문 근린공원 옆 기찻길을 달리는 묘미도 느낄 수 있다. 조금 더 밑으로 내려와 손기정체육공원과 손기정기념관 그리고 도시 재생의 결과물 윤슬까지 코스가 이어진다. 많은 러너가 서울 곳곳을 달리지만, 이곳은 아직 많이 알려지지 않은 환상적인 비밀코스다.

건축가 강예린의 '윤슬, 서울을 비추는 만리동'은 서울시 공공미술작품 제1호이다. '서울로7017과 연계한 공공미술 작품설치 공모' 당선작이다. 윤슬은 물결이 햇빛이나 달빛에 비치어 반짝이는 모습을 이르는 말이다. '윤슬, 서울을 비추는 만리동' 수퍼 미러가 도시의 내부와 외부를 물결처럼 비춰주는 공공미술작품이다. 야간에는 140개 LED 조명이 윤슬을 더욱 빛나게 한다. 마치 서울에 뜬 거대한 물방울 같다. 서울역~만리동 코스를 달리노라면 시작은 잔물결이지만 당신의 마음에 곧 큰 물결이 일 것이다.

코스 정보

코스 경로 서울역~숭례문~시청광장~서소문역사문화공원~손기정기념관~윤슬~서울역 복귀 거리 5km 난이도 중 러닝 시간 40분 워킹 시간 70분 찾아가기 서울역 4번 출구 짐 보관 서울역 내 짐 보관함, 롯데마트 물품 보관함 코스 주소 중구 남대문로5가

코스 팁

① 언덕이 있어 체력 안배를 잘해야 해요.

② 길이 좁고 횡단보도가 많아요. 단체보다는 혼자, 혹은 소수로 뛰는 걸 추천해요.

포토 스팟

서소문역사문화공원 손기정체육공원 손기정기념관

호수집

닭볶음탕, 닭꼬치

칼칼하고 매콤한 국물이 일품인 닭볶음탕 집이다. 숯불에 한정으로 굽는 닭꼬치와 볶음밥은 필수 추가 메뉴다. 중구 청파로 443 02-392-0695

문화역서울284

기차역에서 미술관으로

1900년 지금의 서울역 자리에 목조건물 '남대문정거장'이 들어섰다. 조선총독부는 철도 교통량이 늘어나자 1925년 르네상스 양식으로 새 역사를 짓고 이름을 경성역으로 바꾸었다. 경성역은 서울역으로 이름을 바꾸었다가 2011년 '문화역 서울284'라는 문화공간으로 다시 태어났다. 암스테르담 중앙역을 모델로 지었다. 준공할 때부터 장안의 화제였다. 실내는 3등 대합실, 1·2등 대합실, 부인 대합실, 귀빈실 등 예전 모습 그대로 구분하여 전시실로 사용하고 있다. 문화역서울284의 '284'는, 옛 서울역의 사적 번호이다.

중구 통일로 1 10:00-19:00(매달 마지막 주 수요일은 21:00까지), 월요일 휴무 ₩ 무료 02-3407-3500
https://www.seoul284.org/

손기정기념관

베를린의 영웅을 만나자

손기정 선수는 1936년 베를린 올림픽 마라톤 금메달리스트이다. 마의 30분을 깨고 2시간 29분 19초로 신기록을 세웠다. 하지만 왼쪽 가슴에는 태극기 대신 일장기가 있었고, 금메달은 현재까지도 일본이 딴 금메달로 남아있으며, 올림픽 공식 기록의 이름 역시 일본 이름이다. 손기정기념관은 선수의 모교인 옛 양정고등학교 건물을 개보수해 개관했다. 손기정 선수의 일대기, 유물, 그가 받았던 월계관이 전시되어 있다. 우승자에게 부상으로 수여된 그리스 청동 투구는 50년 만에 돌려받았다. 손기정 선수의 뜻으로 국립중앙박물관에 기증되었다. 매년 가을이면 잠실주경기장에서 손기정평화마라톤 대회가 열린다.

중구 손기정로 101 **3월~10월** 10:00-17:00 **11월~2월** 10:00-18:00, 월요일 및 공휴일이 월요일인 경우 다음날·1월 1일·설·추석 휴관 ₩ 무료(기획 전시 시 유료) 02-364-1936 http://www.sonkeechung.com/wordpress/

서초구·강남구

양재시민의숲역~양재천 코스

#양재시민의숲 #양재천 #메타세쿼이아길 #양재꽃시장

아름다운 길과 숲이 가까워 행복한 김혁래 님의 추천 코스

영동교 마일스톤을 따라 달리는 양재천

양재천을 따라 달리는 코스는 내내 시원하고 조용하다. 봄에 피는 개나리, 벚꽃, 여름철의 새파란 풀과 나무, 가을의 단풍은 힘들 때마다 다시 활력을 준다. 주인과 산책 나온 강아지들을 보는 것도 또 다른 러닝의 즐거움이다. 게다가 완전한 평지이고, 자전거 도로가 분리되어 있어 그룹 러닝시 안전해서 좋다. 영동1교와 영동6교처럼 길을 알려주는 마일스톤이정표이 있어, 아무리 길치라도 본인의 위치를 파악하고 나의 위치를 누군가에게 쉽게 알려줄 수도 있다.

양재천도 좋지만 달리기 초입에 만나는 양재시민의숲도 매력적이다. 특히 '사색의 길'은 일상에 지친 러너에게 마음의 여유를 찾게 해준다. 스트레스가 겹친 날엔 평소보다 조금 더 멀리 달려보자. 양재천은 장거리 러닝 훈련에도 적합하다. 일 년에 한 번씩 마라톤 대회에 참가하는 회사의 전통에 따라 김혁래 님은 우연히 달리기를 접한 후 달리는 매력에 푹 빠졌다. 골인 지점을 통과할 때의 짜릿한 감정을 잊지 못해 러닝 동호회에 가입하기도 했다. 함께 달리는 즐거움을 아는 김혁래 님을 따라 양재동을 달리자.

코스 정보

코스 경로 양재시민의숲역~양재천~양재천 징검다리~서초문화예술공원 메타세쿼이아길 거리 7.8km 난이도 중 러닝 시간 50분 워킹 시간 100분 찾아가기 양재시민의숲역 1번 출구 짐 보관 양재시민의숲역 내 짐 보관함 코스 주소 서초구 강남대로 73-2

코스 팁

① 반환점 이후에는 건너편 길을 이용하면 같은 코스이지만 다른 기분을 느낄 수 있어요.

② 영동2교 근처에는 찜질방이 있어요. 필요하다면 러닝 후 얼마든지 개운해 질 수 있어요

③ 주인과 함께 산책 나온 반려견이 있을 수 있으니 조심히 달려요

포토 스팟

양재천 징검다리

양재천(타워팰리스 뷰)

서초문화예술공원 메타세쿼이아길

한양돈까스

등심돈까스, 청양고추치킨

속은 부드럽고 겉은 바삭한 생등심 돈까스 맛집이다. 돈까스 소스에 겨자를 섞어 먹으면 더욱 맛있다. 점심엔 등심돈까스를, 저녁엔 청양고추치킨을 추천한다.

서초구 양재천로 107-19 02-577-8120

양재동꽃시장

사계절 꽃 향기가 넘치는 곳

한국에서 가장 큰 화훼시장이다. 새벽엔 경매가 열리고, 낮엔 도소매 매장이 선다. 화분에 심은 식물을 파는 분화매장과 가지를 자른 꽃을 판매하는 절화매장이 있다. 화훼시장 안에 오픈한 꽃문화체험관도 찾아보자. 원데이 클래스와 어린이 대상 원예체험교실 등 다양한 체험 프로그램을 운영한다. 신선한 꽃을 원한다면 오전에 방문하는 것을 추천한다.

서울 서초구 강남대로 27 **생화도매**1·2층 00:00-13:00, 공휴일은 12시까지 **부자재점**2층 매일 01:00-15:00 **분화온실 및 기타점포** 매일 07:00-19:00 **화환점포** 매일 06:00-20:00 02-579-3417

양재시민의숲

토닥토닥, 숲이 위로해준다

양재동에 경부고속도로 톨게이트가 있던 시절, 86아시안게임과 88올림픽 개최를 앞두고 톨게이트 주변 환경 개선을 위해 우리나라 최초로 숲 개념을 도입해 개장한 시민공원이다. 다양한 종류의 나무들이 우거져 있다. 자연을 노니는 청설모도 종종 보인다. 특히 가을에는 감, 모과 등 과일이 열려 풍성한 자연을 만끽할 수 있다. 야외예식장과 바비큐장부터 농구장, 테니스장, 어린이놀이터, 맨발공원이 있다. 숲 안에 매헌윤봉길의사기념관, 삼풍백화점사고위령탑, 유격백마부대충혼탑 등이 있다. 여름에는 야외 수영장을 개관한다.

서초구 매헌로 99 02-575-3895 http://parks.seoul.go.kr/citizen

신반포역~반포천 코스

#신반포역 #반포종합운동장 #반포천 #동작대교

스스로를 증명하는 배우 배영란 님의 추천 코스

오롯이 나와 마주하는 반포천길 달리기

배영란 님은 무대와 스크린에서 연기하는 배우다. 오랜 활동에도 눈에 띄는 성과가 보이지 않아 자꾸만 지쳐 갔다. 배우로서 잘하고 있는 건지 알 수 없기에 자신을 의심하고 불안했다. 지쳤던 그녀를 다시 일으켜 세워 준 것은 의외로 심플했다. 자신의 노력을 통해 확신과 위로를 줄 수 있는 '기록'이라는 눈에 보이는 숫자다. 시간이 지나갈수록 단축되는 기록을 보며 '나는 마음먹으면 얼마든지 할 수 있는 사람'이라는 것을 스스로 증명했고 그 과정에서 직업적인 결과나 조급한 마음에 연연하지 않고 현재의 과정을 즐기며 본질에 집중하는 법을 배웠다. 이젠 숫자가 없어도 괜찮다. 눈에 보이는 기록이 없어도 된다. 달리기를 통해 나를 일으켜 세우는 방법을 배운 까닭이다. 당신도 나 자신과 마주 하고 싶다면 일단 달려보자. 반포종합운동장엔 트랙이 있어 원하는 거리를 정해서 달릴 수 있다. 경사가 없어 초보자도 편하게 달릴 수 있다. 코스 변경을 원할 땐 허밍웨이나 반포 한강공원으로 진입하기도 편하다.

코스 정보

코스 경로 신반포역 4번 출구~반포종합운동장~반포천~동작대로 아래 반환 후 복귀 거리 4.5km 난이도 중 러닝 시간 30분 워킹 시간 50분 찾아가기 신반포역 4번 출구 짐 보관 역 내 짐 보관함 코스 주소 서초구 신반포로 105

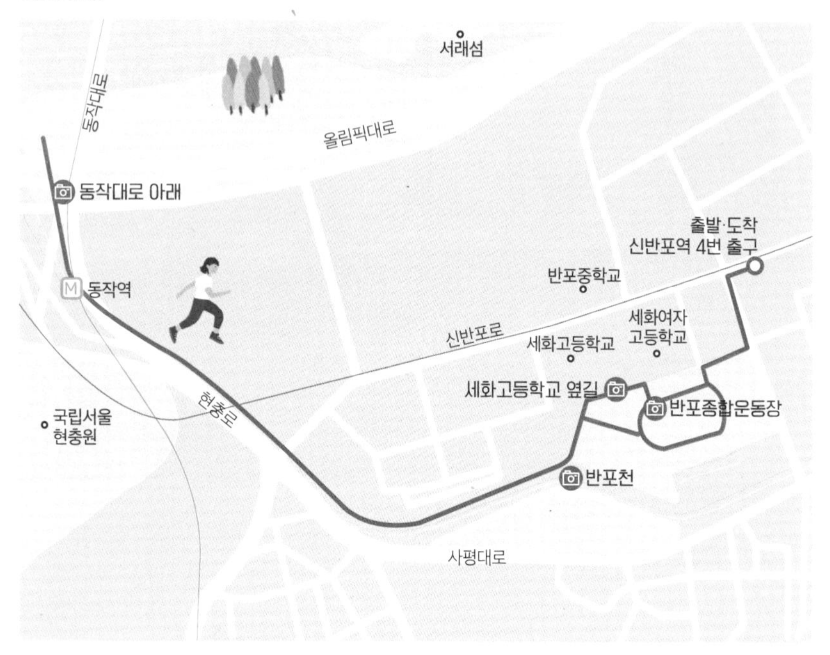

코스 팁

① 3km를 쉬지 않고 달리기, 30분을 쉬지 않고 달리기 등 구체적인 숫자 목표를 만들어요.

② 그룹 러닝을 하기 전, 먼저 혼자 뛰어보며 나의 페이스와 체력을 체크해요.

포토 스팟

세화고등학교 옆길

반포천

동작대로 아래

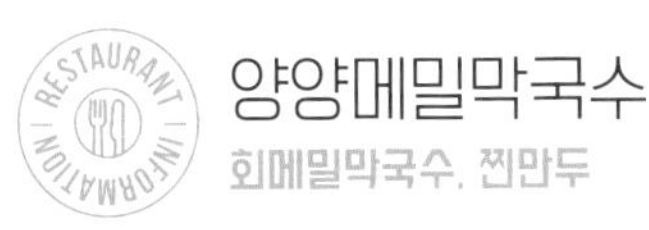

양양메밀막국수

회메밀막국수, 찐만두

미쉐린 가이드 2020에 선정되었다. 대표 메뉴는 회메밀막국수이다. 찐만두와 함께 먹으면 정말 안성맞춤이다. 서초구 동광로15길 10 02-3482-3738

서래섬

자연섬보다 한강변 인공섬

서래섬은 80년대 한강을 개발하면서 동작대교 남단 근처 반포한강공원에 만든 인공섬이다. 봄이면 유채꽃이 섬을 노랗게 물들이고, 가을이면 억새와 메밀꽃이 소금처럼 하얗게 피어나는 곳이다. 사람의 손으로 만들었지만, 자연과 조화를 이루고 있어 더욱 매력적이다. 서래섬 산책길을 걷다 보면 아름다운 풍경이 곳곳에 펼쳐져 자꾸 걸음을 멈추게 된다. 서울 한복판에서 이렇게 멋진 풍경을 만날 수 있다는 사실이 그저 놀랍다. 가을날, 한강과 메밀밭 풍경은 그대로 영화의 한 장면 같다. "길은 지금 긴 산허리에 걸려 있다. 밤중을 지난 무렵인지 죽은 듯이 고요한 속에서 짐승 같은 달의 숨소리가 손에 잡힐 듯이 들리며, 콩 포기와 옥수수 잎새가 한층 달에 푸르게 젖었다. 산허리는 온통 메밀밭이어서 피기 시작한 꽃이 소금을 뿌린 듯이 흐뭇한 달빛에 숨이 막힐 지경이다." 이효석의 소설에 나오는 메밀밭을 그대로 옮겨 놓은 것 같다.

서초구 신반포로11길 40

압구정역~잠수교 코스

#압구정 #잠원한강공원 #잠수교 #무지개분수

매일 아침, 햇빛 샤워하는 강이슬 님의 추천 코스

반포한강공원, 아침 해를 따라 달린다

강이슬 님은 매일 새벽 일출 런을 한다. 햇볕으로 샤워하는 느낌이다. 막 떠오르는 해를 누구보다 먼저 흠뻑 받으면 하루를 시작하는 데 굉장한 에너지를 준다. 처음 달리기를 시작했을 땐 옆 사람과 보이지 않는 경쟁으로 부담만 쌓였다. 그 후로 모든 것을 내려놓았다. 혼자 달리기 시작했다. 많은 게 달라졌다. 달릴수록 늘어나는 체력과 조금씩 귀에 들어오는 주변의 소리, 그리고 같은 코스임에도 매일 새롭게 느껴지는 풍경이 늘 살아있음을 느끼게 해줬다. 마음이 편안해졌다. 이전까지 내 삶에 없었던, 나와 주변 환경에 집중하는 시간을 갖게 되었다. 고요한 아침에 스스로를 마주하는 즐거움, 그 즐거움이 위로가 되고 힘이 된다.

러닝은 압구정역 6번 출구에서 시작한다. 신사공원 옆 한강 나들목으로 들어가면 본격적인 달리기가 시작된다. 그 이후부터는 햇빛과 그녀 자신만 존재한다. 잠원한강공원과 반포한강공원을 거쳐 잠수교까지 내달린다. 잠수교 가장 높은 곳에 오르면 감동은 이루 말할 수 없다. 당신도, 일출 런을 꼭 경험해보길 권한다.

코스 정보

코스 경로 압구정역~신사공원~잠원한강공원~잠수교 반환 후 복귀 거리 9km 난이도 중 러닝 시간 60분 워킹 시간 110분 찾아가기 압구정역 6번 출구 짐 보관 압구정역 내 짐 보관함 코스 주소 압구정로 213-2

코스 팁

① 4월부터 10월까지 매주 주말금·토 18:00~23:00 반포한강공원에서 밤도깨비 야시장이 열려요. 이 기간에는 유동인구가 많으니 안전에 유의해요.

② 잠수교의 빨간 도로는 자전거 전용도로랍니다. 반드시 초록색 보행자 도로로 달려요.

③ 일출 런을 '부지RUN'이라 부르기도 해요.

포토 스팟

잠원한강공원

잠수교(잠원방면)

잠수교

르알래스카 가로수길점

페이스트리

유럽 스타일의 빵집으로 인기 메뉴는 '까눌레'와 '빨미크레페'라는 페이스트리 파이다. 투명 유리창 너머로 직접 빵을 만드는 모습을 확인할 수 있어 더욱 안심된다. 매장 내에서 구입한 빵을 먹을 수 있으며, 현대백화점 압구정 본점에도 입점해 있다.

강남구 압구정로14길 15 02-546-5872

달빛 무지개 분수

폭포 같은 무지개 분수의 향연

봄부터 가을까지 반포대교엔 무지개의 향연이 펼쳐진다. 다리 위에 조명이 켜지면 이윽고 물줄기가 부드러운 곡선을 그리며 한강으로 떨어진다. 낮 열두 시에 한번, 밤에 4~5회 15분에서 20분 동안 이어진다. 낮에도 좋지만, 달빛 무지개 분수의 매력은 밤이 돼야 더욱 빛난다. 한강 유람선에서도, 달리는 차 안에서도, 산책 나온 시민도, 반포한강시민공원 푸드트럭에서 음식을 즐기는 사람도, 달리기하는 러너도 넋 놓고 분수 쇼를 감상한다. 운이 좋아 무지개 분수 아래를 달리는 순간이면 황홀하기까지 하다. 무지개 분수는 세계에서 가장 긴 다리 분수로 기네스북에 올랐다.

4~6월, 9~10월 12:00, 19:30, 20:00, 20:30, 21:00
7~8월 12:00, 19:30, 20:00, 20:30, 21:00, 21:30

서초역~몽마르트르언덕 코스

#서리풀공원 #몽마르트르언덕 #누에다리

느림의 미학을 즐기는 박소민 님의 추천 코스

서리풀과 몽마르트르를 잇는 서초동 누에다리

느림의 미학을 아는 박소민 님은 달리기뿐 아니라 자전거도 즐긴다. 서울이 얼마나 아름다운지 빨리 지나는 이들은 결코 모른다. 속도가 빠르면 그만큼 놓치는 게 많은 까닭이다. 이런 면에서 네 바퀴보다는 두 바퀴와 두 다리가 더 좋다. 서초역, 교대역, 서리풀공원, 몽마르트르공원을 느리게 달린다. 느린 만큼 눈으로 보고 귀로 담는다. 그리고 가슴으로 느낀다.

국립중앙도서관 근처 반포대로 위에 독특한 다리가 떠있다. 누에를 닮은 누에다리다. 이 다리 덕에 단절되었던 몽마르트르공원과 서리풀공원이 연결되었다. 밤이면 2,300개 LED 조명이 누에를 하늘로 날아오르게 한다. 이곳에 서서 아래를 내려다보면, 스스로 꽤 주체적인 사람이라는 생각이 든다. 여유를 만끽하는 우월함까지 느끼게 해준다. 누에다리를 지나면 몽마르트르공원이 나온다. 인근에 프랑스인들이 많이 살아 붙여진 이름이다. 공원에서 내려와 서초역 6번 출구로 돌아오면 오늘의 러닝은 마무리된다. 오늘을 달리며 러닝 다이어리를 채우다 보면 건강하고 즐거움이 빼곡한 인생 한 권이 만들어진다.

코스 정보

코스 경로 서초역~교대역~서울회생법원~서리풀공원~누에다리~몽마르트르공원~서초역 6번 출구 거리 3.5km 난이도 중 러닝 시간 30분 워킹 시간 50분 찾아가기 서초역 8번 출구 짐 보관 서초역 내 짐 보관함 코스 주소 서초구 서초동 1719-9

코스 팁

① 다리를 건널 때에는 뛰지 말고 걸어서 이동해요.

② 잔디밭은 보호 구역이니 반드시 보행자 도로 위를 달려요.

포토 스팟

서리풀공원

몽마르트르 언덕

시계탑

마루심

장어덮밥

장어덮밥 히쯔마부시가 대표 메뉴다. 겉은 바삭하고 속은 촉촉한 기름기 없는 장어는 달리기 후 영양을 보충하기에 제격이다. 서초구 고무래로10길 10 02-592-8998

서울교육대학교 트랙 코스

#서울교대 #교대트랙 #트랙런

풀코스 3시간 9분을 목표로 하는 김윤영 님의 추천 코스

접근성이 좋은 서울교대 러닝 트랙

서울에는 러닝 트랙이 몇 개 있다. 서울교육대학교 트랙도 그 가운데 하나이다. 서울교대 트랙의 장점은 지하철역과 가깝다는 것이다. 그만큼 접근성이 좋다. 주변에 상권이 제법 발달해 있어서 운동 후 음식점 찾기 쉽다는 것도 장점이다. 요즈음 이런 장점을 찾아 러닝 크루나 동호회에서 많이 찾는다. 김윤영 님은 직장이 근처여서 퇴근 후 자주 찾는다. 매일 달리다 보니 자연스럽게 러너들을 만나게 된다. 같이 달리지 않아도 이제는 편하게 인사를 나눈다.

일반적으로 트랙은 훈련하기 위해 많이 찾는다. 바닥이 푹신해 아스팔트보다 훨씬 안전해서 좋다. 게다가 트랙이 평지이므로 페이스 조절하고 속도를 일정하게 유지하는 훈련을 하기도 편하다. 겨울엔 주변 건물이 바람을 막아주는 장점도 있다. 김윤영 님은 여자 선수임에도 불구하고 웬만한 남자보다 러닝 속도가 빠르다. 매일 트랙에서 훈련한 덕분이라고 그녀는 생각한다. 김윤영 님은 풀코스 기록 싱글3시간 10분 이내 진입에 도전하고 있다. 서울교육대 트랙에서 김윤영 님을 만나면 그녀의 목표를 함께 응원해주자.

코스 정보

코스 경로 서울교육대학교 내 트랙 거리 자율(한 바퀴 400m) 난이도 상~하 찾아가기 교대역 13번 출구 및 1번 출구 짐 보관 서울교육대학교 트랙 내 스탠드 코스 주소 서초구 서초중앙로 96

코스 팁

① 회전할 때는 원심력을 이용해 오른팔을 크게 흔들어요.

② 라인 1은 추월하는 러너를 위한 공간으로 비워둬요.

포토 스팟

대운동장 전경

대운동장 코너

전산교육원 앞 트랙

호씨네식당

대패삼겹살, 제육볶음

무한 리필 맛집으로 서초구에서 가성비가 좋다. 대패삼겹살과 우삼겹, 제육볶음이 대표 메뉴이다. 함께 나오는 뭇국도 시원하다. 서초구 사임당로17길 68 02-582-4483

신사역~길마중길 코스

#신사역 #길마중길 #강남 #숲속길

혼자 알고 싶지만 공개하는 강지원 님의 길마중길 코스

쉿, 아무도 모르는 서초의 비밀 코스

서초에 사는 주민들도 잘 모르는 비밀 힐링 코스가 있다. 길마중길이다. 신사역부터 서초IC까지 이어진 4km 숲길로, 경부고속도로에 바싹 붙어 있다. 고속도로 옆길이지만 방음 시설 덕분에 전혀 시끄럽지 않다. 신기하리만큼 일직선으로 쭉 뻗어 있어서 달리는 내내 숲속에 들어온 기분이 든다. 나뭇잎이 싱그러운 봄, 녹음으로 우거진 여름도 좋지만, 단풍 든 가을과 눈 속에 파묻힌 겨울 숲길도 환상적이다. 강지원 님은 이 근처에서 30년 넘게 살았다. 나만 알고 싶은 비밀의 러닝 코스였으나 마침내 독자를 위해 공개하기로 했다.

신사역을 출발지로 소개하지만 반대로 양재에서 출발해도 좋다. 또 중간 지점인 강남역이나 교대에서 출발해도 좋다. 알짜배기 구간은 반포IC부터 서초IC까지 약 2.3km 구간이다. 자전거가 다니지 않아 달리기에만 집중할 수 있고, 잘 정돈된 흙길이라 아스팔트 도로보다 무릎과 발목 부상 걱정도 적다. 곳곳에 에어 건 흙먼지 털이기도 설치해 놓았다. 그룹 런보다 소규모 러닝, 혹은 홀로 러닝을 추천한다. 산책하듯 도심을 조용히 달리고 싶다면, 답은 길마중길이다.

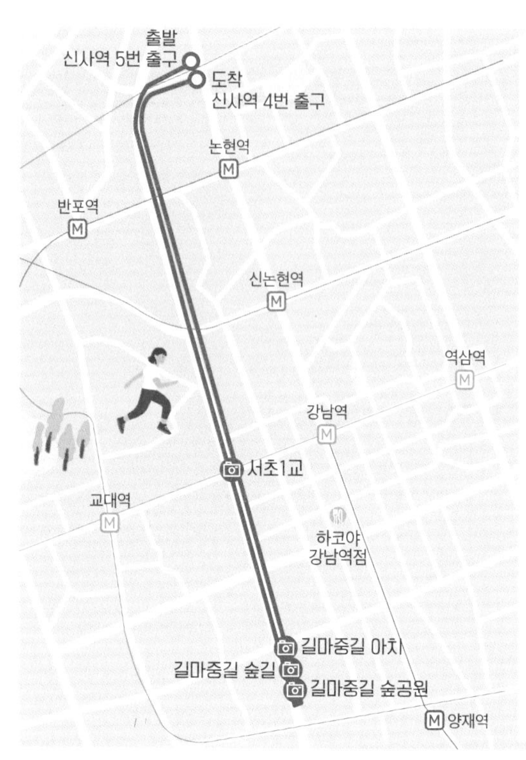

코스 정보

코스 경로 신사역~서초1교~길마중길~반환 후 복귀

거리 7.5km 난이도 하

러닝 시간 50분 워킹 시간 90분

찾아가기 신사역 5번 출구

짐 보관 신사역 내 짐 보관함

코스 주소 서초구 강남대로 617-2

러닝 팁

① 산책하는 주민들이 많아요. 소음을 줄이며 조심히 달려요.

② 숲공원의 나무들을 이리저리 피하며 달리는 재미가 있어요. 하지만 옆 사람과 이야기를 하며 달리면 나무에 부딪힐 수 있으니 꼭 전방을 주시하며 달려요.

③ 길을 연결하는 나무다리 위에서는 걸어서 천천히 이동해요.

포토 스팟

서초1교

길마중길 숲길

길마중길 숲공원

하코야 강남역점

라멘, 옛날돈까스정식

혼밥하기 좋은 라멘집. 옛날돈까스정식과 눈꽃치즈철판까스가 대표 메뉴지만 국물이 일품인 뼈감자탕라멘과 하코야탄탄멘도 이색이다. 서초구 강남대로53길 7 070-8833-0961

구반포역~반포 허밍웨이 코스

#허밍웨이 #동작대교 #동작한강공원 #벚꽃런

10년 만에 다시 서울로 돌아온 오현지 님의 추천 코스

콧노래가 절로 나오는 반포의 허밍웨이 길

허밍Humming은 입을 다문 채 콧소리를 통해 발성하는 창법으로 흔히 기분 좋을 때 나오는 소리다. 그 허밍을 딴 길이 있다. 반포 허밍웨이로 고속터미널역부터 동작역 1번 출구까지 반포천과 아파트 단지를 따라 조성된 길이다. 길 이름처럼 달리다 보면 절로 흥얼거리며 달리는 자신을 발견하게 된다. 양쪽으로 길게 늘어선 울창한 나무가 봄 여름 가을 가리지 않고 러너에게 생기를 돋아준다.

여름에는 꽃나무로 만든 터널을 지날 수 있다. 오솔길을 걷는 기분이랄까. 도심 속 자연 산책을 나온 기분을 만끽할 수 있다. 아스팔트나 보도블럭이 아니라 충전재로 길을 덮어 무릎에도 무리가 없다. 이곳을 달리는 오현지 님은 10년 만에 다시 서울로 돌아왔다. 처음엔 무료함을 달래고 다이어트도 할 겸 러닝을 시작했으나, 나중엔 사랑하는 사람과 달리는 그 순간 자체가 좋았다. “고민하고 생각해라. 그러면 내가 달리고자 하는 그 길을 완주할 수 있을 것이다!” 오현지 님에게 러닝은 이제 삶의 일부이다. 러닝은 절로 미소를 띠게 해주는 행복 천사다.

코스 정보

코스 경로 구반포역 1번 출구~허밍웨이길~동작2교 아래~한강대교 방면 한강 길~2.5km 구간 반환 후 복귀
거리 5km 난이도 하 러닝 시간 40분 워킹 시간 60분 찾아가기 구반포역 1번 출구 짐 보관 역 내 짐 보관함 코스 주소 서초구 신반포로 17

코스 팁

① 동작대교 아래로 내려가는 길에는 계단이 많아요. 조심히 내려가세요.

② 허밍웨이를 달릴 땐 길 이름따라 허밍을 해보아요. 기분이 절로 좋아져요.

포토 스팟

이수고가도로 아래

허밍웨이 길

반포천 옆 공원

애플하우스

즉석 떡볶이

즉석 떡볶이 맛집으로 사리 등을 추가해 입맛대로 만들어 먹을 수 있다. 달짝한 소스에 함께 버무려져 나오는 무침군만두는 필수 메뉴이다. ◎ 서초구 신반포로 50 ✆ 02-595-1629

스마일포차

닭볶음탕

안 와본 연예인이 없다는 오래된 동네 술집이다. 묵은지가 들어간 닭볶음탕이 인기 메뉴이다. 달리기 후 술 한잔 하기에 알맞은 장소. ◎ 서초구 신반포로 49 반포상가 M동 1층 13호 ✆ 02-534-0236

국립서울현충원

벚꽃 엔딩 산책 명소

우리나라의 첫 국립묘지이다. 1955년 국군묘지로 창설되었다가 1965년 국립묘지로 승격되었다. 관악산 기슭과 동작의 능선이 3면을 감싸고 있고 앞에는 한강이 있는 대표적인 배산임수 지역이다. 43만여 평의 대지에 조국 광복을 위하여 투쟁하신 애국지사부터 나라의 발전과 민족의 번영을 위해 헌신한 국가 유공자, 위기에 처한 나라를 구하다 장렬히 산화하신 국군 장병과 경찰관, 예비군 등 165,000여 순국선열과 호국 영령이 잠들어 있다. 매년 6월 6일 현충일에는 국가 추념 행사를 진행한다. 봄 벚꽃이 아름답기로 유명하다. 경내에는 현충탑, 현충문, 충성분수대, 현충관영화관, 사진 전시관, 유품전시관 등이 있다.

◎ 동작구 동작동 271-18 ✆ 02-813-9625 ◷ 06:00-18:00, 연중무휴

₩ 무료 ☰ www.snmb.mil.kr

브룩스라운지~잠원한강공원 코스

#신사동 #잠원한강공원 #브룩스플래그십스토어 #브룩이 #러닝허브

재능이 없으면 어떤가요? 즐기는 건 1등인 곽준성 님의 추천 코스

신사동 브룩스 러닝허브에서 시작하는 한강 달리기

꾸준히 달리지만, 실력이 제자리걸음이니 주변에서 묻는다. "이쯤이면 달리기에 재능 없는 거 아냐?" 하지만 곽준성 님은 말한다. "재능이 없으면 어떤가요? 달리는 게 재밌는 걸요." 꽤 많은 이들이 기록을 중요시한다. 하지만 러닝이 즐겁지 않다면 무슨 의미가 있을까. 잘 뛰는 사람만이 러너인 건 아니다. 달리기 문화를 공유하고 긍정 에너지를 나눈다면 그것이야말로 잘 뛰는 러너가 아닐까? 달리기는 누구나 즐길 수 있는 운동이다.

신사동 러닝 코스는 세로수길의 브룩스 러닝 허브에서 시작한다. 벽면을 가득 채운 러닝 그라피티를 보면 빨리 달리고 싶은 마음이 든다. 3층에 짐을 보관하고 신사나들목을 지나 잠원한강공원을 달린다. 동호대교와 성수대교, 두 개의 다리를 지나 3km 지점에서 반환 후 돌아오는 코스다. 한강을 바라보며 달리면 가슴이 뻥 뚫리는 기분을 만끽할 수 있다. 차가 다니지 않아 중간에 멈출 이유도 없다. 특히, 한강 야경은 더없이 아름답다. 혼자 달려도 주변에 러너가 많아 심심하지 않다. 혼자 달리지만, 늘 함께 달리는 기분이다.

코스 정보

코스 경로 브룩스 플래그십 스토어~신사나들목~동호대교~성수대교~3km 지점 반환 후 원점 복귀 거리 6km 난이도 중 러닝 시간 40분 워킹 시간 80분 찾아가기 브룩스 플래그십 스토어 짐 보관 브룩스 플래그십 스토어 3층의 러닝허브(무료) 코스 주소 강남구 압구정로4길 13-20

러닝 팁

① 안전을 위해 자전거 도로가 아닌 보행자 도로로 달려요.

② 단체 러닝 시에는 반드시 소음을 줄여 보행자를 배려하며 달려요.

포토 스팟

신사나들목 앞 잠원한강공원

잠원한강공원

성수대교 남단 아래

길버트버거앤프라이즈

수제버거

미국에서 온 러닝화를 신고 달렸다면 이번엔 미국 맛 물씬 흐르는 수제버거를 먹어보자. 길버트가 대표 메뉴다. 강남구 도산대로15길 47 02-546-5453

브룩스 러닝 허브

탈의실과 라커룸을 운영하는 러너들의 아지트

브룩스는 1914년 미국에서 출발한 기능성 러닝화와 의류 등을 판매하는 스포츠 브랜드다. 1층은 브룩스 라운지로 건강 음료와 먹거리를 즐기며 휴식을 취할 수 있고 2층은 러닝 전문 매장이다. 특히, 브룩스 슈 파인더Shoes Finder를 통해 족형 테스트 후 나에게 딱 맞는 신발을 추천받을 수 있다. 3층은 러너들을 위한 허브 공간으로 회원가입 시, 탈의실과 라커룸을 무료로 이용할 수 있다. 개인 로커 이용 시간은 매일 오전 10시부터 오후 10시까지. 비기너부터 상급자까지 레벨에 맞게 구성된 'Run Up 프로그램'도 시즌별로 운영한다. 인스타그램@brooksrunninghub_으로 신청하자.

📍 브룩스 플래그십 스토어 3층 *보관 당일, 찾지 않는 물품은 당일 회수하니 반드시 찾아가야 한다.

가로수길

최신 트렌드가 가로세로 흐르는

신사역 8번 출구부터 신사동 주민센터까지 이어지는 길이다. 길 양옆으로는 은행나무가 있어 가을이면 노란 잎으로 단장을 한다. 길 따라 크고 작은 상점과 브랜드 매장, 레스토랑이 늘어서 있다. 예전에는 큰길에만 상점이 있었지만, 지금은 골목 구석구석까지 숨은 맛집과 가게가 들어섰다. 길 따라 구경하는 재미가 있다. 평일, 주말 할 것 없이 아침부터 많은 사람이 이곳을 찾는다. 📍 강남구 신사동 일대

압구정역~압구정 도심 코스

#압구정 #도산공원 #시티런 #압구정로데오

죽을 수도 있다는 의사 말에 달리기를 시작한 주현석 님의 추천 코스

밤이 되면 더욱 빛나는 컬러풀 in 압구정 시티 런

죽다 살아났다. 130kg에 육박하는 몸무게는 숨을 턱턱 막히게 했다. 이대로는 죽을 수 있다는 의사의 말에 주현석 님은 달리기를 시작했다. 살고 싶어 시작한 달리기는 어느새 일상을 넘어 하나의 도전이 되었다. 그의 도전은 모든 걸 바꾸어 놓았다. 발걸음이 이어져 10km가 되고 42.195km가 되었을 때 그의 인생 2막이 시작되었다.

압구정 시티 런은 다른 시티 런보다 도로가 넓어 안전하다. 그리고 코스 중간중간 적절한 횡단보도가 있어 쉴 수 있는 여유를 준다. 밤이면 화려한 조명이 압구정동을 힙한 거리로 만든다. 중반에 업힐이 조금 있다. 하지만 그 구간만 견디면 곧 내리막이다. 로데오거리를 지날 때면 골목의 음식점이 많다. 달리기가 끝난 후 그곳 중 하나를 골라 방문하는 것도 재밌다. 주현석 님에게 이 코스는 어린 시절의 추억이 담겨있는 곳이자 한강을 벗어나 처음으로 시티 런을 했던 의미 있는 장소다. 옛 추억이 담긴 코스를 달리면, 달라진 풍경만큼 나는 변화하고 성장했는가, 스스로 자문하고 돌이켜 보게 된다.

코스 정보

코스 경로 압구정역 2번 출구~압구정로데오역~학동사거리~도산공원~가로수길~압구정역 5번 출구 거리 6km 난이도 중 러닝 시간 40분 워킹 시간 80분 찾아가기 압구정역 2번 출구 짐 보관 역 내 짐 보관함 코스 주소 강남구 신사동 611-3

코스 팁

① 신호등이 많아요. 신호등에서는 쉬면서 숨을 고르세요.

② 횡단보도는 걸어서 이동해요.

③ 가로수길 지날 때는 보행자가 많아 혼잡해요. 한 줄로 달려요.

포토 스팟

선릉로

학동사거리

도산공원

도산분식

떡볶이, 비빔면

초록색 접시에 담겨 나오는 국물 떡볶이와 델몬트 유리병, 꽃무늬 벽지는 레트로 감성 그대로다. 특히 불고기와 미소 된장으로 맛을 낸 마제면식 비빔면이 인기 메뉴이다.

강남구 도산대로49길 10-6 02-514-5060

도산공원

안창호 선생 기념 공원

나라의 자주와 독립을 위해 일생을 바친 도산 안창호 선생의 애국정신과 교육사상을 기리고자 1973년에 조성한 공원이다. 망우리 공동묘지에서 선생의 유해를 이장하는 동시에 미국 로스앤젤레스에서 부인 이혜련 여사의 유해를 옮겨와 묘를 합장했다. 동쪽에는 동상과 동상을 주변으로 아름다운 산책로가 나 있다. 매년 3월 10일에는 흥사단과 도산기념사업회 주관으로 추모 기념행사가 열린다. 천천히 달리며, 또는 숨을 고르듯 여유롭게 걸으며 도산 선생의 삶을 생각해보자.

강남구 도산대로45길 20 02-543-2558

압구정로데오역~청담한강공원 코스

#압구정로데오 #토끼굴 #청담대교 #룰루레몬

그림을 그리고 지도하는 전보경 님의 추천 코스

압구정 토끼굴에서 펼쳐지는 무한대 가능성

그림을 그리는 전보경 님은 룰루레몬의 커뮤니티 클래스를 통해 달리기에 입문했다. "걸어도 좋으니 끝까지 함께 해요."라는 문구가 좋아 시작했다. 그림은 앉아서 그린다. 반면 달리기는 꽤 역동적인 움직임이다. 하지만 혼자만의 싸움이라는 점은 둘 다 같다. 그림을 완성했을 때의 성취감은 달리기를 완주했을 때 느끼는 성취감을 닮았다. 이 성취감이 그녀의 손과 다리를 계속 움직이게 한다. 쿵쿵 심장 소리에 살아있음을 느낀다. 숨차게 뛰는 모습이 스스로 생각해도 대견하다.

압구정로데오 나들목에는 그래피티로 가득 찬 공간이 있다. 이름하여 '토끼굴'. 추운 겨울엔 토끼굴에서 바람을 피하며 충분히 몸을 풀어주고 시작하면 좋다. 토끼굴을 빠져나와 오른쪽으로 달리기를 시작해 영동대교 남단을 지나 청담대교에서 반환 후 돌아온다. 노랑과 초록이 조화로운 청담대교 야경은 어떤 다리보다 화려하다. 빛나는 다리를 향해 달리다 보면 어느새 멀리까지 달려온 나를 발견한다. 퇴근 후 이곳을 달리거나 걷기만 해도 종일 쌓인 스트레스를 모두 날릴 수 있다.

코스 정보

코스 경로 압구정로데오역 1번 출구~압구정로데오 나들목~청담한강공원~청담대교 아래에서 반환 후 복귀 거리 5Km 난이도 하 러닝 시간 40분 워킹 시간 60분 찾아가기 압구정로데오역 1번 출구 짐 보관 룰루레몬 커뮤니티 진행 시, 청담 플래그십 스토어 지하 1층 코스 주소 강남구 압구정로 407

코스 팁

① 토끼굴에서 한강으로 나가는 길엔 자전거가 지나갈 수 있으니 주의를 잘 살피세요.

② 토끼굴에서 맘에 드는 그래피티가 있다면 사진을 찍어보세요.

포토 스팟

신청담나들목

신청담나들목 나홀로나무

영동대교 남단

효도치킨

꼬리멸치킨

치킨 위에 멸치볶음과 꽈리고추가 올라간 꼬리멸치킨이 대표 메뉴이다. 달달하면서 바삭한 맛이 좋다. 꽈리고추 추가도 가능하다.

◎ 강남구 도산대로46길 21(1호점), 강남구 도산대로50길 27(2호점) ☏ 02-518-0628

만구기네화로닭발

불닭발

러닝으로도 풀리지 않은 스트레스가 있을 땐 불닭발에 도전하자. 숯불 향이 일품이며, 뼈가 없어 깔끔하고 먹기 편하다. ◎ 강남구 도산대로50길 37 ☏ 02-548-9614

룰루레몬 커뮤니티 클래스

다양한 운동 프로그램을 운영한다

청담 플래그십 스토어 지하 1층에 있다. 러닝뿐 아니라 요가, 필라테스, 트레이닝, 명상 등 매일 다른 프로그램을 선보이며 운동의 경험을 함께하고 나눈다. 청담 외에 스타필드 하남 등에도 있다. 클래스는 랜덤 추첨 방식이다. 전문 강사와 함께하기에 초보자나 코칭을 받고 싶은 사람은 누구나 무료로 참가할 수 있다. 홈페이지를 통해 신청할 수 있다.

≡ https://www.lululemon.co.kr/communityclass

출처 룰루레몬 코리아

역삼역~강남 코스

#테헤란로 #삼성동 #코엑스 #선릉과정릉 #봉은사

도심 속의 러닝, 시티 런의 매력에 빠진 이대건 님의 추천 코스

강남을 가로지르는 테헤란로와 봉은사로길

유동인구가 많은 강남에서도 달리기를 할 수 있을까? 강남 시내를 달리는 이대건 님도 처음에는 한강까지 나가 러닝을 했다. 하지만 '한 번 달려볼까?'라는 마음으로 역삼부터 선릉, 봉은사 코스를 달렸다. 도심 달리기는 또 다른 즐거움을 안겨 주었다. 빠르게 지나가는 도심 풍경도 재미있고 이 거리가 이렇게 짧았나 하고 종종 놀라게 된다. 이대건 님은 시내에서도 달리기 코스를 개발할 수 있다는 걸 알았다. 코스를 만드는 건 결국 러너 하기 나름이라는 사실도 깨달았다.

역삼역~강남 코스는 평지와 업힐과 다운힐이 적절히 조화를 이루고 있다. 난이도가 있다보니 달리고 나서 느끼는 뿌듯함이 남다르다. 역삼역 7번 출구에서 출발해 9호선 언주역과 선정릉역으로 달린다. 봉은사, 코엑스, 선릉과 정릉 등 강남권의 주요 관광지를 돌아 다시 역삼역으로 돌아온다. 달리다 힘들면 중간에 지하철을 타고 얼마든지 출발지로 돌아올 수도 있으니 초보자에게도 좋은 코스다. 퇴근 후 회사 동료와 함께 달려보는 건 어떨까?

코스 정보

코스 경로 역삼역 7번 출구~언주역~봉은사역~삼성역~선릉역~역삼역 8번 출구 복귀 거리 6Km 난이도 중 러닝 시간 40분 워킹 시간 80분 찾아가기 역삼역 7번 출구 짐 보관 역 내 짐 보관함 코스 주소 강남구 논현로 509-2

코스 팁

① 삼성역 조각상 앞엔 보도블럭이 불규칙해요. 주의하면서 달려요.

② 자동차 진입 금지 장애물이 많아요. 보도블럭 위를 달릴 때는 주의해요.

포토 스팟

아셈타워 계단　　삼성역 조각상　　포스코센터 앞

고갯마루

닭볶음탕

닭볶음탕의 신기원을 느낄 수 있다. 볶음밥까지 먹어야 제대로다. 예약은 필수이다. 강남구 테헤란로 28길 27 02-534-6765

풍년집 대치점

소갈비

마늘과 간장 베이스로 양념한 소갈비살이 대표 메뉴이다. 달리기 후 기력 보충으로 알맞다. 맛과 가성비 둘 다 빠지는 것 없다. ◎ 강남구 삼성로 84길 22 ☏ 02-566-3690

스타필드 코엑스몰

국내 최대 지하 상업 공간

패션과 음식부터 아쿠아리움, 영화관, 서점 등의 엔터테인먼트까지 모두 해결할 수 있는 국내 최대 지하도시다. 코엑스몰의 중심 센트럴플라자에는 총 7만 여권의 책으로 만든 별들이 벽과 천장을 모두 수놓고 있으며 누구나 무료로 이용할 수 있다. 이 별마당에서 매달 저자 북 토크쇼와 명사 초청 강연회, 음악 콘서트 등 다채로운 문화 행사가 열린다.

◎ 강남구 봉은사로 524

◷ 매일 10:30~22:00 연중무휴 ☏ 02-6002-5300

≡ https://www.starfield.co.kr/coexmall/main.do

봉은사

코엑스 옆 천년고찰

1200여 년의 역사를 가진 도심 속 천년고찰이다. 왕릉을 관리하는 수호사찰로 왕실의 보호와 후원을 받았다. 1939년 화재로 판전만 남기고 모두 소실되었다. 전각 대부분은 그 후에 지어졌다. 가장 오래된 건물인 판전은 화엄경판을 보관하는 건물로 특히 현판 글씨는 김정희의 마지막 작품이다. 봄이면 산수유와 매화, 진달래 등이 사찰을 아름답게 장식한다. 종교를 떠나 평안을 얻기 좋은 도심 속 안식처이다.

◎ 강남구 봉은사로 531 봉은사 ☏ 02-3218-4800 ≡ www.bongeunsa.org

송파구·강동구

종합운동장역~잠실대교 코스

#종합운동장 #호돌이광장 #잠실대교 #우중런 #플레잉코치

선수 겸 플레잉 코치 김용택 감독님의 추천 코스

현직 마라톤 선수들의 잠실종합운동장 훈련 코스

김용택 감독님은 마라톤 선수이자 선수들을 지도하는 플레잉 코치Playing Coach다. 그가 추천하는 러닝 코스는 잠실종합운동장~잠실대교 코스이다. 초등학교 6학년부터 달리기 시작한 그의 러닝 경력은 30년. 그는 선수 때 유난히 부상이 많았다. 불행이었지만 부상이 잦았기에 다른 이들보다 근력이나 부상 예방법 등 신체에 관한 공부를 많이 했다. 직접 경험하고 공감하며 한명 한명 가르치다 보니 선수로 활약하며 지도자가 될 수 있었다.

김용택 감독님이 추천하는 코스는 잠실종합운동장이다. 선수들은 바이오리듬을 그대로 유지해야 하기에 비가 와도 달려야 한다. 하지만 비를 맞고 달리면 컨디션 유지에 실패할 확률이 높다. 이럴 때 잠실종합운동장이 좋다. 지붕이 있어서 2km 거리 안에서 비가 와도 달릴 수 있다. 또한, 오르막이 있어 언덕 훈련도 가능하다. 때로는 밖으로 나가 한강 변을 달릴 수 있는 매력적인 코스다. 그는 아디다스에서 초보자를 대상으로 달리기 수업을 진행한다. 전문가에게 기초부터 차근차근 배우면 기록뿐 아니라 즐거운 러닝을 건강하게 오래 할 수 있다.

코스 정보

코스 경로 종합운동장역~종합운동장 나들목~잠실대교~종합운동장 호돌이 광장~원점 복귀 거리 5km 난이도 하 러닝 시간 40분 워킹 시간 60분 찾아가기 종합운동장역 6번 출구 짐 보관 종합운동장역 내 짐 보관함 코스 주소 송파구 올림픽로 23-2

코스 팁

① 바닥이 울퉁불퉁하고 조명이 없는 곳은 조심해서 달려요.

② 선수들도 자주 애용하고 있는 산소 농축액 '산소수'를 마시며 달리면 운동기능 향상과 빠른 회복에 도움을 줘요.

포토 스팟

종합운동장 주경기장 1층

잠실한강공원

종합운동장 인라인트랙

담소소사골순대육개장 방이점

순댓국, 육개장

진한 육수가 일품인 순댓국 맛집. 칼칼한 맛을 원한다면 얼큰한 육개장을 추천한다. 러닝 훈련 후에 허기진 배를 따뜻하고 풍족하게 채우기 좋다.

송파구 오금로11길 8 02-418-1821

잠실종합운동장

올림픽 개막식이 이곳에 열렸다

86아시안게임과 88서울올림픽의 함성을 품은 종합운동장이다. 주 경기장, 야구장, 실내수영장, 실내체육관, 학생체육관, 보조경기장, 인라인 연습장 등을 갖추고 있다. 주 경기장은 백자의 부드러운 곡선에서 영감을 얻어 만들었다. 86아시안게임과 88서울올림픽의 개막식과 폐막식이 주 경기장에서 열렸다. 야구장에서는 1982년 제27회 세계야구선수권대회가 열렸다. 이 대회에서 우리나라는 일본을 물리치고 우승했다. 김재박의 개구리 번트가 이 대회에서 나왔다. 최동원, 한대화, 선동열, 이해창 등이 활약했다. 선동열은 이 대회 최우수 선수상을 받았다.

잠실종합운동장은 지하철 2호선과 연결되어 있어 교통이 편리하다. 운동장 내에는 각종 편의시설과 스포츠 전문 상점이 있다. 서울의 주요 마라톤 대회는 이곳 주 경기장, 혹은 보조경기장에서 열리므로 주변의 러닝 코스에 익숙해 지면 좋다. 잠실종합운동장 호돌이광장 앞에는 마라톤의 역사인 손기정 선수의 동상이 있다. 막 피니쉬 라인을 넘는 그의 모습에서 마라톤에 대한 열정을 느낄 수 있다.

송파구 올림픽로 25 02-2240-8800

잠실 보조경기장 트랙코스

#잠실종합운동장 #잠실보조경기장 #잠보 #트랙런

오픈케어의
함연식 헤드 코치님의 추천 코스

프로와 아마추어 모두에게 가장 유명한 '잠보' 트랙

트랙 한 바퀴는 400m. 트랙 런의 장점은 뚜렷하다. 거리가 정확해 페이스를 일정하게 맞출 수 있고 동일한 자세와 호흡으로 달릴 수 있다. 트랙 이외의 코스에서 같은 페이스, 똑같은 자세, 일정한 호흡을 지키며 달리기란 말처럼 쉬운 게 아니다. 날이 추운 겨울엔 부드러운 트랙이 딱딱한 아스팔트보다 부상의 위험을 줄기기에도 좋다. 게다가 '감각 트레이닝'이라 부르는 트랙 훈련은 육상선수에겐 꼭 해야 하는 필수 코스다. 아마추어 러너도 훈련하기에 좋다.

마라토너 출신인 오픈케어의 함연식 헤드 코치님은 잠실보조경기장을 달린다. 그는 육상을 전공하여 28년 동안 현역 선수로 활동했다. 2009년부터 철인 3종 경기도 병행했다. 수영 3.8km, 사이클 180km, 러닝 42.195km를 달린다. 그는 오픈케어의 헤드 코치도 겸하고 있다. 오픈케어는 마라톤부터 철인 3종까지 달리기의 모든 것들을 오픈해서 케어한다. 그는 잠실보조경기장을 달리며 프로 선수와 아마추어 선수를 코치한다. 오늘은 함연식 코치를 따라 트랙 런에 도전해보자.

코스 정보

코스 경로 잠실보조경기장 트랙 거리 자율(400m) 난이도 자율 찾아가기 잠실종합운동장역 짐 보관 잠실보조경기장 내 스탠드 코스 주소 송파구 올림픽로 25 비고 보조경기장 입장료 1,000원 (평일 기준)

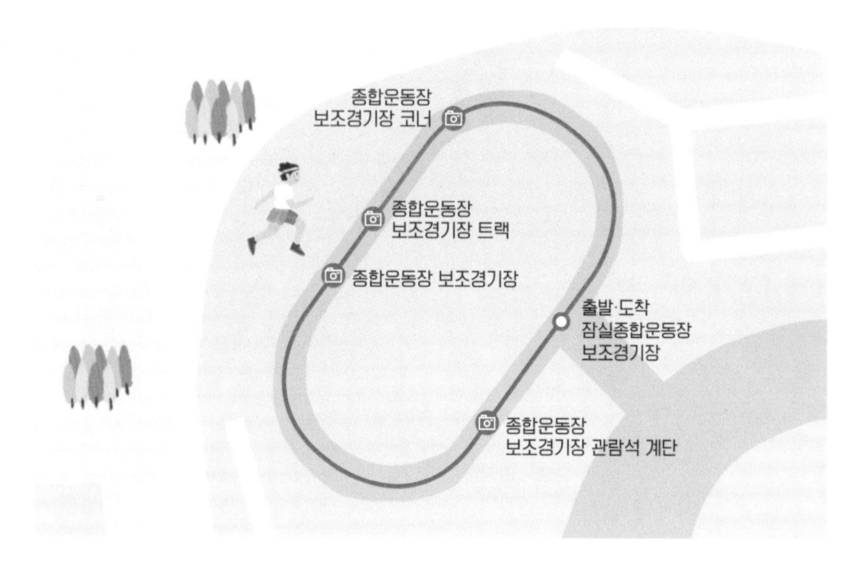

코스 팁

① 많은 사람이 이용해요. 1라인은 스피드를 내는 코스, 8라인은 가볍게 몸을 풀거나 조깅, 장거리 러닝 코스로 구분해 달려요.

② 1라인부터 8라인까지 트랙 한 바퀴 거리가 모두 달라요. (1라인 400m, 8라인 447m) 100m를 지나는 랩타임을 스스로 체크 해 목표에 맞춰 훈련해요.

③ 발을 딛는 스텝 사이의 시간을 일컫는 케이던스가 맞지 않으면 불필요한 근육들이 개입해 부상을 입거나 쉽게 지칠 수 있어요. 케이던스 위주의 러닝을 할 수 있도록 해요.

포토 스팟

잠실종합운동장 보조경기장

잠실종합운동장 보조경기장 코너

잠실종합운동장 보조경기장 관람석 계단

팔팔감자탕

감자탕, 뼈해장국

감자탕과 뼈해장국 맛집이다. 보들보들한 살이 뼈에 한가득 붙어있다. 특히 마라톤 대회 후에 이곳을 찾는 러너들이 많다. 우거지 맛도 좋다. ◎ 송파구 백제고분로7길 6-5 ☏ 02-423-9868

태민양꼬치

양고기, 양고기꼬치

양고기 애호가에게 널리 알려진 맛집이다. 저렴한 가격에도 불구하고 잡내가 없고 육즙이 살아있다. 식사류나 요리도 맛있으며 자동 불판이라 구워 먹기 편리하다. ◎ 송파구 백제고분로7길 32-18 ☏ 02-412-1588

꼭 알아야 할 겨울철 러닝 팁 네 가지

① 겨울철 러닝복 두꺼운 옷을 하나 입기 보다는 얇은 옷을 3~5 겹 입고, 체온이 상승하면 하나씩 벗어요. 면 재질 옷은 흡수성이 좋고 발수성이 나빠, 땀이나 눈, 비에 젖으면 잘 마르지 않아 피하는 것이 좋아요. 그리고 기모 티셔츠나 타이즈 또한 옷이 젖으면 오히려 체온을 낮추니 추천하지 않아요. 대신, 발수성이 좋은 폴리프로필렌이나 고어텍스 소재로 된 옷이 체온 유지에 좋아요. 낮이 짧아 금방 어두워지니 검은색 보다는 밝은 색상의 옷이나 빛을 반사하는 옷을 입으면 운전자의 눈에 잘 띌 수 있어 더 안전해요.

② 체온 보호법 심부 온도가 섭씨 25~35도로 내려갔을 때를 '저체온증'이라고 해요. 이것을 예방을 위해서는 열 손실을 줄여야 하는데 옷이 젖지 않는 것이 중요하며 혹시나 젖었다면 러닝 후 최대한 빨리 옷을 갈아입어 체온이 떨어지지 않도록 해요. 또한, 바람이 강하게 불면 체감온도가 떨어질 수 있는데 찬 공기와 맞닿는 부분을 최소화하면 체감온도가 올라가요. 장갑이나 모자, 넥워머, 마스크 같은 보온장비를 활용해 머리나 얼굴, 목, 손 등 바깥으로 노출된 부위를 감싸줄 수 있어요. 바람이 강하게 불 때는 바람을 등지고 달리는 것도 팁이예요. 12월부터 3월까지의 겨울 러닝은 일 년 중 가장 중요해요. 여름에는 체온이 올라가 체력이 많이 지치지만, 겨울은 오래 달려도 땀이 잘 나지 않아 여름보다 운동량을 2배 이상 증가시킬 수 있어요.

③ 스트레칭 방법 겨울에는 스트레칭 도중 체온이 떨어질 수 있어요. 정적 스트레칭보다 동적 스트레칭, 혹은 가벼운 조깅으로 몸을 풀어주는 것을 추천해요

④ 노면상태 확인 노면 자체가 눈으로 얼 수 있으니 겨울철에는 처음 달려보는 코스보다는 자신이 잘 아는 코스를 달리는 것이 좋아요. 특히, 땅이 얼지는 않았는지 노면 상태를 확인한 뒤 달리는 게 중요하며 되도록이면 흙이나 잔디가 깔린 안전한 곳을 달려요.

SEOUL 37 RUNNING

잠실역~석촌호수 코스

#석촌호수 #잠실역 #벚꽃런 #오픈케어 #롯데월드

러닝 최대 커뮤니티 오픈케어 크루의 추천 코스

벚꽃 시즌엔 러너에게 더 사랑받는 석촌호수

잠실 석촌호수는 뫼비우스 띠를 닮았다. 봄이 되면 석촌호수는 벚꽃 세상으로 변한다. 벚꽃 시즌마다 석촌호수는 러너에게 큰 사랑을 받는다. 분홍 세상으로 물든 동화 나라를 달리는 기분이다. 러닝 최대 커뮤니티 오픈케어의 크루는 이곳을 달린다. 석촌호수 한 바퀴는 2.5km이다. 거리를 계산하기 쉽고, 목표 거리를 채우기에도 편리하다. 100m마다 거리가 표시되어 있어서 다양한 러닝 트레이닝이 가능하다. 바닥엔 충전재를 깔아 부상 위험을 줄일 수 있다. 그뿐이 아니다. 화장실 4곳과 급수대 2곳을 설치해 놓아 사계절 내내 수분을 충분히 보충하며 달릴 수 있다. 여름에는 나무가 있어 시원하고, 겨울에는 바람을 막아 줘 다른 곳보다 포근한 기분을 느끼며 달일 수 있다.

혼자도 좋지만, 함께 달리면 더 좋다. 첫 바퀴는 코스를 익힐 겸 워밍업 하는 기분으로 다 같이 가볍게 뛰고, 두 번째부터는 페이스별로 그룹을 나눠 달릴 수도 있다. 최근에 서호와 동호를 연결해주는 다리도 생겨 컨디션에 따라 언제든지 복귀하거나 합류할 수 있다. 낙오하더라도 끝까지 함께 달릴 수 있는 넉넉하고 아름다운 코스다.

코스 정보

코스 경로 석촌호수 서호~동호 2바퀴 거리 5km 난이도 중 러닝 시간 40분 워킹 시간 60분 찾아가기 잠실역 11번 출구 짐 보관 롯데월드몰(2시간 무료) 코스 주소 송파구 신천동 29-8

코스 팁

① 산책하는 사람이 많아요. 보행에 피해가 없도록 사람을 피해서 달려요.

② 각종 축제 기간에는 사람이 많이 몰려요. 이럴 땐 달리지 말기로 해요.

포토 스팟

석촌호수 서호 입구 북단

롯데월드 매직아일랜드 앞

석촌호수 서호 입구 남단

반앤

LA갈비정식, 파스타

한식과 양식을 함께 즐길 수 있는 브런치 레스토랑이다. LA갈비 정식과 머쉬룸 크림 파스타가 인기 메뉴이다. 서로 취향이 다른 이들도 모두 흡족한 식사를 할 수 있다.

송파구 백제고분로41길 42-19 02-424-1257

피피샐러드

샐러드

칼로리는 낮고 영양은 듬뿍 들어간 샐러드 맛집이다. 식단 관리 중이라면 이곳을 추천한다. 건강한 음식뿐 아니라 잠실이 한눈에 내려다볼 수 있는 뷰마저 매력적이다. 시그니처 메뉴는 잠백콥이다.

송파구 송파대로49길 50 B동 203호 070-8822-7771

오픈케어 OPEN CARE

한국 최초의 복합 러닝 컴퍼니

러닝부터 마라톤, 철인 3종까지 모든 것을 오픈하고 케어해주는 러닝 전문 기업이다. 아카데미뿐 아니라 스포츠 전문 쇼핑몰을 운영한다. 또 세계 6대 메이저 마라톤 참가권을 보유하고 스포츠 투어를 진행하는 한국 최초의 복합 러닝 컴퍼니이다. 육상 28년 경력과 철인 3종 경력 10년을 지닌 프로 선수 출신 함연식 코치가 메인으로 활동한다. 러닝과 철인 3종을 남녀노소 누구나 건강하고 올바르게 즐길 수 있는 튼튼한 교육 시스템을 갖추고 있다. 원데이 클래스부터 기초 러닝 프로그램, 어린이 클래스, 1대 1 자세교정, 풀 코스 100일 프로젝트, 엘리트 꿈나무, 실력향상 프로그램까지 레벨이 다양하다. 수익금 일부는 육상 꿈나무를 후원하는 '오픈케어 후원 프로그램'도 진행한다. 프로그램과 정보는 아래 카페를 통해 확인할 수 있다.

송파구 백제고분로37길 4 현도빌딩 2층 02-2202-5150

https://cafe.naver.com/teamfca

몽촌토성역~올림픽공원 외곽 코스

#올림픽공원 #몽촌토성역 #장미광장 #러닝메이트

응원의 힘을 아는 러닝 메이트 최하늘, 박병구 님의 추천 코스

사계절 내내 친구가 되어주는 올림픽공원 둘레길

최하늘 님과 박병구 님은 동갑 러닝 친구다. 박병구 님은 수줍음이 많다. 낯선 자리는 일부러 피하곤 했지만 러닝을 만난 뒤 달려졌다. 동갑인 최하늘 님을 알게 되면서 같이 대회에 참가하고 크루에도 가입하며 사람들과 함께 달리는 재미를 알게 되었다. 최하늘 님 역시 멘탈이 약해 매번 표현하지 못하고 상처를 받는 편이었다. 하지만 달리기를 통해 지치지 않고 강해지는 법을 배웠다. 지금은 정신적인 지지자가 되어 서로를 응원한다. 약했기 때문에 '친구'라는 훨씬 강한 것을 얻게 되었다.

최하늘 님과 박병구 님은 올림픽공원 외곽 러닝 코스를 추천한다. 야생 청설모와 토끼를 만날 수 있을 정도로 주변 풍경이 좋아 이리저리 자연을 구경하는 재미가 있다. 언덕과 내리막이 적절히 섞여 있어 성취감과 재미를 추구하는 러너들에게 최적의 러닝 코스이다. 자연뿐 아니라 역사와 문화, 체육의 거점이기도 해 박물관, 미술관, 조각공원, 카페 등 볼거리와 즐길거리가 많다. 올림픽공원 둘레길은 응원도 해주고 용기도 주는 좋은 친구 같은 러닝 코스이다.

코스 정보

코스 경로 몽촌토성역~올림픽공원 세계평화의문~올림픽공원역~장미광장~원점 복귀 거리 5.5km 난이도 하 러닝 시간 40분 워킹 시간 60분 찾아가기 몽촌토성역 2번 출구 짐 보관 몽촌토성역 내 짐 보관함 코스 주소 송파구 방이동 44-11

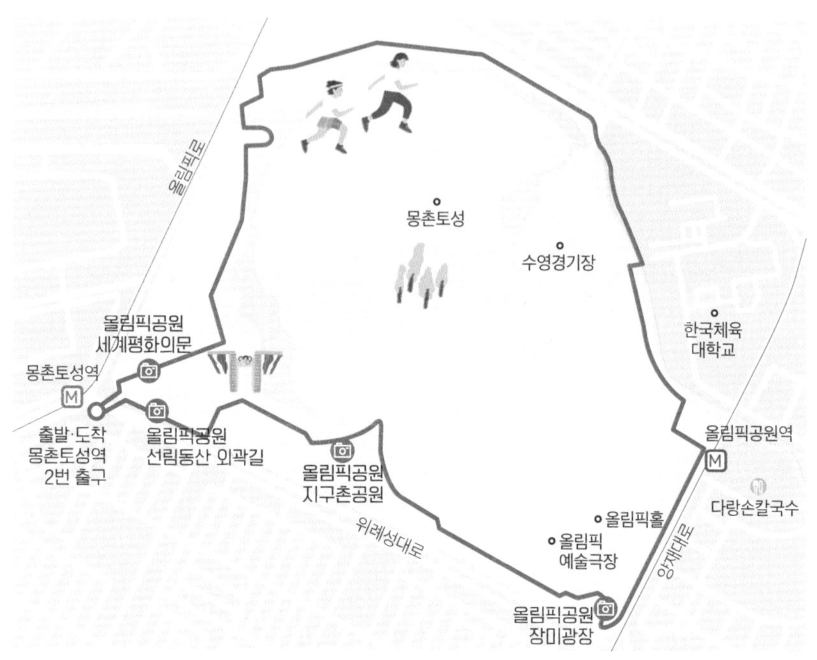

코스 팁

① 코스 중간마다 정자나 벤치가 많아 사진을 찍거나 쉬어 갈 수 있어요.

② 콘서트가 열리는 주말엔 팬들이 길에 서 있어요. 사람들을 피해 넓은 길로 달려요.

③ 오르막 또는 내리막을 달릴 때, 대각선으로 지그재그 달려요. 재미도 있고 무릎에 부담도 줄일 수 있어요.

포토 스팟

올림픽공원 세계평화의 문

올림픽공원 선림동산 외곽길

올림픽공원 장미광장

다랑손칼국수

칼국수

메인 메뉴는 칼국수이다. 애호박, 감자 같은 고명이 듬뿍 들어가 있다. 쫄깃한 식감과 따뜻한 국물은 러닝 후에 지친 몸을 녹이는데 제격이다. 송파구 양재대로 1222 올림픽프라자 2층 02-404-3002

올림픽공원

역사와 문화공간, 러닝 코스를 모두 품은

백제의 유적 몽촌토성과 다양한 경기장, 공원, 문화예술시설을 품고 있다. 넓이는 43만 8000평이다. 88올림픽을 기념하는 유명 작가들의 조각품을 전시하는 조각공원도 있다. 걸어서 한 바퀴를 도는 데 약 3시간이 걸릴 정도로 넓어 동선을 미리 익히거나 구역을 나눠 구경하는 것이 좋다. 평화의 광장 옆에서 호돌이 열차Road Train를 탑승할 수도 있다. 보다 효율적으로 즐기기 위해 사진 촬영 명소 9개를 선정해 9경 스탬프 투어를 운영하기도 한다. 시민의 체력상태를 측정하고 평가해주는 '국민체력100 체력인증센터'를 무료로 운영한다. 공원 내에는 호반의 길, 토성의 길, 추억의 길, 연인의 길 그리고 젊음의 길 등 산책 및 조깅 코스를 만들어 놓았다. 컨디션과 기분에 따라 거리와 풍경을 골라 어디든 달릴 수 있다. 특히, 젊음의 길은 올림픽공원 외곽을 돌아보는 코스로 각종 달리기대회 장소로 널리 쓰이고 있기에 코스를 미리 익혀두면 좋다. 송파구 올림픽로 424 02-410-1114

한성백제박물관

한성백제 493년의 시간을 품다

올림픽공원 내에 있는 박물관으로 백제의 유적과 유물이 전시되어 있다. 660년의 백제 역사 중 493년 동안의 수도가 이곳 올림픽공원 일대였다. 풍납토성, 몽촌토성 등 백제 한성의 핵심유적에서 출토된 유물과 구석기 시대부터 농경사회에 이르기까지 다양한 전시품을 구경할 수 있다. 전시해설 서비스를 이용하는 것이 좋다. 특히, 올림픽공원과 몽촌토성의 전경이 한눈에 보이는 옥상의 하늘공원은 박물관의 숨은 뷰 포인트다. 송파구 위례성대로 71 09:00-19:00(주말 및 공휴일 09:00-18:00) **휴관** 월요일 및 1월 1일 ₩ 무료 02-2152-5800

한성백제역~올림픽공원 내부 코스

#올림픽공원 #한성백제역 #몽촌토성 #선셋런

달리고 싶은 청년 의사 김형찬 님의 추천 코스

일몰 풍경이 너무 아름다운 몽촌토성 언덕길

가정의학과 병원을 운영하며 신경정신학을 전공한 김형찬 님은 '마음챙김'의 중요성을 누구보다 강조한다. 그에 따르면 운동은 '마음챙김'에 큰 효과가 있다. 그의 운동에 대한 열정은 남다르다. 의과대학 시절, 모두가 늦게까지 공부하느라 지쳐있는 모습을 보고 공부 체력을 기르기 위해 야간 조깅 동아리를 만들었을 정도다. 의사로서 달리기의 뛰어난 신체학적 효능을 알리고 싶다는 그는 '몰입'을 강조한다. 일상 루틴을 벗어나 색다른 풍경을 바라보며 아무 생각 없이 달리면 심장의 박동과 일정한 호흡, 그리고 다리의 근육만을 의식하며 러닝에 몰입하게 된다. 몰입은 자체만으로도 일상의 큰 만족감을 준다. 이때 엔도르핀과 아드레날린이 분비되어 쾌감을 느끼게 되는데 이를 '러너스 하이'라 부른다.

김형찬 님의 추천 코스는 올림픽공원 내부 코스다. 아기자기한 언덕과 푸른 잔디, 언덕 위에서 바라보는 뷰가 훌륭하다. 자연의 소리를 들으며 달리면 '몰입'의 경험을 더욱 쉽게 맞이할 수 있다. 특히, 공원의 가장 높은 곳에서 바라보는 선셋은 자연이 달리는 자에게 주는 그림 같은 선물이다.

코스 정보

코스 경로 한성백제역~올림픽공원 만남의 광장~가족놀이동산~내성농장~원점 복귀 거리 4.5km 난이도 중 러닝 시간 35분 워킹 시간 50분 찾아가기 한성백제역 2번 출구 짐 보관 한성백제역 내 짐 보관함 코스 주소 송파구 위례성대로 51

코스 팁

① 일몰 한 시간 전에 달리는 것을 추천해요. 올림픽 공원에서 가장 높은 오름 산책길을 찾아보세요. 언덕 위에서 일몰을 감상하면 하루를 다 가진 느낌이에요.

② 잔디 보호 구역은 피하세요. 보행자 도로를 달려요.

포토 스팟

올림픽공원 만남의 광장

올림픽공원역 입구

올림픽공원 내성농장 옆길

차이나 린찐

인절미 탕수육

개그맨 김학래, 임미숙 부부가 운영하는 중국음식점으로 저렴하고 맛도 좋아 인기가 많다. 특히 찹쌀 튀김옷을 입은 쫄깃한 인절미 탕수육이 대표 메뉴다. 강동구 강동대로 217 02-470-2600

청해진

낙지불고기, 해물전

낙지볶음 전문점으로 통통한 낙지 불고기뿐 아니라 해물전도 맛있다. 원기 회복에 도움이 되는 낙지를 칼칼하게 먹을 수 있다. 넓은 창을 통해 올림픽공원을 감상할 수 있는 것도 이 집의 매력.
강동구 강동대로 187 02-484-1551

몽촌토성

서울 올림픽이 준 뜻밖의 선물

한성백제 시대의 토성이다. 자연 지형을 이용해 진흙을 다져 성벽을 쌓고, 일부 성벽 앞에는 옆으로 흐르는 성내천 물을 이용하여 해자를 만들었다. 백제가 고대국가의 터전을 마련하기 위해 한성 시대에 만들어진 성의 하나로 일부 학자들은 하남 위례성으로 추정한다. 올림픽공원을 조성하던 중 발굴되었으며, 발굴 당시 백제유물인 세발토기, 긴 목 항아리, 달걀 모양 항아리, 원통형 그릇받침 등 각종 유물이 출토됐다. 또한, 움집터와 저장구덩이 등 발굴 당시 모습을 몽촌토성역사관에서 구경할 수 있다. 한강 유역의 백제 시대 유적 및 유물도 함께 전시하고 있다. 한성백제박물관과 함께 둘러보면 좋다.

송파구 올림픽로 424 올림픽공원
02-2147-2001

오금역~성내천 코스

#성내천 #오금역 #오금공원 #펫런

퇴근 후 집까지 달려가는 왕용준 님의 추천 코스

가을 단풍이 아름다운 성내천 달리기

왕용준 님은 달리기 20년 차다. 퇴근 후 매일 집까지 달려간다. 왕용준 님이 즐겨 달리는 성내천 러닝 코스를 소개한다. 코스는 오금역에서 시작된다. 올림픽공원을 반 바퀴 돌면 길은 그를 성내천으로 인도한다. 성내천은 몽촌토성과 풍납토성 사이를 지나 한강으로 흘러든다. 하천으로 달리다 보면 길 끝에서 한강을 만날 수 있다. 이 길은 서울 둘레길 3코스와 일부 겹친다. 길이 좋아 걷거나 조깅을 하기에 그만이다. 바닥에 충전재를 깔아 다리에 부담을 덜 주고, 중간중간 목조 다리와 돌다리가 있어 언제 어디서든 반환하거나 방향이 다른 크루와 합류할 수 있다. 특히, 성내천 산책길은 봄에는 벚꽃길과 가을에는 단풍길로 유명하다. 형형색색 단풍이 달리는 러너의 마음도 원색으로 물들인다. 계절을 느끼며 여유롭게 달리기 참 좋은 길이다. 따로 시간을 내어 달릴 시간이 부족하다면 왕용준 님처럼 퇴근 런을 하는 것도 좋은 방법이다. 꼭 그처럼 집까지 달릴 필요는 없다. 지하철 한두 정거장, 버스 정류장 몇 개 거리만 달려도 당신의 저녁은 성취감으로 충만할 것이다.

코스 정보

코스 경로 오금역~오금공원~한국체육대학교~성내천 산책길 반환 후 복귀 거리 12.7km 난이도 상 러닝 시간 80분 이상 워킹 시간 130분 이상 찾아가기 오금역 2번 출구 짐 보관 오금역 내 짐 보관함 코스 주소 송파구 중대로 256

코스 팁

① 한강으로 거리를 늘리거나 올림픽공원을 추가하는 등 러닝 시간과 강도를 조절하기 쉬워요.

② 여름엔 성내천 야외 수영장에 나들이객이 많아요. 속도를 줄여 조심히 달려요.

포토 스팟

오금공원

오금공원 인공폭포 앞

오금2교

등촌샤브칼국수 오금점

칼국수

대표 메뉴는 버섯 매운탕 칼국수이다. 미나리를 계속 리필할 수 있어서 좋다. 칼칼한 국물과 함께 고기와 볶음밥까지 먹으면 속풀이에 제격이다. 송파구 동남로 286 02-403-8300

마천역~남한산성 코스

#남한산성 #트레일러닝 #부자런 #세계문화유산

아들과 함께 달리는 트레일러너 지현우 님의 추천 코스

유네스코 세계문화유산, 남한산성 성곽 따라 달리기

지현우 님은 10살 아들과 함께 달리는 '부자 런'을 즐긴다. 남한산성은 유네스코 세계문화유산이다. 이것으로 남한산성을 달리는 이유는 충분하지만 그에게는 더 특별한 사연이 있다. 남한산성은 아들과 함께 달린 첫 트레일러닝 대회 코스이다. 2018년 함께 달린 남한산성 성곽길은 아빠와 아들 모두에게 특별히 기억에 남을 장소가 되었다. 심하진 않지만 성곽길이라 부드러운 고저도가 있다. 길이 입체적이어서 달리는 재미가 있다. 입문자에게 트레일러닝의 즐거움을 일깨워 주기에 알맞은 장소이다. 또한, 옛 선조들이 직접 쌓아 올린 성곽을 끼고 달리면 그 당시의 감정까지 함께 힘입어 일반 산을 달리는 것과 느낌이 다르다.

로드 러닝은 멈추지 말아야 한다는 부담감이 있는 편이다. 하지만 트레일러닝은 힘들면 쉬었다가 다시 달리면 되니 아들과 도란도란 이야기를 나눌 수 있다. 추억을 공유하기에 그만이다. 이 세상의 모든 남성 러너들이 함께 즐겼으면 하는 부자 런. 시작이 반이라고 했다. 조금씩 거리를 늘릴 생각으로 지금 당장 시작해보자. 완주한 뒤 함께 받는 메달은 잊지 못할 한 편의 영화가 될 것이다.

코스 정보

코스 경로 마천역~남한산성 우익문~남한상성 북문~남한산성 수어장대~원점 복귀 거리 9km 난이도 상 러닝 시간 90분 이상 워킹 시간 150분 이상 찾아가기 마천역 2번 출구 짐 보관 마천역 내 짐 보관함 코스 주소 송파구 마천동 302-12

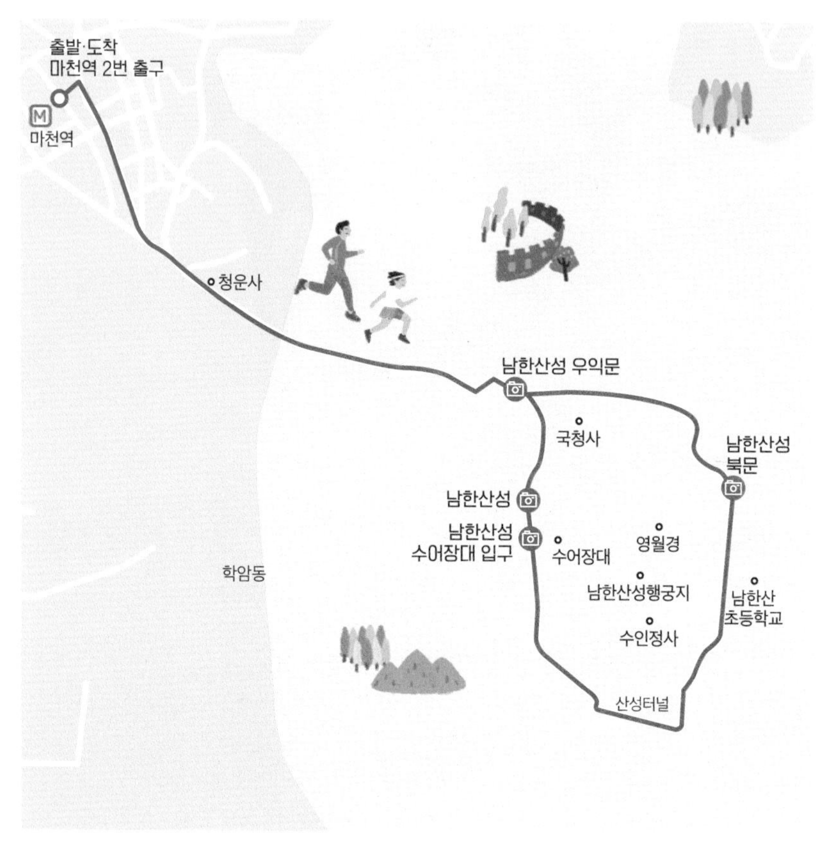

코스 팁

① 주말에는 많은 등산객으로 달리기 어려울 수 있아요. 즐겁고 안전한 달리기를 원한다면 평일을 추천해요.
② 북문과 수어장대 서북쪽은 성곽길이 잘 만들어져 있어요. 경사도가 심하지 않아 누구나 달릴 수 있지만, 남문과 동문 쪽 주로는 좁고 계단이 많고 경사가 심해요. 이 구간을 지날 때는 무리하지 마세요. 주변을 살피며 안전하게 달려요.
③ 동문부터 북문까지의 성곽길은 등산로라 길이 헷갈릴 수 있어요. 미리 코스를 익히면 좋아요. GPS가 탑재된 스포츠 워치를 활용하면 더욱 안전하고 즐겁게 달릴 수 있어요.
④ 안전을 위해 트레일러닝 운동화와 물병, 스틱 등은 필수예요.

포토 스팟

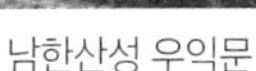

남한산성 우익문

남한산성

남한산성 북문

낙선재

닭볶음탕

체력 회복하기 좋은 닭볶음탕 맛집이다. 조리해 나오기에 바로 먹을 수 있다. 현미밥이라 건강에 좋고, 기본 반찬도 깔끔하다. 자연 속 한옥에서 맛보는 음식이라 더욱 맛있다.

광주시 남한산성면 불당길 101 031-746-3800

남한산성

병자호란의 슬픔이 서린 산성

과거 한양을 지키던 4대 요새 중 하나로 험준한 산세를 이용해 방어력을 극대화했다. 돌을 쌓아 만든 석성이다. 둘레는 약 12km로 동서남북에 각각 4개의 문과 문루, 16개의 암문이 있다. 성 안에는 수어청과 관아, 창고, 행궁을 건립했다. 남한산성에는 5개의 장대가 있었으나 현재는 수어장대만 남았으며 남한산성에 남은 건물 중 가장 화려하다. 맞바람을 맞으며 땀을 식힐 수 있는 곳으로 잠시 쉬어가도 좋다. 병자호란의 아픔이 깊게 서려 있다. 지형을 활용한 축성술과 방어시설이라는 완전성과 진정성의 가치를 인정받아 유네스코 세계문화유산이 되었다.

경기도 광주시 남한산성면 남한산성로 731

031-8008-5155

천호역~올림픽대교 코스
#천호역 #광나루자전거공원 #광진교 #올림픽대교

한강을 배경으로 달리는 전희정 님의 추천 코스

달릴 때마다 영화 속 주인공이 되는 광나루한강공원

전희정 님이 추천하는 코스는 천호역~올림픽대교 코스이다. 천호역을 출발해 천호공원과 광진교, 광나루한강공원을 지나 올림픽대교 남단까지 한강을 따라 달리다 천호역으로 복귀하는 코스다. 광나루한강공원은 상수원 보호 구역이다. 다른 어떤 한강공원보다 강물이 맑고 깨끗하다. 탁 트인 한강을 바라보며 달리는 건 '서울 달리기'의 가장 큰 매력이자 재미다. 천호역~올림픽대교 코스는 광진교, 천호대교, 올림픽대교까지 한강 다리 세 개를 지난다. 힘이 들 때면 점점 가까워지는 다리를 보며 '저기까지만 달리자!'라고 주문을 거는 것도 좋은 방법이다. 같은 코스라도 그날의 감정과 느낌에 따라 풍경이 달리 보이는 것도 한강 달리기의 매력이다. 시원한 바람을 느끼며 러닝을 하면 답답했던 마음과 복잡한 머릿속이 어느 순간 뻥 뚫린다.

전희정 님은 러닝을 할 때마다 목표를 새롭게 세우고, 그 목표를 향해 도전한다, 그녀는 목표를 세우고 도전을 반복하다 보면 훨씬 더 주체적인 삶을 살게 된다고 말한다. 한강과 강변공원이 배경이 되어주는 한강 달리기는 마치 드라마의 주인공이 된 것 같은 기분을 선사한다.

코스 정보

코스 경로 천호역~천호공원~광나루자전거공원~올림픽대교 남단 반환 후 복귀 거리 7km 난이도 중 러닝 시간 50분 워킹 시간 80분 찾아가기 천호역 2번 출구 짐 보관 천호역 내 짐 보관함 코스 주소 강동구 성내동 62-1

코스 팁

① 퇴근 후 야간 러닝 시에는 LED 야광 밴드를 착용하거나 반사 기능이 있는, 혹은 밝은색 러닝복을 입어요. 그래야 위험요소를 방지할 수 있어요.

② 한강 주변이라 강 바람이 불어요. 겨울철이라면 모자, 장갑, 마스크 등의 방한용품으로 체온 유지를 해요.

포토 스팟

광나루 자전거공원

광나루 자전거공원 BMX 경기장

광진교 남단

신흥정육식당

소고기, 된장찌개

품질 좋은 고기를 저렴한 가격에 마음껏 먹을 수 있다. 가성비가 훌륭한 정육식당으로 부족한 단백질을 보충하기 제격이다. 소고기가 들어간 된장찌개는 필수. 강동구 양재대로89길 16 파크프라자 126호 02-488-3313

옹끌카페

비엔나커피, 모카라떼

천호동의 숨은 카페이다. 비엔나커피와 모카라떼가 맛있다. 이곳 특유의 감성과 인테리어가 커피를 배로 맛있게 해준다. 강동구 진황도로 4-9

광나루한강공원

드론공원과 BMX경기장, 암사생태공원이 있다

서울의 모든 한강공원은 레포츠부터 나들이까지 쓰임새가 많다. 광나루한강공원은 한강 상류로부터 유입된 토사가 자연스럽게 쌓여 만들어진 대규모 갈대군락지로 자연 그대로의 모습을 가장 잘 유지하고 있으며 철새들의 서식처이기도 하다. 또한, 수상 레저활동이 금지되는 상수원 보호 구역이라 물이 맑고 깨끗하다. 많고 많은 한강 중 이곳을 방문해야 할 이유가 있다. 드론공원이 생기면서 서울에서 유일하게 허가 없이 드론을 날릴 수 있는 장소다. 드론이 취미인 이들이라면 이곳을 그냥 지나칠 수 없다. 피크닉과 러닝을 하며 드론이 날아가는 걸 구경하는 재미가 남다르다. 드론공원은 오전 8시부터 오후 4시까지 1회 최대 3시간 이용할 수 있으며 예약은 필수다. 암사생태공원, 자전거 공원, BMX경기장, 야구장과 축구장, 어린이 전용 야구장도 광나루한강공원 안에 있다.

강동구 선사로 83-66 02-3780-0501

암사역~구리암사대교 코스

#암사역 #구리암사대교 #아이유3단고개

트라이애슬릿
남궁권 님의 추천 코스

아이유 3단 고개라 일컫는 구리암사대교

남궁권 님은 수영하고, 자전거 페달을 밟고, 달리기를 하는 '철인 3종'을 즐긴다. 트라이애슬릿 남궁권 님이 추천하는 코스는 암사역~구리암사대교 코스이다. 암사역을 출발해 암사 둔치 생태공원, 암사서원을 거쳐 구리암사대교를 건넜다가 다시 암사역으로 돌아오는 러닝 코스이다. 이 코스는 '아이유 3단 고개'라 불릴 정도로 언덕이 많다. 하지만 근지구력 강화 훈련을 위해 종종 러너들이 찾는다. 한강 어느 코스보다 역동적인 데다가 사람이 많지 않으면서도 탁 트인 한강 전망을 독차지할 수 있어서 마니아가 많다. 언덕을 하나, 둘 넘을 때마다 느껴지는 생동감과 성취감은 아드레날린을 폭발하게 만든다.

러닝 하나만으로는 무언가 부족하다고 느낄 때, 혹은 나의 한계를 조금 더 확장하고 싶을 때 러닝과 사이클, 러닝과 수영 등 새로운 종목과 결합해 보는 것도 좋다. 서울의 아름다움을 느낄 수 있는 가장 멋진 방법은 달리기다. 멈춰버린 듯한 심장에 두근거리는 무언가가 필요하다면 지금 바로 신발 끈을 묶고 어디든 나가자. 어디라도 좋다. 함께 달리면 된다.

코스 정보

코스 경로 암사역~구리암사대교 남단~암사서원~구리암사대교 북단 반환 후 복귀 거리 9.5km 난이도 상 러닝 시간 80분 워킹 시간 120분 찾아가기 암사역 4번 출구 짐 보관 암사역 내 짐 보관함 코스 주소 강동구 올림픽로 775

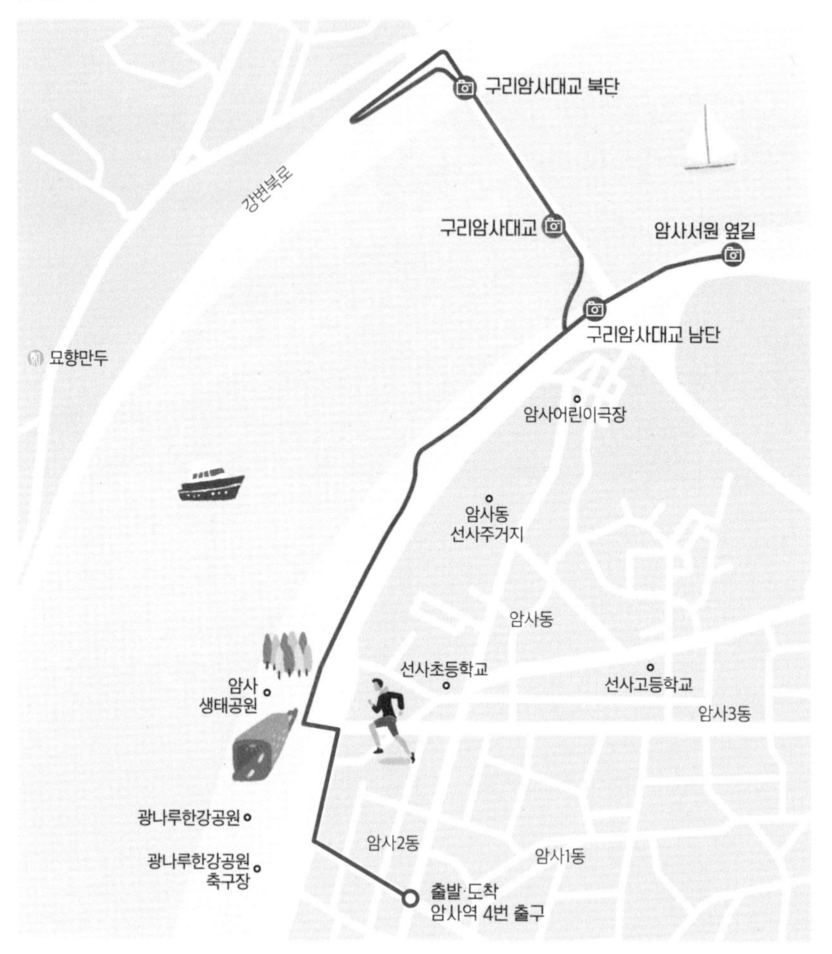

코스 팁

① 암사대교 위를 달릴 때는 안전을 최우선으로 하고, 한강공원을 달릴 때는 심박수를 최대한 높이는 훈련에 집중해요.

② 구리암사대교를 오르고 내릴 시 계단에 주의하세요. 다리 위를 달릴 때는 한 줄로 달리거나 걸어서 이동해요.

포토 스팟

구리암사대교 남단

암사서원 옆길

구리암사대교 북단

묘향만두

만두전골, 오이소박이국수

오래된 손 만두 맛집이다. 평양식 만두전골과 시원한 오이소박이국수를 추천한다. 이 둘을 함께 먹으면 뜨끈하고 시원함의 조화를 느낄 수 있다. 주머니 모양 손만두 안에는 양념한 고기가 꽉 찼다. 경기 구리시 아차산로 63 02-444-3515

서울 암사동 유적

신석기시대 사람들은 어떻게 살았을까?

우리나라의 선사시대를 대표하는 신석기시대 유적지이며, 특히 빗살무늬토기가 유명하다. 1925년 한강대홍수로 처음 유적지가 발견되면서 여러 차례의 발굴 과정을 거쳐 탄생했다. 원시생활전시관과 9개 움집, 그리고 관람객이 직접 들어가 볼 수 있는 개방형 체험 움집이 있다. 창을 손질하고 있는 아버지의 모습과 돌칼로 고기를 써는 어머니 모습, 물고기를 굽는 아들 모습, 그리고 음식을 먹고 있는 딸의 모습 등 당시의 생활을 생생하게 관람할 수 있다. 또한, 자동 감지 나레이션이 관람객의 이해를 돕고 있다. 현재 유네스코 세계유산 등재를 추진하는 등 세계 속의 문화유산이 되기 위해 노력 중이다.

강동구 올림픽로 875 02-3425-6520 09:30-18:00(아침 운동시간 무료개방 **10월~3월** 06:00~09:00 **4월~9월** 05:30~09:00) **휴관** 1월 1일, 매주 월요일 ₩ 어른 500원, 어린이 300원(만 6세이하 및 만 65세 이상 무료)

상일동역~고덕 수변생태공원 코스

#고덕천 #고덕수변생태공원 #생태하천

달리는 크로스핏터 강승룡 님의 추천 코스

자연이 그대로 살아있는 고덕천 달리기

강승룡 님은 달리기와 크로스핏을 즐긴다. 크로스핏은 크로스 트레이닝과 피트니스의 합성어이다. 짧은 시간에 여러 가지 운동을 융합해 고강도로 진행하는 운동 방법을 말한다. 20분 안팎 시간에 웨이트 트레이닝, 윗몸 일으키기, 줄넘기, 달리기, 체조 링 등 심장에 자극을 주는 운동을 섞어 구성한다. 크로스핏은 심폐기능과 지구력, 근력을 키워 달리기 실력을 높이는 데 도움을 받을 수 있다. 달리기와 크로스핏을 함께 즐기면 신체 활동의 조화를 기대할 수 있다.

크로스핏터 강승룡 님이 추천하는 코스는 상일동역~고덕 수변생태공원 코스이다. 주로 고덕천을 달려 한강까지 나아가는 코스다. 고덕천은 서울에서 보기 드물게 자연성이 높은 하천으로 다른 천변 러닝 코스보다 친환경적이며, 고덕동 생태경관보전지역으로 지정될 만큼 자연 그대로인 생태하천이다. 서울답지 않게 맑고 한가로운 하천길을 달리자. 고덕천을 따라 달리다 고가다리 위에 도달할 때면 뒤로 펼쳐지는 숲 덕분에 온 세상을 다 가진 기분이 든다. 클래식을 틀어주는 힐링의 생태하천, 고덕천은 느린 달리기에 어울리는 서울의 숨은 명소다.

코스 정보

코스 경로 상일동역~고덕천~고덕천 고가다리 반환 후 복귀 거리 5.2Km 난이도 중 러닝 시간 40분 워킹 시간 60분 찾아가기 상일동역 4번 출구 짐 보관 상일동역 내 짐 보관함 코스 주소 강동구 고덕동 299

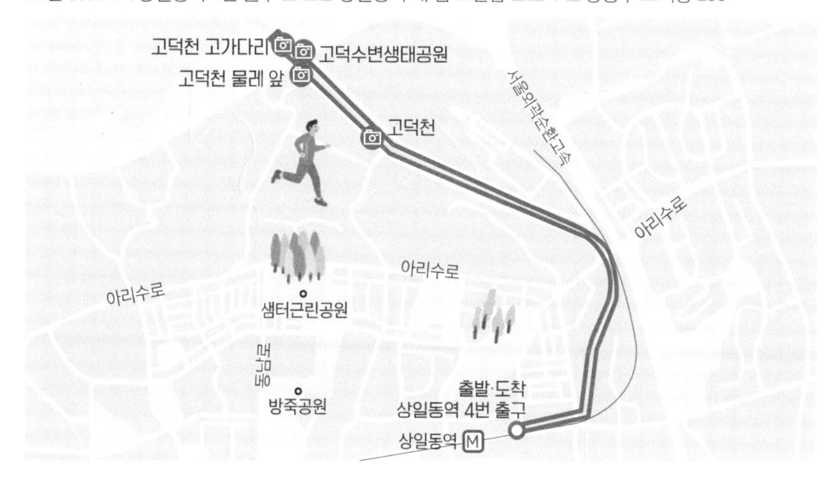

코스 팁

① 상일동역에서 고덕 생태경관보전지역 합류 지점 구간은 코스 폭이 좁고 자전거 도로와 합쳐져요. 보행자와 자전거를 조심하세요.

② 여름 장마철에는 범람 위험이 있어요. 미리 확인하세요.

③ 코스 중간에 칼로리 소모 표지판이 있어 달리기에 대한 동기부여를 더욱 심어줘요.

④ 고덕수변생태공원은 일부 마라톤 대회의 코스로도 활용되니 암사동 방면으로 장거리 연습을 하면 대회 준비에 도움이 돼요.

포토 스팟

고덕천 물레 앞

고덕 수변생태공원

고덕천 고가다리

강동반상

한정식

한정식 맛집이다. 합리적인 가격으로 상다리가 휘어질 정도여서 대접받는 기분을 느낄 수 있다. 대표메뉴는 강동반상이다. 강동구 상일로6길 39 02-429-2733

광진구·성동구·동대문구

아차산역~아차산 코스

#아차산 #아차산생태공원 #트레일러닝 #트래킹

달리면서 '나'를 사랑하게 된 조해영 님의 추천 코스

러닝과 트레일러닝을 겸하기 딱 좋은 아차산생태공원

자연 속을 달리는 코스가 있다. 도시에서 시작해 공원을 지나 자연스럽게 산으로 들어간다. 덕분에 강렬한 인상을 준다. 조해영 님 추천하는 아차산 코스는 지하철 5호선 아차산역에서 출발해 아차산생태공원을 지나 아차산으로 오른다. 길이 비교적 잘 다듬어져 큰 불편 없이 달릴 수 있다. 롤러코스터처럼 오르고 내리는 길이 이어져 달리는 재미가 특별하다. 코스의 난이도는 러닝과 트레일러닝의 중간 단계이다. 숨이 턱 끝까지 차오를 때의 쾌감을 원하는 사람이 푹 빠질만한 매력적인 코스다. 아차산을 내려올 때면 마음이 깨끗이 정화되어 자유인이 된 것 같다.

자신을 미워해 본 적이 있는가? 아차산 코스를 달리는 조해영 님도 한 때 그랬다. 남들과 비교하면 자존감이 낮아지고, 작은 것에도 흔들리는 자신이 미웠지만 달리기가 그녀를 바꾸어 놓았다. 특히, 달리는 순간엔 자신에게 집중하며 스스로를 사랑하게 되었다. 이제는 다른 이들도 사랑할 수 있는 넉넉한 마음을 얻었다. 그녀처럼 이곳을 달리며 진정한 나로 돌아가는 러닝 여행은 어떨까?

코스 정보

코스 경로 아차산역~아차산배수지 체육공원~아차산생태공원~아차산 반환 후 복귀 거리 4km 난이도 중 러닝 시간 40분 워킹 시간 80분 찾아가기 아차산역 2번 출구 짐 보관 아차산역 내 짐 보관함 코스 주소 광진구 구의동 96

러닝 팁

① 트레일러닝 가방을 사용한다면 가볍고 흔들림 없어야 해요.

② 주말에는 등산객이 많아요. 피해가 가지 않도록 주의하며 달려요.

③ 내리막길을 내려올 때는 내가 발을 디딜 곳을 정확히 인지한 후 달려요.

포토 스팟

아차산생태공원 영화사로

아차산생태공원

아차산 (영화사 방면)

망향비빔국수 광진구점

비빔국수, 멸치온육수

새콤하고 달콤한 비빔국수 맛집이다. 비빔국수가 맵다면 따뜻한 멸치온육수를 추천한다. 여름에는 한정 메뉴로 냉콩국수도 즐길 수 있다. 광진구 천호대로 694 02-454-1357

군자역~어린이대공원 코스

#어린이대공원 #군자역 #놀이동산 #동물원

바라만 봐도 즐거운 러닝메이트 전미승, 정유정 님의 추천 코스

서울에서 가장 큰 놀이터, 어린이대공원 한 바퀴

피크닉도 즐기고 달리기도 할 수 있는 곳. 어린이대공원은 뉴욕의 센트럴파크 부럽지 않은 서울 시민의 놀이터다. 어린이대공원은 러닝과 소풍은 물론 동물원과 식물원, 놀이기구까지 함께 즐길 수 있다. 게다가 어릴 적 놀러 간 경험이 있다면 '나만의 추억 여행'도 가능하다. 혼자도 좋지만, 친구 또는 가족과 함께 달린다면 순수한 어린 시절로 떠나는 추억 여행이 더 깊어질 것이다.

전미승, 정유정 님은 어린이대공원을 달린다. 바라보기만 해도 즐겁다는 그들은 천상 러닝메이트다. 어린이대공원의 가장 큰 매력은 무성한 숲, 그리고 세월과 함께 자란 키 큰 나무들이다. 산림욕 하듯 달릴 수 있어 좋고, 더운 날엔 나무 그늘로 달릴 수 있어 더 좋다. 오르막과 내리막이 어우러져 달리는 내내 지루하지 않아 즐겁고, 공원 스피커에서 흘러나오는 음악은 발걸음을 경쾌하게 해준다. 정문으로 들어서면 아름다운 음악 분수대가 보인다. 정기적으로 분수 쇼가 펼쳐지는데, 분수 쇼를 휘슬 삼아 출발해도 좋겠다. 세종대와 건국대가 가깝다. 러닝 후 대학가 맛집 탐방에 나선다면 금상첨화 아닐까?

코스 정보

코스 경로 군자역~어린이대공원 정문~어린이대공원~어린이대공원 후문~군자역 복귀 거리 5km 난이도 하 러닝 시간 40분 워킹 시간 60분 찾아가기 군자역 6번 출구 짐 보관 군자역 내 짐 보관함 코스 주소 광진구 능동 280-1

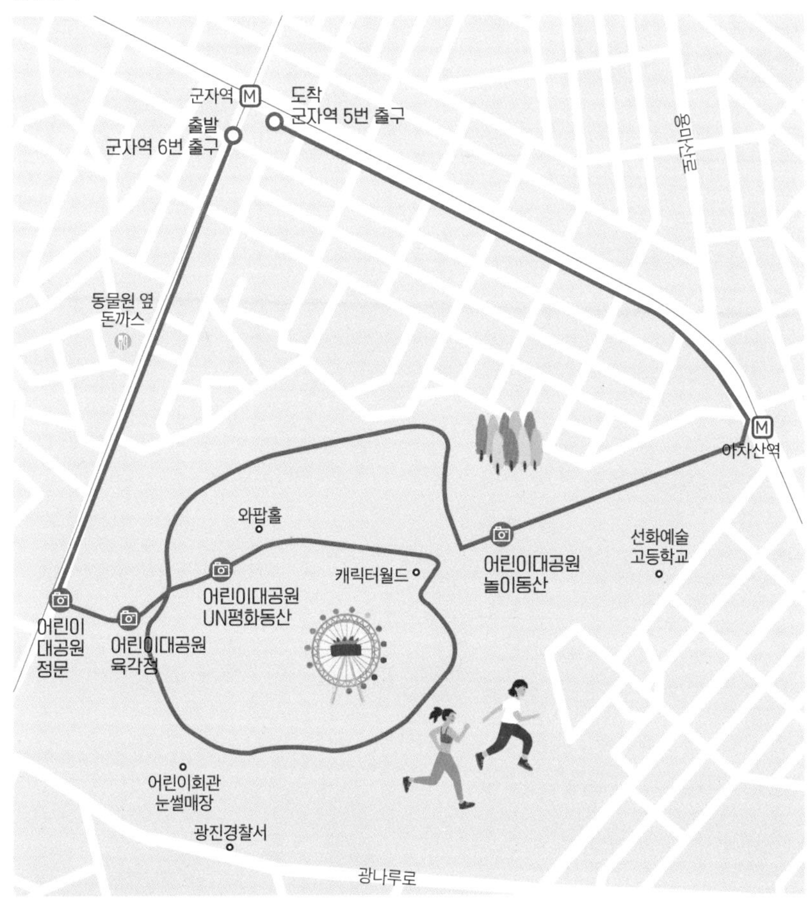

코스 팁

① 짧게 달리고 싶다면 어린이대공원역에서 출발해요.

② 더 달리고 싶다면 세종대학교 내부나 건국대학교 일감호로 가세요. 7호선 뚝섬유원지역에서 한강 달리기도 가능해요.

③ 정문에서 오른쪽은 오르막이고 왼쪽은 내리막이니 컨디션에 따라 선택하세요. 중간마다 가로지르는 평탄한 길도 있어요.

포토 스팟

어린이대공원 육각정

어린이대공원 UN평화동산

어린이대공원 정문

신토불이 떡볶이 본점

떡볶이

이 동네에서 손꼽히는 떡볶이 맛집이다. 달달하고 매콤한 맛이 먹을수록 빠져든다. 어묵과 계란, 핫도그가 함께 나오는 2인 세트를 추천한다. 매일 직접 만드는 핫도그를 떡볶이 국물에 적셔 먹는 맛은 잊을 수 없다.
광진구 자양로43길 42 02-457-2475

동물원 옆 돈까스

돈가스

국내산 1등급 제주 돼지 등심만을 고집해 당일 만드는 돈가스라 더욱 안심하고 먹을 수 있다. 저렴하고 맛 또한 좋아 남녀노소 발길이 끊이지 않는다. 광진구 능동로 259 02-462-5611

어린이대공원

공원 입장료가 무료예요

각종 놀이기구와 동물원, 식물원, 야외공연장 등이 있는 휴식과 문화의 공간이자 살아있는 야외학습장이다. 공원 입장료가 무료라 나들이객이 많은 편이다. 원래 이곳엔 1929년에 개장한 경성골프장이 있었다. 1973년 어린이대공원으로 새롭게 단장했다. 오랜 역사만큼이나 많은 이들의 추억이 쌓인 곳이다. 숲과 나무가 무성해 산림욕장에 온 것 같다. 전면 개선 공사를 통해 2009년 재개장하였다. 재개장과 함께 생태형 수족관과 대형새장, 음악분수도 조성하였다. 동물과 어울리고 자연과 친해질 수 있는 체험 프로그램을 운영하며 계절에 따라 다양한 행사가 열린다. 서울에서 가장 큰 놀이터라 해도 과언이 아니다. 봄이면 어린이대공원 전체가 분홍빛의 벚꽃 옷을 입고 시민을 반긴다.
광진구 능동로 216 02-450-9311 ₩ 무료(단, 동물공연장 및 체험 프로그램 별도)

건대입구역~중랑천 코스

#건대입구 #커먼그라운드 #성수구름다리 #뚝섬한강공원

달리기로 스트레스를 극복한 이효진 님의 추천 코스

건대 입구 커먼그라운드에서 만나는 크리스마스 마켓

일에만 열중하다 보면 '나'라는 사람은 온데간데없고 '스트레스'만 남을 때가 있다. 이효진 님 역시 밤늦게까지 주말도 반납한 채 회사에 모든 것을 바쳤다. 나를 위한 삶보다 주어진 삶을 따라가기에만 급급했다. 결국, 나를 사랑하는 방법과 사랑해야 하는 이유조차 모른 채 스트레스로 수술까지 받게 되었다. 정신이 번쩍 들었다.

이효진 님은 건강을 되찾기 위해 달리기를 시작했다. 달리기는 오묘한 힘이 있었다. 그녀는 이제 내 삶을 사랑하는 여자가 되었다. 그녀는 건대입구역에서 시작해 한강 변에서 노을빛으로 샤워를 하고 중랑천을 따라 건대 입구의 커먼그라운드를 지나 다시 건대입구역으로 돌아오는 러닝 코스를 달린다. 해가 질 무렵 성수구름다리공원을 지날 때면 잠깐 벤치에 앉아 노을을 바라본다. 한강은 금빛으로 변하고 성수대교는 다홍빛으로 물든다. 건대 입구의 힙플레이스 커먼그라운드를 지나면 그녀의 러닝이 막을 내린다. 그즈음 커먼그라운드는 화려한 조명을 받아 빛난다. 어쩌면 당신의 마음도 반짝반짝 빛나고 있을 것이다.

코스 정보

코스 경로 건대입구역~성수구름다리~성수대교 북단~커먼그라운드~원점 복귀 거리 9.5Km 난이도 중 러닝 시간 70분 워킹 시간 120분 찾아가기 건대입구역 6번 출구 짐 보관 건대입구역 내 짐 보관함 코스 주소 광진구 자양동 8-6

코스 팁

① 빠르게 달리는 자전거가 많아요. 추돌하지 않도록 안전에 유의하며 달려요.

② 러닝 후, 커먼그라운드 푸드트럭에서 다양한 나라의 이색 음식을 즐길 수 있어요.

포토 스팟

성수구름다리(잠실 배경)

성수구름다리 자전거길

성수대교 북단

홍대돈부리 건대점

돈부리

일본 가정식 덮밥 전문점이다. 생연어덮밥 사케동을 추천한다. 감칠맛을 더하는 생와사비와 두툼한 연어를 함께 먹으면 입안 가득 바다향이 퍼진다.

광진구 군자로 4 02-461-0320

커먼그라운드

컨테이너로 만든 건대 옆 힙플레이스

국내 최초 팝업POP-UP 컨테이너 복합문화공간이다. 개성 넘치는 스트리트패션과 편집숍 등이 입점해 있다. 200개의 파란 대형 컨테이너를 활용해 건축했다. 독특한 건축물과 예쁜 색감 덕에 포토 스팟이 된 지 이미 오래다. 스트리트마켓, 마켓홀, 테라스마켓, 마켓그라운드 등 크게 4개의 구역으로 나누어져 있다.

스트릿마켓은 셀렉트숍과 리빙&라이프스타일숍이 있고, 마켓홀은 매달 다양한 팝업 스토어가 펼쳐진다. 3층 테라스마켓은 홍대와 경리단길, 가로수길 등 유명 맛집을 엄선했다. 야외 테라스에서 미식 투어를 할 수 있다. 마켓그라운드는 1층의 야외 광장이다. 커먼그라운드의 대표적인 공간으로 매주 다른 주제로 마켓과 공연, 축제가 펼쳐진다. 구경하는 재미가 있다. 밤에는 조명이 더해져 한여름의 크리스마스 마켓 같은 느낌을 준다.

광진구 아차산로 200 02-467-2747

매일 11:00~22:00

SEOUL 48 RUNNING

뚝섬유원지역~잠실대교 코스

#뚝섬유원지 #뚝섬한강공원 #오리배 #자벌레

한강을 달리는 라떼파파 김현중 님의 추천 코스

알록달록 물드는 뚝섬한강공원의 아름다움

뚝섬은 유원지라는 이름에 걸맞게 볼거리와 놀거리 많은 러닝 코스다. 육아에 적극적인 라떼파파 김현중 님은 한강을 달린다. 뚝섬한강공원이 그의 메인 무대이다. 뚝섬유원지역을 출발해 뚝섬한강공원, 잠실대교까지 갔다가 되돌아온다. 거리는 6km 남짓. 늘 일에 치여 사는 대한민국 남자지만 주말이면 뚝섬에서 가족과 소중한 시간을 보내며 러닝을 즐긴다.

뚝섬한강공원은 아이, 아내와 함께하기 딱 좋다. 수영장과 분수대, 문화콤플렉스 자벌레, 수변 무대, 그리고 텐트 설치가 가능한 잔디 광장이 쭉 펼쳐져 있다. 러닝 데이트를 즐기기에 이만한 장소도 없다. 지루할 틈이 없는 러닝 코스다. 직선과 평지로 이루어져 초보자도 쉽게 달릴 수 있다. 게다가 이곳에선 다양한 러닝 대회가 열린다. 코스와 분위기를 미리 익혀두면 그 어떤 대회도 두렵지 않을 것이다. 대회 후, 수영장에서 땀을 식히고 잔디밭에 앉아 피크닉을 즐기는 일도 가능하다. 밤에는 더 아름답다. 청담대교의 화려한 조명 덕분에 뚝섬한강공원은 밤마다 환상적인 러닝 코스로 변한다.

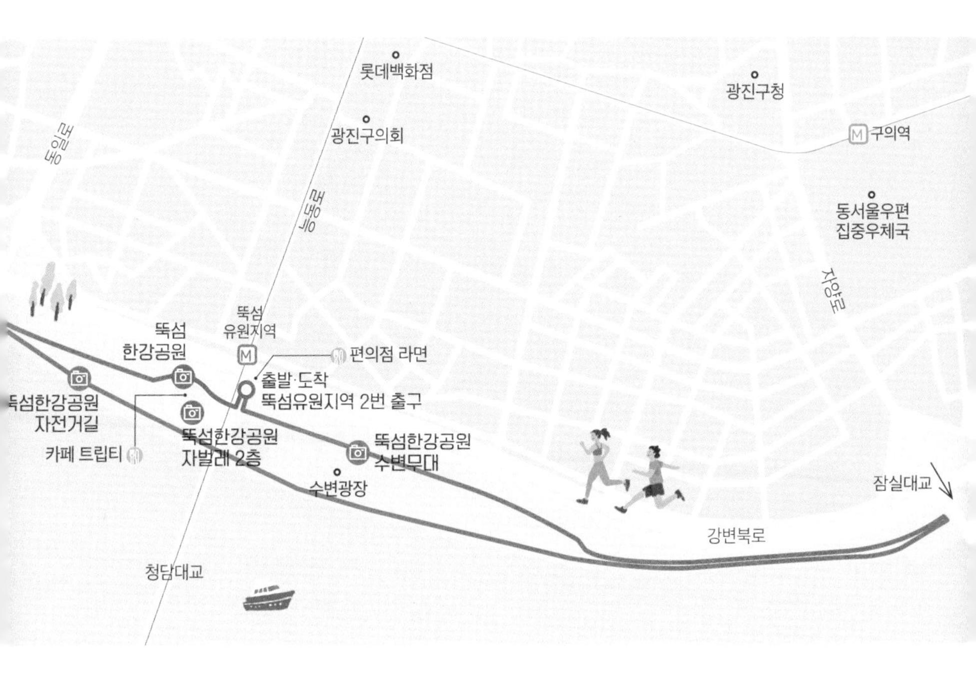

코스 정보

코스 경로 뚝섬유원지역~뚝섬한강공원~잠실대교 반환 후 복귀 거리 5.7Km 난이도 중 러닝 시간 40분 워킹 시간 70분 찾아가기 뚝섬유원지역 2번 출구 짐 보관 뚝섬유원지역 내 짐 보관함 코스 주소 광진구 강변북로 68

코스 팁

① 팔당으로 향하는 자전거가 늘 많아요. 보행자 도로를 오갈 때 주의해 건너요.

② 곳곳에는 편의점과 급수대, 화장실이 있어요.

③ 수변 무대로 가는 길엔 계단이 많아요. 특히, 밤에는 넘어지지 않도록 잘 살펴 달려요.

포토 스팟

뚝섬한강공원 자전거길

뚝섬한강공원 자벌레 2층

뚝섬한강공원 수변 무대

트립티 뚝섬자벌레점

커피, 음료

뚝섬유원지 내의 자벌레 건물에 있는 작은 카페다. 적은 돈으로 커피를 마시며 환상적인 일몰을 감상할 수 있다. 카페 옆에 작은 도서관이 있어 여유로운 시간을 보내기에 좋다.

광진구 강변북로 68

편의점 라면

편의점 라면과 치맥은 한강에서 즐길 수 있는 이색 미식이다. 맑은 공기, 시원한 바람, 멋진 한강 풍경은 당신에게 주는 서비스다. 집에서 끓여 먹는 라면보다 몇 배는 더 맛있다.

뚝섬한강공원과 자벌레

모든 걸 갖춘 한강공원의 엄친아

한강의 모든 공원 중에서 가장 다채롭고 버라이어티하다. 수영장, 축구장, 농구장 같은 스포츠 시설은 기본이다. 음악분수, 수변 무대, 캠핑장도 갖추고 있다. 여기서 끝이 아니다. 자연학습장, 장미원, 인공암벽, 전망대, 그리고 유람선 선착장까지 강변 피크닉을 즐기기에 최적의 조건을 갖췄다. 야경은 또 어떤가? 청담대교의 주황, 초록빛 야경은 따뜻하게 화려하다. 아름다운 불빛이 밤마다 러너의 눈을 즐겁게 해준다.

가장 눈에 띄는 곳은 뚝섬전망문화콤플렉스 자벌레이다. 긴 원통형 건물부터 눈길을 끈다. 생김새가 길고 가느다란 곤충 자벌레를 닮아 '자벌레'라 불린다. 이 건물은 지하철 7호선 뚝섬유원지역과 연결되고, 엘리베이터나 계단을 이용해 공원과 연결되기도 한다. 1층 통로는 갤러리인데, 내부에는 전시장과 매점, 전망 데크가 있다. 2층에는 도서관, 3층에는 한강에 사는 동식물을 소개하는 공간이 있다. 이곳에서 정기적으로 어린이를 대상으로 한강 생태 프로그램을 진행한다.

광진구 자양동 427-1 02-3780-0521 **대관문의** 02-3780-0517

옥수역~서울숲 코스

#옥수역 #서울숲 #성수대교 #비밀의문 #사슴우리 #무라카미하루키

하루키 책을 읽고 러닝에 입문한 동성화 님의 추천 코스

서울숲과 연결되는 비밀의 옥수역 한강 문

동성화 님이 달리기에 입문하게 된 계기는 좀 특별하다. 그는 소설가 무라카미 하루키의 책에서 영감을 받아 달리기를 시작했다. 이제는 달리기와 관련된 책이면 일부러 찾아 읽을 정도로 러닝의 매력에 푹 빠져버렸다. 옥수동 주민 7년 차인 그는 옥수역~서울숲 코스를 달린다. 옥수역에서 출발해 한강을 따라 달리다가 서울숲을 한 바퀴를 돌아 다시 옥수역으로 돌아오는 길이다. 대부분이 평지라 초보자도 달리기 좋다. 코스가 조금 지루해질 때면 한강이나 서울숲 내부 러닝을 더해 다양하게 응용할 수 있다.

동성화 님은 주로 저녁에 달린다. 해질 때쯤 러닝을 시작하면 한강을 물들이는 멋진 석양을 만날 수 있다. 성수IC의 꺾어지는 부분이 특히 절정이다. 서울숲으로 들어가는 입구는 모두 세 곳이다. 보행 가교를 이용해 사슴 우리 쪽으로 들어가는 12번 출구, 지하를 통해 서울숲으로 진입할 수 있는 13번 출구, 엘리베이터가 있는 전망대를 통해 다리를 건너는 14번 출구다. 목적지와 날씨, 컨디션에 따라 세 곳 중 하나를 선택해 서울숲으로 들어갈 수 있다.

코스 정보

코스 경로 옥수역 경의중앙선 아래~용비교~성수구름다리~서울숲~서울숲 12번 출구~원점 복귀 거리 7.5km 난이도 중 러닝 시간 50분 워킹 시간 100분 찾아가기 옥수역 3번 출구 짐 보관 옥수역 내 짐 보관함 코스 주소 성동구 옥수동 490-6

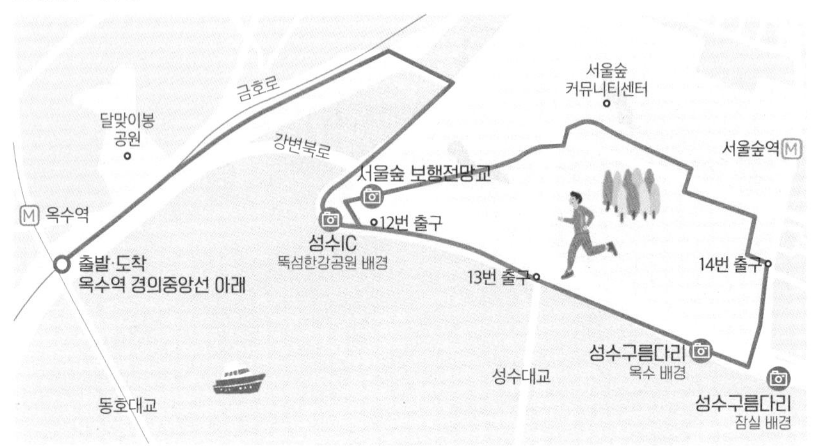

코스 팁

① 서울숲으로 들어가는 12번 출구는 야간 시 통행이 제한되고, 13번 출구는 한강 수위가 높아지면 통제돼요.
② 비 오는 날 옥수역 서쪽으로 달리면 강변북로 고가 아래로 비를 피해 달릴 수 있어요.

포토 스팟

성수IC

성수 구름다리 옥수 배경

성수 구름다리 잠실 배경

배가조가

낙지비빔밥, 제육덮밥

엄마의 정성이 느껴지는 집밥을 먹을 수 있다. 낙지비빔밥과 제육덮밥을 추천한다. 반찬이 정갈해 집밥을 연상케 한다. 든든히 먹고 싶다면 삼겹살을 추천한다. 옥수역에서 약 800미터 오르막길로 이동하지만 마을버스 9번과 12번을 이용해도 된다. 성동구 독서당로39길 39 02-2299-1999

굿러너컴퍼니~응봉산 코스

#굿러너컴퍼니 #응봉산 #트레일러닝 #응봉산챌린지 #망키

러너에게 항상 문이 열려있는 굿러너컴퍼니의 추천 코스

응봉산 팔각정에서 바라보는 황금빛 한강 야경

굿러너컴퍼니는 러닝 콘텐츠 기획 및 운영 회사이다. 기존 마라톤 대회와 조금 다른, 축제와 새로운 재미를 느낄 수 있는 러닝 대회와 이벤트, 러닝 프로그램을 기획하고 운영한다. 국내 러닝 문화를 재해석하고 이를 바탕으로 새로운 러닝 문화를 제안하는 데 힘을 쏟고 있다. 굿러너컴퍼니의 이윤주 대표님은 부정적인 기운이 땀으로 다 쏟아져 나오는 것 같아 달리기를 시작했다. 코스 디렉터 망키 님은 나 자신에게 집중할 수 있고, 자신에게 더 솔직해지고자 달리기를 시작했다.

굿러너컴퍼니의 응봉산 코스는 짧지만 러닝의 모든 요소가 다 들어있다. 특히나 트레일러닝에 입문하고 싶은 러너에게 추천한다. 레벨에 상관없이 누구나 즐길 수 있는 로드와 트레일을 조화롭게 융합할 수 있다. 해발 94m의 작은 언덕이지만 시야가 트여있어 조금만 올라도 서울의 야경을 조망할 수 있는 알찬 곳이다. 많이 알려지지 않아 산책하는 이들도 적다. 힘차게 뛰어올라 이곳에서 야경을 바라보면 그 자리에 계속 머물고 싶을 만큼 풍경에 매료된다. 특히나 4월 초중순에 피는 개나리는 응봉산을 노란 꽃동산으로 만들어준다.

코스 정보

코스 경로 굿러너컴퍼니~응봉산~서울숲 12번 출구~성덕정 나들목~원점 복귀 거리 7.5km 난이도 상 러닝 시간 60분 워킹 시간 100분 찾아가기 굿러너컴퍼니 짐 보관 굿러너컴퍼니 내 짐 보관 가능 코스 주소 성동구 둘레1길 2 1층

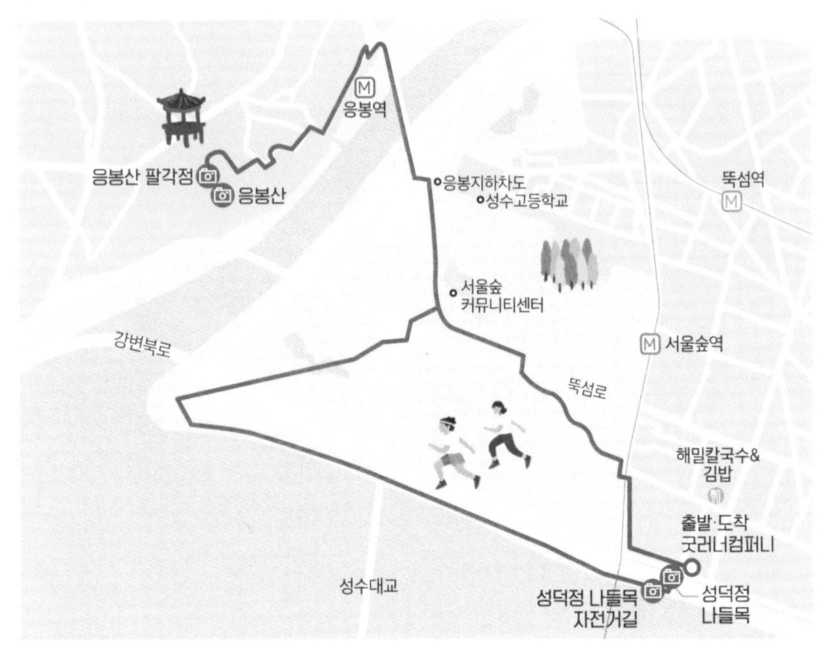

러닝 팁

① 야간 트레일은 조명이 있어도 그림자 때문에 어두워요. 계단이나 바위가 있을 수도 있으니 반드시 랜턴이나 휴대전화 불빛을 이용해 조심히 달려요.

② 응봉산을 올라가는 길은 주택가예요. 큰 소리로 떠들거나 음악을 틀지 않도록 해요.

포토 스팟

성덕정 나들목

응봉산

응봉산 팔각정

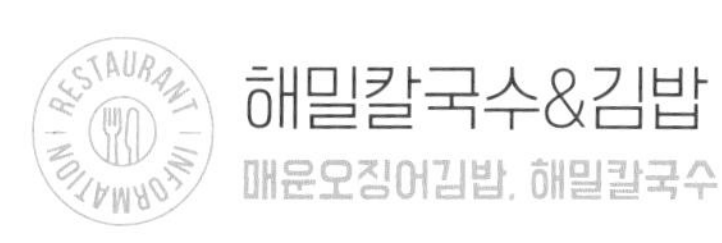

해밀칼국수&김밥

매운오징어김밥, 해밀칼국수

김밥으로 더 유명한 맛집이지만 해밀칼국수와 매운오징어김밥을 추천한다. 해밀칼국수는 궁중요리에서 일반으로 내려온 음식이다. 오곡과 제철 과일, 해산물 등 천연재료로 우려낸 육수로 만든다. 덕분에 국물이 시원하고 깔끔하며, 더 오랜 정성으로 끓인 만큼 감칠맛이 더해져 국물 맛이 깊다.

성동구 성덕정길 27 02-462-5909

굿러너컴퍼니

러닝의 A to Z를 알고 싶다면

러닝 콘텐츠를 기획하고 운영한다. 러닝과 트레일러닝에 대한 A to Z를 알고 싶다면 이곳을 찾으면 된다. 트레일러닝 대회를 포함해 1년에 약 6~7개의 대회를 운영하며 누구나 함께 즐기고, 새로우면서도 기본에 충실한 마라톤 대회를 만드는 데에 목표로 두고 있다. 의류, 신발, 파워젤, 스틱 등 스포츠 용품을 구매할 수 있는 매장도 운영하고 있다. 트레일러닝에 입문하고 싶은 러너라면 누구나 언제든지 편하게 방문해 조언을 구할 수 있고 나에게 꼭 맞는 장비를 추천받을 수도 있다. 러닝 관련 세미나와 프로그램을 운영하고 있어서 트레일러닝 팁을 얻거나 이곳을 찾은 러너들과 자연스럽게 소통도 가능하다.

러너들을 위한 서비스도 제공된다. 탈의실과 짐 보관, 급수와 화장실 이용도 가능하다. 러너의 안전을 위한 랜턴 또한 무료로 대여해준다. 러닝크루에게는 행사가 없는 한 공간 대여를 진행한다. 매주 월요일 저녁에는 월요 긍정 달리기, 화요일 저녁에는 화요 긍정 요가를 진행한다. (단, 외부일정 있을 시 조정) 굿러너컴퍼니 홈페이지나 인스타그램 @goodrunner_co을 통해 자세한 내용을 확인할 수 있다.

성동구 둘레1길 2 1층 02-6463-0430 http://www.goodrunner.co.kr

아디다스 런베이스~서울숲 코스

#서울숲 #런베이스서울 #언더스탠드에비뉴 #나비정원 #곤충식물원

다양한 색을 만드는 예술가 노현미 님의 추천 코스

시티런과 포레스트런 두 마리 토끼를 잡는 서울숲

예술가 노현미 님은 삶이 곧 예술이라고 말한다. 삶이든, 예술이든 인간이 만들지만, 그 결과물엔 정답이 없다. 소중하지 않은 삶이 없듯이 예술도 마찬가지다. 어떤 그림이든 소중한 작품이다. 서로 다른 색을 이리 만나고 저리 섞여 세상에 없던 특별한 반짝임을 만들어 낸다. 그녀의 삶에 러닝이라는 새로운 물감이 등장했다. 노현미 님은 크루들과 함께 경험하고 추억을 나누며 전에 없던 새로운 인생 그림을 그리고 있다.

그녀가 달리는 서울숲 코스는 런베이스서울을 출발해 언더스탠드에비뉴의 화려함을 지나 서울숲 곳곳을 달린 후, 다시 런베이스로 돌아오는 코스다. 서울숲 내부에는 크고 작은 길이 많아 얼마든지 자유 러닝이 가능하다. 보물찾기처럼 나만의 비밀 코스를 만드는 재미도 있다. 시티런과 포레스트런이 동시에 가능하다는 점이 서울숲의 장점. 또한, 출발지 런베이스에서 러너들을 위한 다양한 서비스를 이용할 수 있다. 러닝 후에는 언더스탠드에비뉴에서 여가생활을 하거나 젊음이 가득한 성수동에서 다양한 맛집과 카페를 즐겨보자.

코스 정보

코스 경로 런베이스 서울~언더스탠드에비뉴~서울숲 거울연못~보행전망교~숲속길~원점 복귀 거리 3km 난이도 하 러닝 시간 20분 워킹 시간 40분 찾아가기 아디다스 런베이스서울 짐 보관 아디다스 런베이스서울 코스 주소 성동구 서울숲2길 32-14 갤러리아포레 B2층

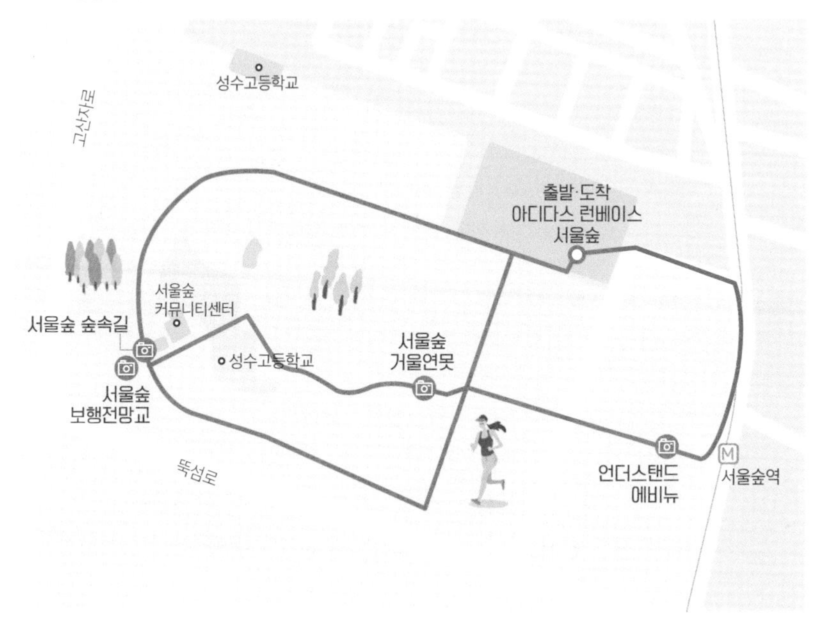

코스 팁

① 서울숲의 숲속길을 찾아 꼭 달려보아요. 위로 곧게 뻗은 울창한 나무숲 사이를 이리저리 달리는 재미가 있어요.

② 단체로 보행전망교를 지날 때는 천천히 걸어서 이동해요.

포토 스팟

서울숲 숲속길

서울숲 보행전망교

언더스탠드에비뉴

소문난성수감자탕

감자탕

몸을 녹여줄 국물이 필요하다면 감자탕 맛집은 어떨까? 감자탕에 시래기와 고기가 많이 들어가 있다. 수제비를 추가해 밥까지 볶아 먹으면 환상의 맛이다. 바로 앞 건물에 별관도 운영한다.

성동구 연무장길 45 02-465-6580

언더스탠드 에비뉴

더불어 성장하는 일자리, 문화 플랫폼

청년 창업가들의 꿈을 키우고 실현시키기 위한 청년 취·창업 플랫폼이다. 창업과 창직 교육부터 시장 테스트, 금융 및 투자지원, 판매와 유통지원까지 해준다. 청년들에게 다양한 교육을 진행하고, 청년 창업가 편집숍과 소호몰이 있어 시장테스트가 가능하다. 이곳을 방문한 고객은 다양한 제품을 구경하며 쇼핑할 수 있다. 또 카페와 분식점에서 따뜻한 여유를 즐길 수 있다. 형형색색의 아기자기한 길은 멋진 포토스팟이다. 또한, 공연과 전시, 야외 페스티벌을 개최하는 복합문화공간이다.

성동구 왕십리로 63 02-725-5526

아디다스 런베이스서울

러너를 위한 베이스캠프

러너를 위한 공간으로 지하철 분당선 서울숲역에서 가깝다. 서울숲, 한강, 트랙 등 다양한 러닝 코스 프로그램을 운영한다. 전문 선수들의 러닝 코칭, 코어 운동, 리커버리 클래스 등 러너에게 필요한 프로그램이 상시 운영된다. 러닝 초보자도 이곳에서 무료로 전문 트레이닝을 받을 수 있다. 짐을 보관하거나 옷을 갈아입을 수 있는 락커 룸과 샤워 시설이 있으며, 러닝화를 미처 준비하지 못한 이용객에게는 렌탈 서비스를 제공하기도 한다.

성동구 서울숲2길 32-14 갤러리아포레 B2층

평일 16:00~23:00 **주말** 08:00~18:00

₩ 4,000원 070-7797-1207

출처 아디다스 코리아

뚝섬역~뚝섬유수지 코스

#뚝섬역 #서울숲 #정수식물원 #뚝섬유수지체육공원 #성동구트랙

위기를 새로운 기회로 바꾼 이준오 님의 추천 코스

트랙, 한강, 숲길까지, 종합선물세트 같은 뚝섬유수지

뚝섬역~뚝섬유수지 왕복 러닝 코스는 종합선물세트 같다. 트랙, 한강, 숲길을 모두 달릴 수 있는 까닭이다. 컨디션에 따라 거리를 얼마든지 조정할 수 있는 것도 큰 장점이다. 뚝섬유수지체육공원엔 러닝 트랙이 있다. 다른 트랙보다 조금 덜 정돈되어 있지만, 추운 겨울날 충분히 몸의 열을 올리기에 좋다. 한강으로 진입하는 길 근처에선 시원한 한강전망을 즐기며 달릴 수 있다. 특히, 봄에는 개나리가 만개 해 달리는 이로 하여금 자연의 아름다움을 만끽하게 한다. 반환점에서 만나는 응봉교의 바람은 당신의 땀을 식혀줄 만큼 충분히 시원하다. 땀을 식혔다면 다시 처음 마음 그대로 달리면 된다.

가끔은 운명을 만나는 것처럼 달리기와 인연을 맺기도 한다. 이준오 님이 그랬다. 2년 전, 그는 한창 해외여행을 준비하고 있었다. 그런데 갑자기 심한 몸살에 걸려 비행기를 취소했다. 아쉬운 마음이 너무 컸다. 허전한 마음을 달려려고 찾은 곳이 아디다스 런베이스서울이었다. 그 사이 이준오 님은 두 번이나 풀코스를 완주했다. 만약 그 당시 낙담하고 아무것도 하지 않았더라면 지금 같은 새로운 인생은 없었을 것이다. 당신에게도 지금이 인생을 바꾸는 운명의 순간이 아닐까.

코스 정보

코스 경로 뚝섬역~뚝섬유수지체육공원~정수식물원~서울숲 숲속길~응봉교~서울숲~원점 복귀 거리 4km 난이도 하 러닝 시간 30분 워킹 시간 50분 찾아가기 뚝섬역 8번 출구 짐 보관 뚝섬역 내 짐 보관함 코스 주소 성동구 아차산로 12-3

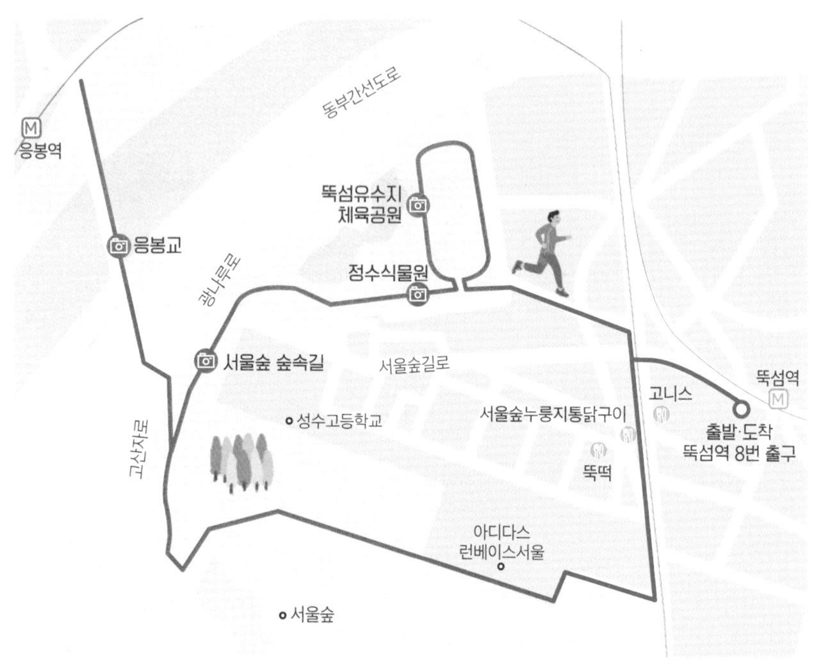

코스 팁

① 런베이스서울에서 짐을 보관한 뒤, 그곳에서 달리기를 시작해도 좋아요.

② 주변에 맛집이 많아 러닝 후, 먹고 싶은 메뉴를 생각하며 달리면 동기부여가 돼요.

포토 스팟

응봉교

정수식물원

서울숲 숲속길

서울숲누룽지통닭구이

누룽지통닭

통닭 안에 누룽지가 숨어 있다. 치킨과 누룽지의 조합으로 겉은 바삭하고 속은 부드럽다. 일반 치킨보다 든든하게 배를 채울 수 있다. 성동구 왕십리로5길 10 02-462-9920

뚝떡

뚝배기 떡볶이, 치즈김말이 떡볶음

누구나 좋아하는 국물 떡볶이 맛집으로 16가지의 천연재료를 넣어 국물 맛이 더욱 깊다. 저렴한 가격으로 혼밥하기에 좋으며 뚝떡뚝배기떡볶이과 치즈김말이떡볶음이 인기 메뉴다. 성동구 서울숲4길 28 02-462-0082

고니스

치즈버거, 치킨버거

수제버거 맛집으로 고기가 가득 차 있지만 느끼하지 않아 담백하게 먹을 수 있다. 베이컨 치즈버거와 코울슬로 치킨버거를 추천한다. 성동구 왕십리로 108 070-4127-0423

서울숲

서울 동부의 명품 숲

중랑천과 한강이 만나는 곳에 있다. 땅에도 운명이 있다면 서울숲도 운명의 땅이다. 고려시대엔 경치가 아름다워 이곳을 동교, 그러니까 동쪽 교외라고 불렀다. 조선 시대엔 말 목장과 임금의 사냥터가 있었다. 일제강점기와 해방 이후엔 유원지와 경마장, 그리고 지금은 서울숲. 쉽게 말해 뚝섬은 예전부터 경치 좋은 피크닉 명소였다.

서울 숲은 네 가지 테마로 구성되어 있다. PARK1은 문화예술공원이다. 대형 잔디마당과 야외무대, 체육공원 등에서 다양한 여가 활동을 즐길 수 있다. PARK2는 생태숲으로 야생동식물이 서식할 수 있는 자연 그대로의 숲을 보존했다. 특히 이곳에 사슴 우리가 있어 많은 관람객이 몰린다. 또한, 한강과 연결되는 보행 가교를 이용해 한강으로 나가 시원한 서울의 뷰를 조망할 수 있다. PARK3은 체험학습원이다. 정수장 시설을 재활용해 조성한 나비정원과 곤충식물원이 있다. PARK4는 습지생태원으로 조류관찰대, 환경놀이터, 유아숲체험장 같은 친환경적인 체험학습공간이 있다. 주변에 급수대와 화장실 등의 편의시설이 잘 갖추어져 있어 소풍이나 나들이에 알맞은 장소다.

성동구 뚝섬로 273 02-460-2905

뚝섬역~중랑천 코스

#중랑천 #살곶이다리 #벚꽃런

무릎부상을 딛고 다시 달리는 전윤호 님의 추천 코스

옛이야기 들려주는 중랑천과 살곶이다리

전윤호 님은 뚝섬역에서 시작해 살곶이다리를 건너 중랑천을 달린다. 중랑천 코스는 중간중간 아기자기한 다리가 나타나는 까닭에 지루하지 않다. 특히 중랑천 하류 한양대학교 옆에 있는 살곶이다리는 조선 시대에 놓은 석조다리로 오랜 세월 풍파를 견디며 용케도 제 모습을 온전히 지켰다. 다리의 교각은 네 줄인데 이 중 가운데 교각 두 줄을 바깥 교각보다 낮게 하여 다리의 중량을 안쪽으로 모았기 때문이다. 또 교각에 무수한 홈집을 새겨놓아 물살의 흐름을 자연스럽게 하였다. 살곶이다리는 마치 조용하고 한적한 어느 곳으로 우리를 안내하는 것 같다.

살곶이다리가 인도하는 길은 실제로 사람들 발길이 적어 한적하고 여유롭다. 사람의 손을 많이 타지 않아 나무와 풀 내음이 가득해 달리는 내내 기분이 상쾌하다. 게다가 군자교부터 장평교 사이의 중랑천은 봄이면 꽃 대궐로 변한다. 연한 분홍의 벚꽃이 무릉도원처럼 펼쳐진다. 중랑천 벚꽃길, 장안 벚꽃길, 힐링 산책로. 길이 아름다우니 부르는 이름도 다채롭다. 밤이면 벚꽃 아래 형형색색 불빛이 들어와 마치 테마파크에 놀러 온 듯 황홀하다.

코스 정보

코스 경로 뚝섬역~ 살곶이다리~ 살곶이 체육공원~중랑천~5km 지점 반환 후 복귀 거리 10km 난이도 중 러닝 시간 70분 이상 워킹 시간 100분 이상 찾아가기 뚝섬역 2번 출구 짐 보관 뚝섬역 내 짐 보관함 코스 주소 성동구 성수동1가 656-756

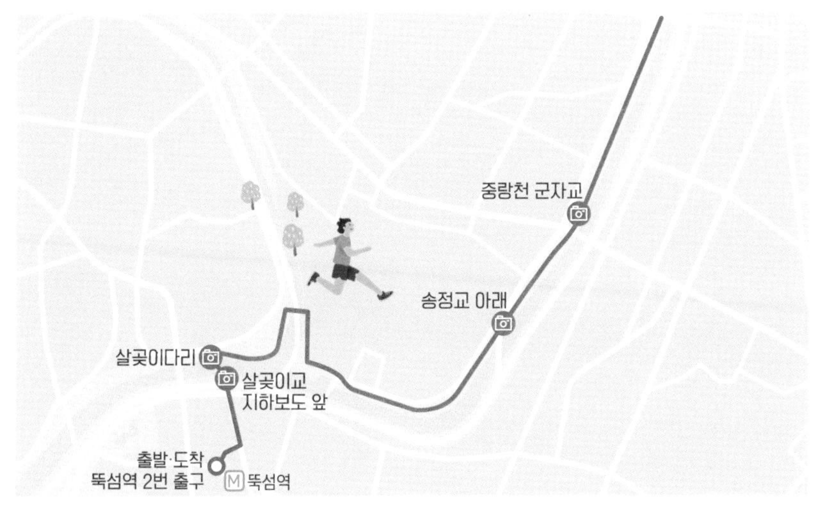

코스 팁

① 자전거 도로가 구분된 곳도 있지만 구분되지 않은 곳도 있으니 자전거와 부딪치지 않도록 조심해요.

② 길이 좁아요. 단체로 달릴 때는 보행자를 조심해 달려요.

포토 스팟

살곶이다리

송정교 아래

중랑천 군자교

우동가조쿠

붓카케우동

쫄깃한 면발이 맛있는 왕십리의 우동 맛집이다. 붓카케우동을 추천한다. 쯔유(국물)에 적셔 먹는 차가운 우동으로 생면의 쫄깃함과 부드러운 식감을 느낄 수 있다. 성동구 왕십리로 215-1 02-762-2177

회기역~정릉천 코스

#정릉천 #영휘원돌담길 #세종대왕기념관

러닝으로 어제의 나를 이기는 이수민 님의 추천 코스

회기역에서도 할 수 있다. 낭만이 흐르는 돌담길 러닝

덕수궁과 경복궁에 가야 만날 것 같은 돌담길을 회기역에서도 만날 수 있다. 이수민 님이 달리는 회기역~정릉천 코스는 언덕이 거의 없고 도로가 잘 정비되어 있어 초보자도 쉽게 달릴 수 있다. 짧은 코스 임에도 돌담길부터 정릉천까지 동대문구의 매력을 한 번에 느낄 수 있어 시간 가는 줄 모른다. 영휘원홍릉 돌담길과 국립산림과학원 앞의 가을 단풍길을 달리면 일상에서 오는 스트레스와 고민이 순식간에 사라진다.

달리지 않을 이유는 많지만 반대로 달려야 하는 이유도 참 많다. 이수민 님은 러닝을 시작한 뒤 기록 향상과 목표 달성의 즐거움을 느끼며 하루하루를 '러너스하이'의 연속으로 만들어가고 있다. 1km에서 5km, 10km까지 거리를 늘려가고 1분, 1초의 기록 단축을 위해 꾸준히 연습하는 것이 달리기의 원동력이다. 이제는 스스로가 러닝 전도사가 되어 친구들을 러닝의 세계로 인도한다. 오늘의 내가 어제의 나를 넘어선다고 생각하면 경쟁의 부담을 털어내고 달리기에 빠져들 수 있다. 오늘은 어제의 나보다 5분 더 멀리 달려보는 건 어떨까?

코스 정보

코스 경로 회기역~회기로~국립산림과학원~정릉천~홍릉~원점 복귀 거리 5km 난이도 중 러닝 시간 40분 워킹 시간 60분 찾아가기 회기역 1번 출구 짐 보관 역 내 짐 보관함 없음 코스 주소 동대문구 회기로 196

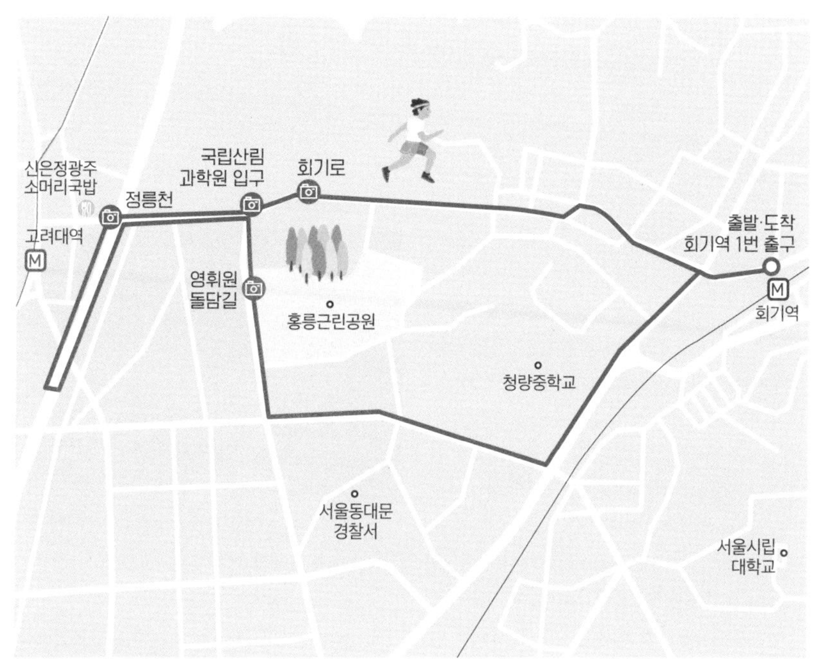

코스 팁

① 회기로에서 시작해 정릉천을 거쳐 성북천까지 달릴 수 있는 코스예요.

② 힘들 땐 억지로 미소를 지어 보아요. 억지웃음도 방긋 웃으면 거짓말처럼 없던 힘이 솟아나요.

③ 주말이라면, 홍릉수목원에서 산책 겸 가벼운 조깅을 더하는 것도 좋아요.

포토 스팟

회기로

국립산림과학원 입구

정릉천

신은정광주소머리국밥

수육, 소머리국밥

소머리국밥 맛집이다. 소면 리필이 가능해 저렴한 가격에 든든히 먹을 수 있다. 특제소스에 찍어 먹는 소머리, 혹은 수육과 기분 좋게 한잔하면 러닝으로 지친 피로가 사라진다. 성북구 회기로 11

홍릉수목원

축복 같은 도심 속 수목원

우리나라에서 가장 오래된 수목원으로 정식명칭은 국립산림과학원이다. 1922년 고종의 비 명성황후의 능이 있던 홍릉 지역에 임업시험장을 설립하면서 조성되었다. 1948년까지 식물표본이 4천여 종 30만 점에 달하였으나 6·25전쟁 중 대부분 소실되었다. 1960년대 중반부터 침엽수원, 활엽수원, 관목원, 외국수목원 및 약초원, 고산식물원 등으로 확대 조성하였다. 수목원뿐 아니라 국내외 여러 식물 유전자원을 체계적으로 수집 관리하여, 기초 식물학문 분야를 발전시키고, 식물유전자원 확보를 위한 연구도 진행된다. 매일 세 차례주말 두 차례 숲 해설을 운영한다. 예약 후 해설자와 동반 입장해야 한다. 주말은 예약 없이 자유 입장할 수 있다. 서울 도심에 이처럼 좋은 수목원이 있는 것은 큰 축복이다.

동대문구 회기로 57 휴관 매주 월요일, 5월 1일 및 법정 공휴일 ₩ 무료 02-961-2777

서울풍물시장

추억을 사러 가요

청계천이 복원되기 전, 황학동을 중심으로 전국 각지에서 수집된 오래된 풍물 물건이나 상품을 판매하는 우리나라의 대표 벼룩시장이었다. 청계천 개발로 동대문 풍물벼룩시장으로 이전했다가 2008년 현재의 자리로 옮겨 다시 개장했다. 전통적인 물품과 현대적인 물품을 모두 판매하고 있어 7080에게는 추억을 선물하고 2030에게는 이색 데이트 코스로 손색이 없다.

동대문구 천호대로4길 21 서울풍물시장 10:00~19:00(식당은 22시까지) **휴무** 매월 둘째, 넷째 화요일
02-2232-3367

경희대학교 코스

#경희대학교 #회기역 #경희랑달리기 #경달 #불도라프로젝트

경희대학교 러닝 동아리 경달과 원형석 님의 추천 코스

경희대의 숨은 스팟을 찾아내는 회기동 시티런

경희랑 달리기경달는 2010년도에 설립되어 11년 차를 맞이한 경희대학교의 공식 중앙동아리다. 대학 크루지만 남녀노소 누구나 함께 참여할 수 있는 오픈런을 운영해 매주 월요일과 목요일에 중랑천과 서울 도심 곳곳을 달린다. 특히, 회기동 시티런은 경달의 시그니처 코스로 경희대 앞 모든 상권과 핫플레이스를 단번에 구경할 수 있으며 대학생들의 젊고 뜨거운 열기를 느낄 수 있다. 또한, 러닝 후에는 경희대 주변 맛집에서 식사도 하고, 시원한 맥주를 즐기며 하루를 마무리할 수 있다.

캠퍼스런은 조경이 아주 잘 갖추어진 곳에서 쾌적하고 안전하게 달릴 수 있다는 장점이 있다. 경희대를 기반으로 한 경희대 주변과 회기동 시티런은 아직 많이 알려지지 않았다. 하지만 캠퍼스의 아름다운 뷰와 대학 번화가 골목만의 힙스러운 감성에 한번 빠지면 그 분위기에 깊이 매료된다. 술잔이 오가는 파전 골목을 지날 때면 왠지 모를 희열감에 빠지기도 한다. 이들과 함께 달리고 싶다면 언제든 동아리방을 찾아가자.

코스 정보

코스 경로 경희대~한국외대~외대앞역~회기역~회기역파전골목~회기로굴다리~경희대술집골목~원점 복귀
거리 6km 난이도 중 러닝 시간 50분 워킹 시간 80분 찾아가기 경희대학교 짐 보관 역 내 짐 보관함 없음. 오픈런 진행 시 동아리방 보관 코스 주소 동대문구 경희대로 26

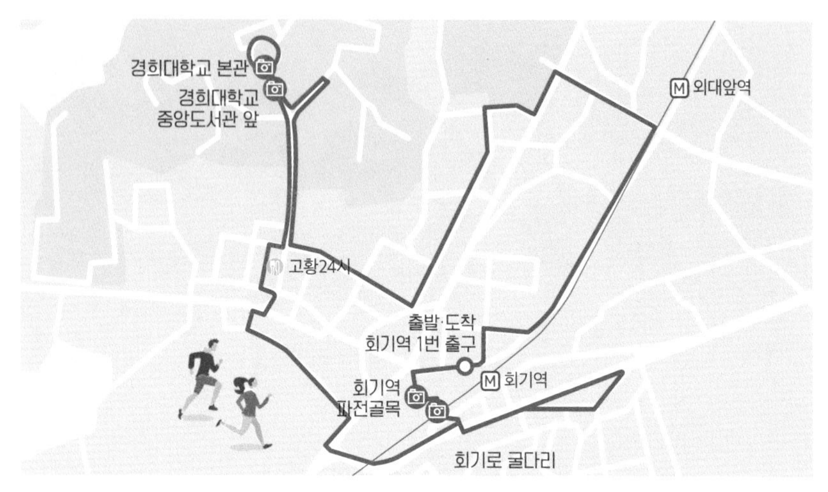

코스 팁

① 오픈런 때는 동아리방에 짐을 보관할 수 있어요.
② 러닝 시계, 핸드폰 APP에 나오는 거리나 페이스는 잊고 몸의 무게중심이 이끄는 대로 가볍게 달려요.
③ 길이 좁고 자동차와 보행자가 많아 속도를 낼 수 없기에 소규모 달리기를 추천해요.

포토 스팟

경희대학교 본관

회기역 파전골목

회기로 굴다리

고황24시

뼈다귀찜, 뼈다귀해장국

뼈다귀찜과 뼈다귀해장국 맛집으로 양뿐만 아니라 살코기와 당면이 정말 많다. 특히 특제 소스에 찍어 먹는 맛은 일품이며, 볶음밥은 필수다. 동대문구 경희대로1길 8-16 02-966-5082

한국외국어대학교~중랑천 코스

#한국외국어대학교 #한국외대 #중랑천 #러너스하이

러닝 덕에 캠퍼스를 사랑하게 된 윤은주 님의 추천 코스

러너가 중랑천을 만났을 때

윤은주 님은 외대생이다. 4년 동안 학교를 다녔지만 학교 바로 앞으로 흐르는 중랑천의 존재를 알지 못했다. 그녀는 대학 생활에 권태를 느낄 즈음 러닝을 시작했다. 달리기는 가까운 곳에 아름다운 하천이 있다는 걸 알게 해주었다. 감흥이 없던 대학교 캠퍼스가 이렇게나 예뻤는지도 알게 해주었다. 외대앞역 철길도 쉽게 만나지 못하는 독특한 경험을 안겨준다. 윤은주 님은 달리기 덕에 학교에 정을 붙일 수 있었다. 그리고, 한국외대 러닝 동아리 '러너스하이'Runner's High의 회장을 지낼 만큼 달리기를 사랑한다.

중랑천은 경기도 양주에서 시작해 의정부와 서울 동부 지역을 골고루 적셔주고 한강으로 흘러든다. 윤은주 님에게 중랑천은 추억이 깃든 소중한 장소다. 힘들 때나 즐거울 때나 그녀를 반겨준다. 중랑천은 한강과는 조금 다른 느낌이다. 가슴이 뻥 뚫리기보다는 나만의 공간에서 깊이 힐링하는 기분이 든다. 처음 달려도 오랜 시간 함께 지내온 듯한 편안한 느낌을 느낄 수 있다. 그녀의 중랑천처럼 나만의 추억이 담긴 코스는 어디일까?

코스 정보

코스 경로 외대앞역~한국외국어대학교~중랑천~3.5km 지점 반환 후 원점 복귀 거리 7km 난이도 중 러닝 시간 50분 워킹 시간 80분 찾아가기 외대앞역 1번 출구 짐 보관 역 내 짐 보관함 없음 코스 주소 동대문구 이문동 130-15

코스 팁

① 중랑천은 보행로가 따로 있어 안전하게 달릴 수 있어요.

② 간혹 울퉁불퉁한 바닥이 있으니 조심히 달려요.

③ 북쪽으로 달리면 의정부, 남쪽으로 달리면 서울숲이에요. 원하는 만큼 거리를 늘려보세요.

포토 스팟

한국외국어대학교

외대앞역

중랑천

메이크샐러드

샐러드

외대 앞 샐러드 맛집이다. 양이 많아 샐러드만으로도 배부르게 먹을 수 있다. 기본 닭가슴살샐러드에 아보카도를 추가한 후 오리엔탈 소스와 함께 먹으면 특히 맛있다. 만약 닭가슴살을 좋아하지 않다면 박사믹 소스를 더한 시즌드 머쉬룸 샐러드도 추천한다.

동대문구 휘경로2길 16 02-960-2231

이상한 떡볶이집

스파케티, 스테이크

팬 스테이크와 매운 스파게티가 인기 메뉴지만 오므라이스도 추천한다. 대학가라 저렴한 가격에 마음까지 즐겁다. 반찬으로 떡볶이가 무한으로 제공되는 이상한 맛집이다.

동대문구 휘경로2가길 6 02-966-3987

성북구·강북구·도봉구·노원구·중랑구

국민대학교~정릉천 코스

#국민대학교 #정릉 #정릉천 #벚꽃런

시민을 지키는 경찰관 최원규 님의 추천 코스

정릉천, 봄에는 벚꽃런 가을엔 단풍런

경찰관에게 체력관리는 필수다. 최원규 님은 다양한 운동을 즐기지만, 그중에서도 '달리기'를 꾸준히 한다. 매일 집 앞 하천을 따라 달리며 호흡에 집중하기도 하고 변화하는 계절과 자연을 느끼며 몸과 마음을 더욱 단단히 단련한다. 최원규 님은 국민대학교~정릉천 코스를 달린다. 국민대학교에서 시작해서 내리막길을 달리다가 정릉천을 돌아오는 코스이다. 국민대학교 뒤로는 북한산의 산세가 병풍처럼 펼쳐져 있어 도시임에도 자연과 함께 달리는 기분을 만끽할 수 있다.

북한산에서 시작하는 정릉천은 봄이 되면 벚꽃이 피어 하얗게 변한다. 우리나라에는 많은 벚꽃 명소가 있지만, 이곳 또한 멋진 벚꽃 러닝 코스이다. 벚꽃이 만개한 풍경은 그야말로 장관이다. 사람이 많지 않아 황홀하게 벚꽃런을 즐길 수 있다. 화려한 봄만큼 가을도 형형색색으로 화려하다. 한강이 멀다 하여 아쉬워할 필요 없다. 정릉천 개울이 흐르는 소리 따라 한강 못지않은 자연을 옆에서 느끼며 러닝을 할 수 있다.

코스 정보

코스 경로 국민대학교 대운동장~정릉천~3km 지점 반환 후 복귀 거리 6km 난이도 중 러닝 시간 50분 워킹 시간 80분 찾아가기 국민대학교 대운동장 짐 보관 없음 코스 주소 성북구 정릉로 77

코스 팁

① 정릉천으로 가는 길은 내리막이지만 돌아오는 길은 오르막이니 체력 분배를 해야 해요.

② 정릉천 곳곳에 운동기구가 설치되어 있어 맨몸운동이 가능해요.

포토 스팟

국민대학교 국제관

국민대학교 정문

정릉천

북악루

짜장면, 탕수육

옛날 전통 짜장 맛을 즐길 수 있다. 쫄깃하고 윤기 흐르는 면은 목 넘김이 부드럽다. 고춧가루를 뿌려 먹으면 더욱 맛있으며 짜장면 탕수육 세트를 추천한다. 성북구 정릉로8길 75 02-913-9702

한성대입구역~북악하늘길 코스

#북악하늘길 #북악산로 #북악팔각정 #한성대입구역 #트레일러닝

완주 메달을 디자인하는 오세현 님의 추천 코스

뛰어서 저 하늘까지 오르는 북악 하늘길

마라톤을 완주하고 받는 메달은 포기하지 않고 달린 나에게 큰 보상으로 다가온다. 그리고 그 힘으로 다음 러닝을 준비한다. 오세현 님은 메달고에서 완주 메달을 디자인하고 제작한다. 찰나의 순간을 기억하고 기록하는 그는 서울이 훤히 내려다보이는 북악 하늘길을 추천한다. 서울이 아닌 듯 자연은 푸르고 사람은 적어 한적하다. 전망 좋은 조깅 겸 트레일러닝 코스로 이만한 곳도 드물다. 오르는 길은 힘이 들지만, 팔각정에서 내려다보는 360도 파노라마 전망은 올라온 사람만 받을 수 있는 황홀한 선물이다. 오르막과 내리막, 나무 데크와 흙길 등 길이 다채로워 달리는 재미가 남다르다.

북악하늘길의 가장 큰 매력은 사람이 많지 않다는 점이다. 달리는 순간엔 오로지 자연과 나만 존재한다. 서울의 끝자락인 성북동을 찾을 일은 많지 않지만 한번 매력에 빠지면 자꾸만 찾게 된다. 그만큼 고즈넉하고 예스러운 분위기가 찾는 이를 조용히 보듬어 준다. 4050에게는 어렴풋한 추억의 향수를 주고 2030 젊은 세대에게는 경험하지 못한 서울의 모습을 느낄 수 있게 해주는 러닝 코스다.

코스 정보

코스 경로 한성대입구역~성북근린공원~북악하늘길~북악팔각정 반환 후 복귀 거리 9km 난이도 상 러닝 시간 90분 이상 워킹 시간 120분 이상 찾아가기 한성대입구역 6번 출구 짐 보관 한성대입구역 내 짐 보관함 코스 주소 성북구 동소문동1가 1-2

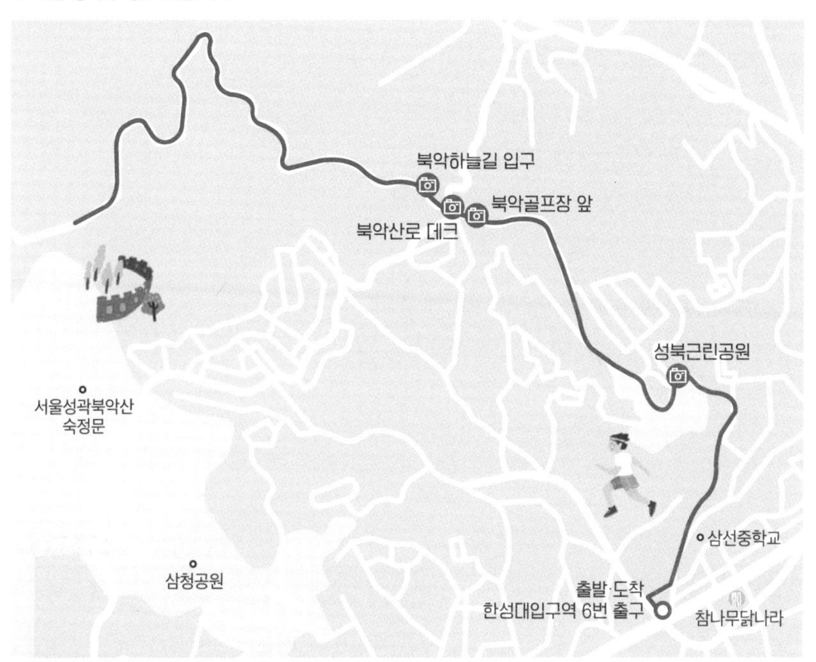

코스 팁

① 북악하늘길로 오르는 길은 커브의 연속이에요. 차량을 조심하며 한쪽으로 달려요.
② 반환점인 팔각정에서 경치를 즐기며 음료 한잔 할 수 있어요. 카드를 챙기면 좋아요.
③ 밤엔 인적이 드물고 조명도 없어요. 어두워지기 전에 러닝을 마쳐요.

포토 스팟

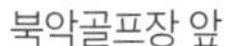

북악골프장 앞

북악산로 데크

북악하늘길 입구

참나무닭나라
장작구이통닭

옛 장작구이통닭 맛집이다. 식사와 포장 둘 다 예약 필수다. 대표메뉴는 장작구이통닭이다. 찹쌀밥이 들어있는 통닭 안은 윤기가 흐를 정도로 촉촉하다. 겨자 소스에 찍어 먹으면 느끼함을 잘 잡아준다. 지하철 4호선 한성대입구역에서 가깝다. 성북구 동소문로8길 12 02-766-9192

북악스카이웨이
서울 풍경을 시야 가득 담을 수 있다

북악산의 북쪽 능선을 따라 부암동에서 정릉 입구까지 이어진 산악도로이다. 공식 명칭은 북악산로이고, 북악스카이웨이는 옛 이름이다. 1968년 북한 무장공비의 청와대 침투사건이 일어난 뒤 서울의 경비를 강화하기 위해 만들었다. 오랫동안 군사통제구역이었지만 산책로가 만들어지고 노무현 정부 때 북악산 일대가 개방되면서 천혜의 입지조건을 갖춘 서울 도심 속 관광 명소가 되었다.

하늘길Sky way이라는 이름에 걸맞게 산허리를 굽이굽이 감고 있다. 걷는 발걸음마다 서울 시내와 북한산, 북악산, 인왕산 경치를 마음껏 눈에 담을 수 있다. 발길이 닿지 않았기에 생태적 가치가 높아 '서울 속의 비무장지대'DMZ라 불리기도 했다. 한식, 양식, 음료를 즐길 수 있는 식당과 편의시설이 마련되어 있다. 가장 높은 자리에는 북악팔각정이 있는데 이곳에 올라 360도로 펼쳐지는 서울의 모습을 두 눈에 담아보자.

종로구 평창동 산6-94 02-725-6602

고려대역~고려대학교 코스

#고려대학교 #고려대역 #정릉천 #캠퍼스런

달리며 영감을 찾아내는 배우 서영재 님의 추천 코스

서울 속 낭만 달리기, 고려대학교와 정릉천

배우 서영재 님은 합리적인 야외운동을 찾다가 집 앞 정릉천을 달리기 시작했다. 처음에는 "달리기를 싫어했던 내가 잘할 수 있을까?" 하는 의문이 들었다. 그는 빨리 달릴 필요 없으니 천천히 달리기를 이어갔다. 어느 순간, 하늘과 구름, 잘 정리된 조경이 눈에 들어오기 시작했다. 조금만 달려도 이렇게 아름다운 곳이 있다는 것을 알게 되자 서울이 더욱 매력적인 도시로 느껴졌다. 달리는 순간 보이는 풍경도 좋지만, 계절이 바뀔 때마다 변하는 모습을 기대하는 것도 달리기의 매력이다.

그의 러닝은 고려대학교에서 정릉천으로 이어진다. 적당한 업힐과 다운힐, 그리고 평지로 구성되어 있어서 훈련하기에 좋고 무엇보다 쾌적하다. 고려대 교정은 러닝 후 잔디밭에서 커피 한잔하고 싶을 만큼 낭만적이고 이국적이다. 꼭 대학생이 아니더라도 주변에 잘 정돈된 대학교가 있다면 반드시 달려보자. 평소에 느끼지 못했던 대학생만의 열정과 활기를 충전할 수 있다. 천천히 달리며 고려대 캠퍼스의 아름다운 건물을, 정릉천의 소박한 여유로움을 깊이 느껴보기를 권한다.

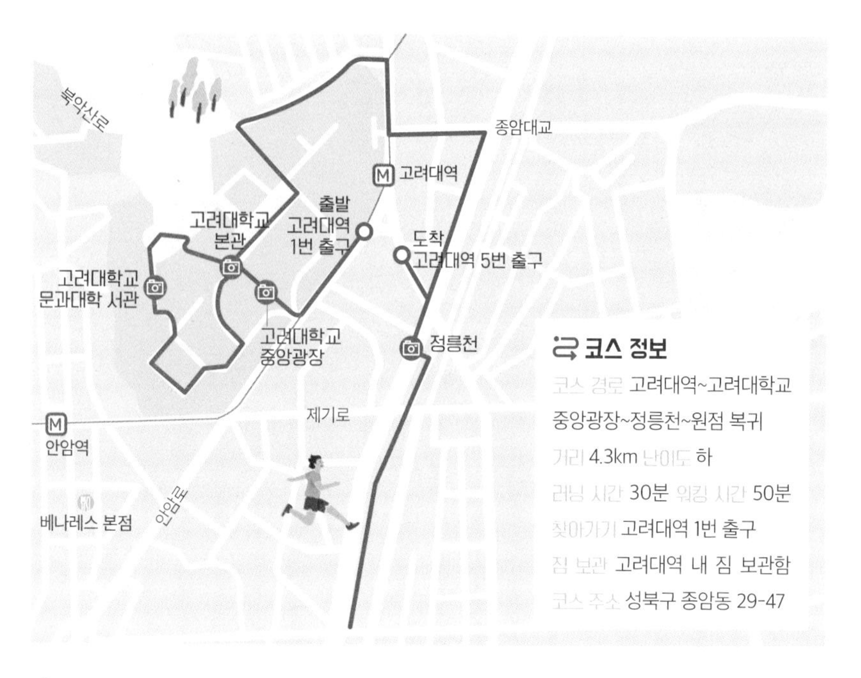

코스 정보

코스 경로 고려대역~고려대학교 중앙광장~정릉천~원점 복귀
거리 4.3km 난이도 하
러닝 시간 30분 워킹 시간 50분
찾아가기 고려대역 1번 출구
짐 보관 고려대역 내 짐 보관함
코스 주소 성북구 종암동 29-47

코스 팁

① 고려대 캠퍼스 내에서는 차량과 보행자를 항시 유의하며 달려요.
② 정릉천의 보행로는 폭이 좁고 반려견과 함께 산책하는 주민이 많아요. 반려견 리드줄에 걸리지 않도록 주의해요.

포토 스팟

고려대학교 중앙광장

고려대학교 서관

정릉천

베나레스 본점

커리, 갈릭난

인도 요리 전문점이다. 프라운 마크니와 함께 먹는 갈릭난을 추천한다. 현지 셰프가 직접 요리하기에 진짜 인도의 향과 맛을 만날 수 있다. 정통 커리도 맛있다. 성북구 고려대로24길 27 02-921-9982

미아삼거리역~북서울꿈의숲 코스

#북서울꿈의숲 #상상톡톡미술관 #미아사거리역 #의릉

자연과 함께 사계절을 달리는 정용욱 님의 추천 코스

곳곳에 숨겨둔 보물이 있는 북서울꿈의숲 보물찾기 런

성동구에 서울숲이 있다면 강북구엔 북서울꿈의숲이 있다. 정용욱 님은 북서울꿈의숲을 달린다. 이곳을 달리다 보면 보물찾기를 하는 거 같다. 구석구석에 숨은 길이 많은데, 길마다 각기 다른 매력으로 빛을 품고 있다. 봄에는 벚꽃 둘레길을, 여름에는 녹음 짙은 숲길을, 가을에는 오색빛깔 단풍 속을, 겨울에는 포근한 흰 눈 세상을 달릴 수 있다. 게다가 숲 한편엔 조선 시대 전통 한옥으로 지은 묘실까지 있어 순간적으로 시간 여행을 하는 기분마저 든다.

북서울꿈의숲 넓이는 약 20만 평이다. 드림랜드라는 놀이공원을 재개발하여 정원, 폭포, 연못, 미술관, 대나무숲, 사슴방사장, 전망대가 있는 공원으로 꾸몄다. 상상톡톡미술관 앞에는 대형 호수 월영지와 분수가 있다. 잠시 멈추어 시원한 풍경을 즐기며 땀을 식힐 수 있다. 월영지를 따라 올라가면 월광폭포가 보인다. 물놀이장에서 월영지로 떨어지는 폭포는 순간 강원도 어느 계곡을 떠올리게 한다. 또 서울에서 유일하게 대나무밭 사이를 달릴 수 있다. 잊지 말고 전망대에도 오르자. 당신이 달려온 길과 북서울 전경이 와락 품에 안긴다.

코스 정보

코스 경로 미아사거리역~북서울꿈의숲 내 순환 러닝~원점 복귀 거리 5km 난이도 하 러닝 시간 40분 워킹 시간 60분 찾아가기 미아사거리역 1번 출구 짐 보관 미아사거리역 내 짐 보관함 코스 주소 강북구 도봉로 62

코스 팁

① 대나무길은 주로가 좁아요. 보행자를 조심하며 한 줄로 달리세요.

② 전망대는 북서울꿈의숲아트센터와 연결돼 있어요. 북한산까지 강북의 경치를 한눈에 담을 수 있어요.

포토 스팟

거울연못 앞

월영지 석교

서울번동 창녕위궁재사

메이린

중국 음식

북서울꿈의숲 안에 있는 중식당이다. 쟁반짜장이 특히 맛있고 림林코스가 대표 메뉴이다. 사람이 많아 예약하는 것이 좋다. 강북구 월계로 173 02-2289-5450

북서울꿈의숲

서울 북부의 아름다운 쉼터

서울에서 네 번째로 큰 공원으로 강북과 도봉 등 6개의 구에 둘러싸여 있다. 과거 드림랜드가 있던 자리에 조성된 녹지공원으로 주변에 오패산과 벽오산이 있어 4계절 내내 울창한 숲과 아름다운 풍광을 자랑한다. 공원 내에는 북한산과 도봉산, 수락산을 한눈에 볼 수 있는 전망대와 다양한 장르의 문화예술이 열리는 '꿈의숲아트센터', 편의시설과 레스토랑 등이 있다. 조경공간과 대형연못인 월영지, 월광폭포 등과 함께 북서울 꿈의 숲 내부를 걸어도 좋고 러닝을 해도 좋다.

강북구 월계로 173 02-2289-4001 http://parks.seoul.go.kr/dreamforest

의릉

부부 능이 좌우가 아니라 위아래로 있다

조선 20대 왕 경종과 그의 비인 선의왕후의 무덤으로 유네스코 세계문화유산이다. 주목해서 관람해야 하는 점은 쌍릉의 위치. 일반적으로 쌍릉은 좌·우로 조성하지만 이 무덤은 앞·뒤로 무덤을 조성한 상하이봉릉上下異封陵이 특징이다. 이는 풍수지리설에 의한 것으로 능혈의 폭이 좁아 왕성한 생기가 흐르는 정혈正穴에서 벗어나지 않도록 하기 위한 풍수지리적 이유 때문이다. 왕릉 무덤 둘레에 병풍석 대신 12칸의 난간석을 설치했고 기둥에는 십이간지가 방위에 따라 문자로 새겨져 있다. 의릉은 1960년대 초 당시, 일반인에게는 철저히 봉쇄된 구역이었다. 홍살문과 정자각 사이에 연못을 만들고 돌다리를 놓는 등 훼손이 심했지만 이후 원 정비공사를 마치고 1996년에 다시 공개되었다.

성북구 화랑로32길 146-37 한국예술종합학교 09:00~18:30 **휴무** 월요일

₩ **대인** 1,000원 **소인** 500원 02-964-0579

SEOUL 61 RUNNING

방학역~방학천 코스

#발바닥공원 #방학천 #방학역 #쌍문동 #둘리

달리기의 참맛을 뒤늦게 안 김광태 님의 추천 코스

신발 벗고 황톳길을 달리는 방학천과 발바닥공원

방학천과 발바닥공원 코스는 도봉구 특유의 자연 친화적인 매력이 한곳에 모여 있다. 방학역을 출발해 방학천을 따라 달리다 보면 발바닥공원에 이른다. 충전재가 놓여 있기에 초보자도 안전하게 달릴 수 있다. 길을 따라 조금 더 달리면 황톳길이 나온다. 이곳에서는 잠시 신발을 벗고 발에게도 휴식을 주자. 달리기를 멈추고 맨발로 천천히 걸어보는 거다. 발가락 사이사이까지 전해지는 간질간질한 자극이 혈액순환을 돕는다. 발을 깨끗이 씻을 수 있는 시설이 있으니 걱정하지 말자. 오히려 피로가 풀린 발로 더 멀리 달릴 수 있다. 김광태 님은 ROTC 시험을 준비하면서 러닝을 시작했다. 햇수로 5년이 넘었지만 달리기를 사랑한 지는 반 년이 채 안 된다. 달리기는 군인에게 필수 요소지만 고통스러운 존재이기도 했다. 하지만 집 근처의 색다른 러닝 코스를 달리면서 뒤늦게 달리기의 즐거움을 알게 되었다. 달리기는 이제 고통과 시련이 아니다. 달리는 일이 즐거워지자 삶도 활기차졌다. 달리기의 매력을 50만 국군이 느꼈으면 좋겠다는 그는, 오늘도 방학천을 달린다.

코스 정보

코스 경로 방학역~모래말본교~방학중랑천변길~방학천~발바닥 공원~방학천 아치교 지나 반환 후 원점 복귀 거리 5.2km 난이도 하 러닝 시간 40분 워킹 시간 60분 찾아가기 방학역 3번 출구 짐 보관 방학역 내 짐 보관함 코스 주소 도봉구 방학동 716-13

코스 팁

① 지압길과 황톳길에선 신발을 벗어 발에게도 자유를 주세요.

② 황톳길엔 다른 시민들도 있으니 살금살금 걸어요.

포토 스팟

방학천

발바닥공원 황토흙길

방학천 아치교

누드곱창 쌍문점

누드곱창, 야채곱창, 순대곱창

쌍문동의 양 많고 맛있는 곱창 맛집이다. 양념 없이 소금으로 간을 한 누드곱창을 추천한다. 산처럼 쌓아 나오는 곱창은 먹기도 전에 기분 좋게 만든다. 야채곱창과 순대곱창도 있다. 가격은 1인분에 1만 원 안팎이다. 방학천 발바닥 공원에서 아주 가깝다.

도봉구 시루봉로6길 93 02-907-2284

둘리뮤지엄

아기공룡 둘리 만나러 가자

국민 만화 '아기공룡 둘리'의 고향은 어디일까? 만화 캐릭터에게 고향이 있다는 것 자체가 우스운 이야기 같지만, 둘리에겐 정말 고향이 있다. 둘리는 빙하기 때 얼음 속에 갇혀 있다가 그 얼음이 녹으면서 세상에 나왔다. 만화 속 등장인물 고길동의 딸이 처음 얼음을 발견했는데, 그곳이 바로 도봉구 쌍문동의 우이천이다. 둘리의 고향 쌍문동에 어른과 아이 모두가 좋아하는 둘리 뮤지엄이 있다. '아기공룡 둘리'를 주제로 하는 박물관이다. 둘리와 함께 사진도 찍고, 노래도 부르고, 김수정 작가의 만화제작과정도 체험할 수 있다. 1층은 뮤지엄 동으로 직접 보고 만지며 우주 대탐험을 할 수 있다. 2층은 만화영화의 주인공이 되는 공간이고 3층은 여러 가지 놀이기구를 체험해 보는 코너다. 아이들에겐 오감형 전시체험을 통해 신체, 인지, 정서의 균형 발달을 도와주고, 3040 부모님에게는 어린 시절의 추억을 회상할 수 있는 소중한 장소다. 둘리뮤지엄을 둘러싼 둘리공원은 북한산둘레길과 이어진다. 산책하기 딱 좋다.

도봉구 시루봉로1길 6 02-990-2200

10:00~18:00 **휴관** 월요일, 1월 1일, 설날 및 추석 당일

₩ **주중** 4,000원 **주말 및 공휴일** 5,000원

노원역~서울창포원 코스

#중랑천 #평화문화진지 #서울창포원 #노원러닝크루 #N1RC

노원구를 달리는 크루 N1RC 님의 추천 코스

중랑천 옆 식물원과 옛 군사시설을 달린다

분명 서울이지만 버스 카드 한 장이면 교외로 멀리 온 것 같은 느낌을 주는 곳이 있다. 노원역~서울창포원 코스가 그렇다. 공기는 한없이 맑고, 자연은 아주 가까이에 있다. 게다가 기분 좋은 한적함은 온전히 '나'에게 집중할 수 있게 돕는다. 서울창포원 코스는 노원역에서 시작된다. 중랑천을 따라 서울 북부지역으로 올라가면 서울창포원과 평화문화진지가 나온다.

서울창포원과 평화문화진지는 흔치 않은 포토 스팟이다. 창포원도 새롭지만, 평화문화진지는 새로움을 넘어선다. 옛 군사시설을 그대로 보존하여 놓았는데 단순한 볼거리를 넘어선다. 자연과 어우러진 군사시설은 힙한 느낌마저 든다. 게다가 북한산과 도봉산이 러너를 먼발치에서 바라보고 있다. 두 산은 러너를 보호하는 병풍 같다. 이곳에서는 귀를 열자. 감각의 촉수도 높이 올리자. 자연의 소리를 듣고 바람을 느끼며 달리자. 이 멋진 코스를 달리는 사람들은 노원러닝크루 'N1RC'이다. 줄여서 노크. 그들은 매주 목요일 저녁을 달린다. 함께 달리는 재미를 즐기고 싶다면 주저하지 말고 '노크'에 '노크'하자.

코스 정보

코스 경로 노원역~중랑천~서울창포원~평화문화진지~반환 후 원점 복귀 거리 10.5km 난이도 중 러닝 시간 70분 워킹 시간 130분 찾아가기 노원역 7번 출구 짐 보관 노원역 내 짐 보관함 코스 주소 노원구 동일로 1411-2

코스 팁

① 가는 길은 중랑천 옆을 달리고, 돌아올 땐 나무 그늘 아래로 달리면 좋아요.

② 평화문화진지엔 분단의 아픔이 남아있어요. 평화와 화해의 힘을 믿으며 천천히 이동해요.

포토 스팟

평화문화진지

중랑천(도봉산 배경)

서울창포원 습지원

털보고된이 본점

고갈비백반

20년 넘은 생선구이 맛집이다. 대표메뉴는 고갈비백반이다. 촉촉하게 구운 고등어가 아주 찰지고 고소하다.
노원구 노해로81길 22-22 1층 02-932-8616

영스넥

떡볶이

노원역에 있는 추억의 떡볶이 맛집이다. 주문 즉시 만들기 때문에 떡이 퍼지지 않고 쫄깃하다. 다른 곳과 다르게 당근이 들어가 있어 더욱 감칠맛이 난다. 모듬볶이를 추천한다. 노원구 상계로 51 노원프라자빌딩

서울창포원

130종의 아이리스가 피어나는 곳

서울 북부지역의 숨겨진 명소이다. 세계 4대 꽃 중 하나로 꼽히는 붓꽃Iris이 가득한 특수식물원이다. 붓꽃원, 약용식물원, 습지원 등 12개 테마로 조성했다. 130종의 아름답고 다양한 붓꽃, 국내에서 생산되는 다양한 약용식물, 각종 수생식물과 습지생물을 관찰할 수 있다. 습지원에는 관찰데크를 설치해 놓았고, 숲속쉼터도 조성해 놓았다. 붓꽃Iris은 매년 5~6월에 개화하지만 꽃이 없을 때도 잎 모양이 난과 비슷해 관상하기 좋다. 흔하지 않은 꽃을 한 곳에서 볼 수 있고 서울의 다른 식물원에 비해 크게 붐비지 않아 여유롭게 산책할 수 있다. 전망대에서 바라보는 서울창포원의 모습도 여유와 자유를 선물한다.
도봉구 마들로 916 02-954-0031

평화문화진지

군사시설이 문화와 창조의 공간으로

대전차방호시설이 공간재생을 통해 문화예술창작공간으로 재탄생했다. 원래 이곳엔 철원, 의정부를 거쳐 서울로 들어오는 북한 탱크를 막기 위해 1969년에 만든 250m의 대전차방호시설과 그 위에 지은 저층아파트가 있었다. 2004년 낡은 아파트를 철거한 뒤 몇 년 전까지 대전차방호시설만 흉물처럼 방치돼 있었다. 2014년 7월 도봉구가 군대와 협의하여 대전차방호시설 흔적을 보존한 채 문화예술공간으로 재탄생시켰다. 아직 남아있는 방호벽과 탱크는 그 당시의 생생함을 보여준다. 마치 베를린 장벽의 축소판 같다. 대결과 분단의 상징에서 문화와 창조, 평화의 공간으로 다시 태어난 모습을 보면 여러 생각이 머리를 스친다. 도봉구 마들로 932 02-3494-1970 10:00~18:00 **휴관** 1월 1일, 설 및 추석 연휴, 월요일(월요일이 공휴일인 경우 그다음 평일 휴관)

공릉역~서울과학기술대학교 코스

#서울과학기술대학교 #과기대 #과기대트랙 #트랙런

가족을 위해 달리고 싶은 송석규 님의 추천 코스

서울과기대 트랙런 어떠세요?

노원구에서도 트랙을 달릴 수 있다. 송석규 님은 서울과학기술대학교 대운동장의 트랙을 달린다. 잔디 구장과 농구장이 있어 가족과 함께 해도 좋다. 아이와 함께 달려도 좋고, 공을 차며 놀고 있는 아이를 살피며 트랙을 달려도 좋다. 서울과기대 트랙런의 출발지는 지하철 7호선 공릉역 1번 출구이다. 공릉역에서 약 700m쯤 달리면 이윽고 과기대 대운동장이다.

과기대 트랙은 최근에 공사를 마쳤다. 노면이 깔끔하고 굴곡이나 변형이 없다. 발목과 무릎을 보호하는 쿠션도 좋고 큰 장애물이 없어 거침없이 달릴 수 있다. 트랙뿐만 아니라 학교 안에는 언덕과 직선 질주 코스가 있어 다양한 훈련 코스로 활용할 수 있다. 과거의 송석규 님은 나를 위해 달렸다. 사랑하는 여자를 만나 결혼하고 아이를 낳은 이제는, 가족을 위해 달린다. 기록과 입상을 위해 달리는 게 아니라 한 가정의 멋지고 건강한 가장이 되기 위해 달린다. 달리는 이유가 달라졌지만, 달리기는 더욱 소중해졌다. 그의 달리기는 가족 사랑이다. 가정을 위해 달리는 그의 모습은 그래서 더 아름답다.

코스 정보

코스 경로 공릉역~서울과학기술대학교 트랙~서울과학기술대학교 내부~원점 복귀 거리 4.5km 난이도 중 러닝 시간 30분 워킹 시간 50분 찾아가기 공릉역 1번 출구 짐 보관 공릉역 내 짐 보관함 및 과기대 트랙 스탠드 코스 주소 노원구 동일로 1074

코스 팁

① 나들이와 산책을 나온 보행자가 많아요. 보행자를 배려하며 달려요.

② 트랙은 탄력은 좋으나 충격에 약해요. 쿠션이 좋은 러닝화를 신어요.

포토 스팟

서울과학기술대학교

서울과학기술대학교 대운동장

청운관 앞

쪼매매운떡볶이 공릉

국물떡볶이, 치즈떡볶이

노원구를 대표하는 국물 떡볶이 맛집이다. 맛, 가격, 서비스까지 3박자를 모두 갖춘 곳이다. 맛있게 매운 편이나 매운 음식에 약하다면 치즈떡볶이를 추천한다. 노원구 공릉로 208 02-977-1120

태릉입구역~공릉동 코스

#경춘선숲길 #태릉 #공트럴파크 #공릉동

시시각각 변하는 코스를 좋아하는 홍성도 님의 추천 코스

천변, 철길, 그리고 숲길, 지루할 틈이 없는 경춘선숲길

마포구에 경의선 숲길이 있다면 노원구에는 경춘선 숲길이 있다. 경춘선 숲길 옆으로 데크를 놓았는데, 이 길을 달리면 발이 데크에 닿을 때마다 달그락거리는 소리가 난다. 이 소리를 들을 때면 본인이 마치 멈출 줄 모르는 기차가 된 것처럼 기운이 솟는다. 홍성도 님은 직접 러닝 크루를 운영한다. 러닝 코스를 만들어 달리는 것을 즐기는 그는 직접 개발한 코스를 동료들과 함께 나눈다.

홍성도 님은 똑같은 풍경보다 주변 경치가 시시각각 변하는 코스를 즐긴다. 그에게 딱 맞는 코스가 태릉입구역에서 시작해 경춘 철교를 지나 경춘선 숲길과 하천을 달리는 공릉동 코스다. 천변부터, 철길, 그리고 숲길까지 품은 공릉동 코스는 지형과 환경이 다채로워 시티런에서 경험하지 못한 짜릿한 즐거움을 선물한다. 계속 변하는 풍경은 눈을 즐겁게 하고 몸에 생기를 준다. 지루할 틈 없는 신나는 코스다. 사진 찍기 좋은 포인트도 많아, 카메라를 잘 몰라도 인생사진을 건지기 쉽다. 코스가 좋다는 이야기를 들을 때면 세상을 가진 듯 행복하다는 홍성도 님을 따라 매력이 다채로운 공릉동을 달리자.

코스 정보

코스 경로 태릉입구역~경춘철교~경춘선 숲길~육군사관학교 정문~원점 복귀 거리 8km 난이도 중 러닝 시간 60분 워킹 시간 100분 찾아가기 태릉입구역 1번 출구 짐 보관 태릉입구역 내 짐 보관함 코스 주소 노원구 화랑로 421

코스 팁

① 철길과 소나무 숲길을 달릴 때는 바닥에 돌이나 나뭇가지가 없는지 주의하며 달려요.

② 산책하는 사람들과 부딪히지 않도록 속도와 방향을 잘 설정해 달려요.

포토 스팟

경춘선 숲길 방문자센터

경춘선 숲길

공릉로 26길

닭한마리 공릉본점

닭볶음탕, 닭한마리

생닭만을 사용한다. 대파를 통으로 넣어 담백하고 깊은 육수 본연의 맛을 즐길 수 있다. 칼칼한 맛을 원한다면 고추씨가 들어간 양념장을 넣어 매콤하게 먹을 수 있다. 칼국수 사리는 필수다. 노원구 동일로 1020 02-972-7459

태릉과 강릉

문정왕후 이곳에 묻히다

태릉은 중종의 둘째 계비인 문정왕후 윤 씨를 모신 능이고, 강릉엔 조선 13대 왕 명종과 인순왕후가 잠들어 있다. 문정왕후는 자신이 중종 옆에 묻히길 원해 선릉 옆으로 옮겼지만, 지대가 낮아 홍수 피해가 자주 일어나자 결국 지금 자리로 옮겼다. 태릉은 왕비의 단릉이라 믿기 힘들 만큼 웅장하다. 조성 당시 문정왕후의 세력이 얼마나 컸는지 짐작할 수 있다. 태릉의 능침 구간은 문화재 보호를 위해 정해진 개방 기간에만 문화재 해설사 및 관람 지도위원과 동행 관람만 가능하다. 태릉과 강릉 내에는 약 1.8km의 숲길이 있으며 계절별로 꽃들이 만개한다. 숲길 또한 개방 시기가 정해져 있다. 입구의 조선왕릉 전시관에서 왕릉에 대한 정보를 얻을 수 있다. 노원구 화랑로 727 02-972-0370 2월~5월, 9월~10월 09:00~18:00 6월~8월 09:00~18:30 11월~1월 09:00~16:30 휴무 매주 월요일

공트럴파크

연트럴파크 부럽지 않다

공릉동의 '공트럴파크'가 뜨고 있다. 경춘선 숲길이 7년 만에 이어지면서 총 6km 길이의 숲공원이 조성되었다. 폐철길을 따라 자연스레 특색있는 카페와 레스토랑이 자리를 잡기 시작했다. 아직 많이 알려지지 않았다. 사람이 몰리기 전에 미리 방문해 여유로운 시간을 보내기에 좋다. 연트럴파크 부럽지 않은 공트럴파크다. 노원구 공릉동 일대

화랑대역~삼육대 코스

#태릉선수촌 #삼육대학교 #경춘선숲길 #화랑대철도공원

여자마라톤 신기록 21년 보유자 권은주 감독님의 추천 코스

여자마라톤의 전설과 달리는 낭만적인 뉴트로 러닝

권은주 감독님은 한국 여자마라톤의 전설이다. 그녀는 1997년 10월에 열린 '춘천 국제 마라톤 대회'에서 2시간 26분 12초로 한국 신기록을 세웠다. 이 기록은 20년이 넘도록 깨지지 않았다. 2011년 현역에서 은퇴했지만, 러닝에 관한 열정은 아직도 여전하다. 아마추어 러너들을 이끄는 감독으로 활동하며 권은주 감독님은 국·내외 마라톤 대회에 꾸준히 참가하고 있다.

우리나라 여자마라톤의 전설이 소개하는 코스는 화랑대역~삼육대 코스다. 추억과 자연의 길을 달리는 조용하고 쾌적한 코스로, 6호선 화랑대역서울여대입구에서 화랑대 폐역화랑대 철도공원, 경춘선 숲길, 태릉선수촌 입구, 삼육대 제명호를 돌아 다시 출발지로 돌아온다. 특히, 화랑대 폐역은 영화 속을 달리는 기분이 든다. 뉴트로! 파스텔톤 옛 전차와 협궤 열차, 트램이 독특하고 낭만적인 분위기를 만들어준다. 시간을 거슬러 과거로 훌쩍 넘어온 느낌이다. 감성과 스토리가 특별해 러닝의 즐거움을 오래 추억할 수 있을 것이다. 한국 여자마라톤의 전설과 함께 전설이 흐르는 낭만 러닝을 즐겨보자.

코스 정보

코스 경로 화랑대역~화랑대 폐역~경춘선 숲길~태릉선수촌 입구~삼육대 제명호~원점 복귀 거리 8.2km 난이도 상 러닝 시간 60분 워킹 시간 120분 찾아가기 화랑대역 4번 출구 짐 보관 화랑대역 내 짐 보관함 코스 주소 노원구 공릉동 282-6

코스 팁

① 화랑대 폐역의 자갈밭에서 발을 접질리지 않도록 천천히 조심해서 달려요.

② 눈앞의 특정 이정표나 물체를 지정해 달리면 지루하지 않아요.

포토 스팟

경춘선 숲길

태릉선수촌 입구

삼육대학교 제명호

전통평양냉면 제형면옥

평양냉면, 평양손만두전골

대구의 유명한 평양냉면 맛집의 서울 분점이다. 담백한 평양냉면과 평양손만두전골을 추천한다. 크기가 주먹만한 만두와 산처럼 쌓여있는 채소가 얼큰하고 든든하다. 노원구 공릉로65길 16 02-978-8088

양원역~중랑캠핑숲 코스

#용마랜드 #중랑캠핑숲 #중랑구 #트레일러닝

사막을 달리는 극지 마라토너 김채울 님의 추천 코스

빈티지 러닝이 가능한 용마랜드와 중랑캠핑숲

김채울 님은 철인 3종 대회에 출전하고, 사막 마라톤과 아이슬란드 종단에 도전하는 열정 러너다. '센 여자' 같지만 의외로 그는 캠핑장과 놀이동산을 경유하는 이색 코스를 달린다. 반전매력이다. 철인 3종과 놀이동산. 어울리지 않는 두 낱말이 김채울 님에겐 이제 재미있다. 그녀를 따라 캠핑장과 놀이동산을 달려보자.
경의중앙선 양원역을 출발해 조금만 가면 중랑캠핑숲이다. 캠핑장 안으로 들어서면 향긋한 숲 냄새와 캠핑장 특유의 설렘, 그리고 바람 따라 하늘하늘 춤추는 억새를 만날 수 있다. 이곳을 달리면 절로 마음이 편안하고 따뜻해진다. 중랑캠핑숲은 그린벨트를 자연 친화적으로 활용한 좋은 사례이다. 망우동 거리로 빠져나와 그녀가 두 번째로 향하는 곳은 용마랜드이다. 이곳은 서울에서 손꼽히는 이색 러닝 코스다. 지금은 운영하지 않는 놀이동산이지만 출입은 가능하다. 달리기만큼 사진 찍는 것을 좋아한다면 꼭 용마랜드로 가야 한다. 이미 SNS에서 빈티지 감성 놀이기구로 유명세를 타고 있다. 구석구석 숨은 포토스팟이 많다. 러닝을 마친 후 천천히 둘러보길 권한다.

코스 정보

코스 경로 양원역~중랑캠핑숲~용마랜드~원점 복귀 거리 4.5km 난이도 하 러닝 시간 30분 워킹 시간 50분 찾아가기 양원역 2번 출구 짐 보관 양원역 내 짐 보관함 코스 주소 중랑구 송림길 147

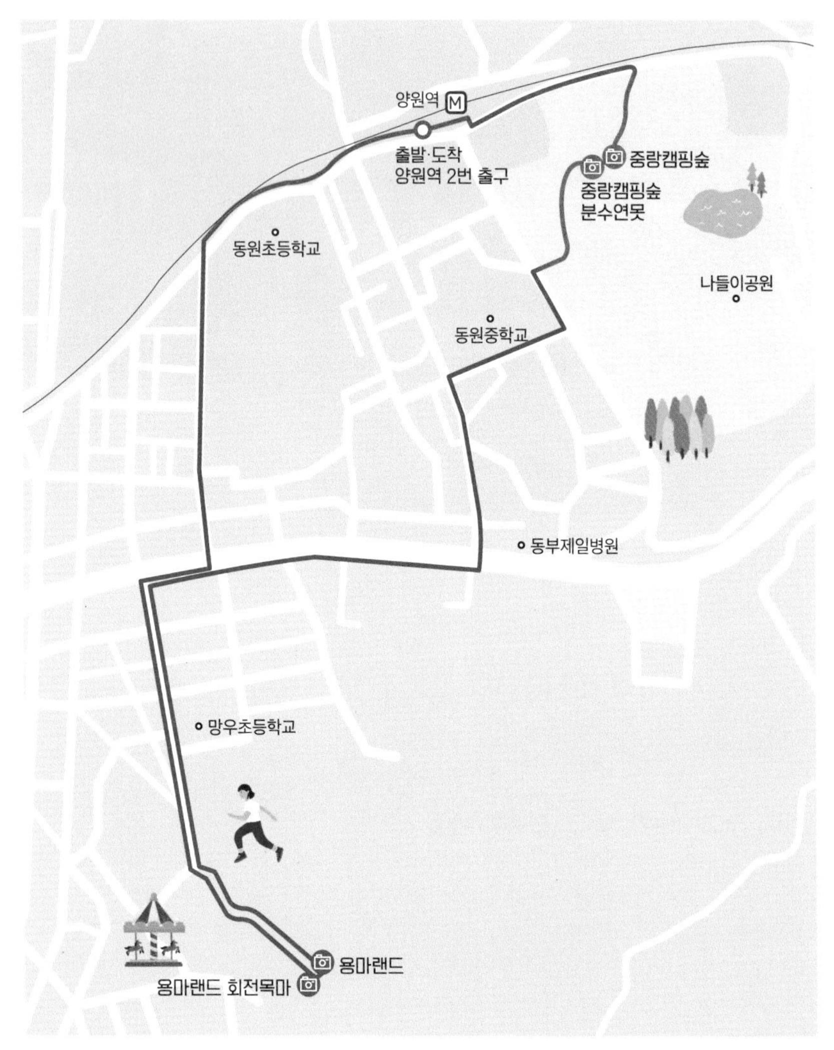

코스 팁

① 중랑캠핑숲의 가을을 달릴 때에는 낙엽으로 인해 미끄러울 수 있으니 항상 바닥을 주시해 달려요.

② 용마랜드는 폐쇄한 놀이동산이지만 입장료가 있어요. 콘셉트 사진 촬영에 딱 좋아요.

포토 스팟

중랑캠핑숲

중랑캠핑숲 분수연못

용마랜드

파크더블유

스테이크, 브런치

레스토랑 겸 카페로 예쁜 돌담길과 멋진 풍경이 이곳으로 이끈다. 대표메뉴는 한우 채끝등심 스테이크지만 브런치 메뉴인 '마이브런치' 도 추천한다.

중랑구 양원역로16길 103-111 02-432-5659

용마폭포 공원

50m가 넘는 세 갈래 폭포

아차산의 최고봉인 용마산 중턱에 있다. 암반채석으로 생긴 높은 바위 절벽을 이용해 만든 인공폭포 공원이다. 폭포는 세 갈래로 떨어지는데 51.4m의 높이를 자랑한다. 수영장 4개, 축구장, 배드민턴장, 테니스장 같은 체육시설을 설치했다. 곳곳에 벤치를 놓아 휴식하기 좋다. 수석정원과 전망대, 야외음악당도 있다. 인공폭포이지만 시원한 물줄기를 바라보면 이국적인 느낌을 준다. 중랑구 용마산로 250-12 02-2094-2965

중랑캠핑숲

숲체험 시설을 갖춘 가족 중심 캠핑장

많은 캠핑객이 찾는다. 원래 개발 제한구역으로 경작지 등이 있었지만 환경 재생을 통해 오토캠핑이 가능한 넓고 쾌적한 캠핑숲으로 만들었다. 편안하고 안락한 분위기가 돋보인다. 난지캠핑장은 젊은 세대가 많아 활기차다면 중랑캠핑숲은 가족 캠핑 중심 정책을 펼친다. 소음을 발생시키는 일을 차단하여 조용한 자연 속에서 가족 캠핑이 가능하다. 캠핑 사이트는 47개로 많지 않아 예약 경쟁이 치열하다. 잔디 광장, 분수 놀이터, 체험의 숲, 생태학습존, 숲체험존 등도 갖추었다. 아이들의 체험학습 장소로도 손색이 없다.

중랑구 망우로87길 110 02-434-4371 ₩ 야영장 사용료 25,000원

마포구·서대문구·은평구

홍대입구역~경의선숲길 코스

#홍대입구 #경의선숲길 #경의선책거리 #연트럴파크

사진 찍으며 달리는
류석 님의 추천 코스

도심 속 가장 긴 공원, 경의선숲길 달리기

러닝의 또 다른 즐거움은 사진을 찍는 것이다. "내가 이렇게 밝게 웃었나?" 이런 생각이 들 정도로 자연스럽고 환한, 게다가 활기찬 인생 사진을 건질 수 있다. 달리는 즐거움을 더하기 위해 기꺼이 무거운 카메라를 든 '믿고 찍히는 포토그래퍼' 류석 님. 그는 신촌에서 12년을 살았다. 지금의 연트럴파크가 기찻길에서 공원으로 바뀌는 모든 과정을 지켜보았다. 추억 가득한 곳이 모두가 사랑하는 공원이 되니 더욱 애착이 갈 수밖에 없다. 기차가 지날 때면 "땡땡" 소리가 울린다고 해서 '땡땡거리'라 불렸던 옛 철길이 새로운 러닝 코스로 떠오르고 있다. 철길 때문에 개발이 더뎠지만, 그 덕분에 아날로그 감성이 넘친다. 동화마을을 연상키도 한다. 데이트 겸 달리기 입문 코스로 제격이다. 버스킹이 열려 젊음과 활기가 넘치고 맛집이 많아 러닝 후 뒤풀이하기에도 편리하다. 경의선 숲길은 골목을 탐험하며 서교동과 동교동의 매력을 재발견하는 즐거움도 듬뿍 안겨준다. 젊음이 살아 숨 쉬는 경의선 숲길. 기차가 달리던 길을 지금은 추억을 떠올리며 류석 님이 달린다. 여러분도 동참하시길!

코스 정보

코스 경로 홍대입구역~경의선책거리~서강대역~공덕역 반환 후 복귀 거리 5km 러닝 시간 70분 워킹 시간 75분 찾아가기 홍대입구역 6번 출구 짐 보관 홍대입구역 내 짐 보관함 코스 주소 마포구 양화로 188

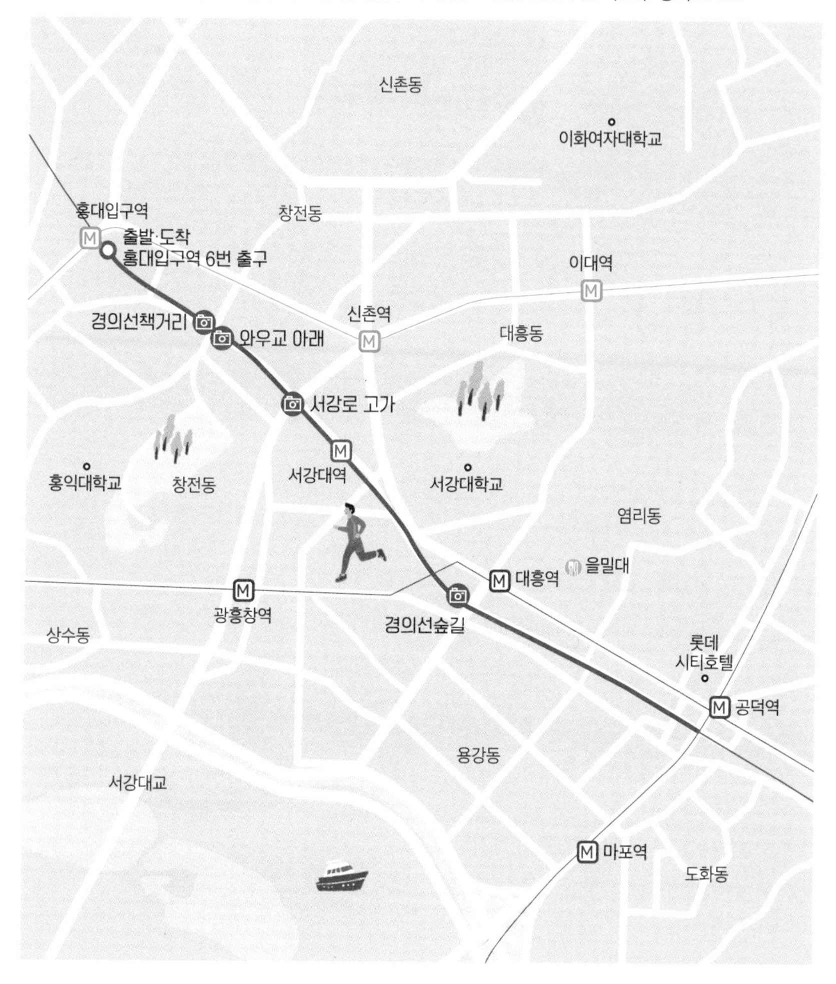

코스 팁

① 왼쪽은 자전거 길이에요. 오른쪽으로 달려요.

② 스피드 훈련보다는 리커버리 훈련에 좋아요.

③ 중간중간 차도를 건너야 해요. 큰 도로는 아니지만 주의하세요.

④ 연습 효과를 높이려면 무겁고 불편한 신발을 신고, 대회 때 가벼운 신발을 신어요.

포토 스팟

와우교 아래

서강로 고가

경의선 숲길

을밀대

평양냉면

전국에서 손꼽히는 60년 전통의 평양냉면 전문점이다. 더위를 식히고 수분을 보충하기에 제격이다. 특히, 파채와 곁들여 먹는 차돌박이 수육은 젊은 사람들 입맛에도 잘 맞는다.

마포구 숭문길 24 02-717-1922

경의선 책거리

감성과 지혜의 산책로

독서 복합문화공간으로 책을 주제로 한 테마 거리이다. 독서로 지식과 삶의 지혜를 넓히고 출판 산업이 더욱 발전하기를 바라는 마음으로 2016년 10월에 오픈했다. 책을 읽고 있는 다양한 조형물, 북 토크, 책 관련 다양한 행사가 당신을 기다린다. 산책로를 따라 책을 전시하고 판매하는 열차 모양 부스도 있다. 공간 산책, 여행 산책, 예술 산책, 아동 산책, 인문 산책, 문학 산책 같은 주제를 정해 부스를 구분해 놓았다. 산책로 주변에는 트랜디한 카페와 식당이 옛 철길 따라 줄지어 있다. 볼거리, 즐길거리, 먹을거리 가득한 동네이다. 꼭 달리기가 아니어도 좋다. 이번 주말엔 경의선 책거리로 가자. 거기, 마음을 따뜻하고 촉촉하게 해줄 감성 충만 거리가 당신을 기다리고 있다. 홈페이지에서 다양한 프로그램을 확인할 수 있다.

마포구 와우산로35길 50-4

11:00-20:00, 월요일 휴무 ₩ 무료

02-324-6200 http://gbookst.or.kr/

뉴발란스 홍대점~연트럴파크 코스

#뉴발란스러닝클럽 #NBRC #뉴발란스 #연트럴파크 #경의선숲길

Team NBx의 백경수, 천재민, 변수진 님이 추천하는 연트럴파크 코스

뉴발란스 러닝클럽의 화요 오픈런

백경수, 천재민, 변수진 님은 Team NBx의 러닝 크루다. 뉴발란스의 러닝화와 러닝 의류, 그리고 NBRC 코치의 전문적인 러닝 트레이닝을 지원받으며 성장하고 있다. 매 기수마다 인원은 다르지만 30명 안팎으로 선발된다. 까다로운 지원 기준과 선발 기준을 통과한 수준 높은 러닝 크루이다. 어렵게 선발한 만큼 아낌없이 지원하고 혜택도 많아 많은 러너가 몰린다. 특히, 이 세 명은 상반기 종합평가 우수자가 되어 2019 뉴욕마라톤의 참가권을 얻기도 했다.

NBRC의 오픈 런 코스는 뉴발란스 홍대점에서 시작한다. 연트럴파크를 지나 경의선 숲길을 달리는 코스로 재미있는 요소를 두루 갖췄다. 해 질 무렵 경의선 숲길엔 주황빛 조명이 켜진다. 따뜻한 조명 아래에서 분위기 있는 낭만 러닝을 하기에 안성맞춤이다. NBRC 홍대점에서 짐 보관과 샤워실 이용이 가능하다는 점도 좋다. 혼자 달리는 게 부담돼 러너 친구와 함께 달리고 싶다면 이 달리기 코스를 추천한다. 반환 지점에 따라 왕복 5~8km로 탄력 러닝이 가능하다. 초보자부터 상급자까지 화요 오픈 런은 누구에게나 열려있다.

코스 정보

코스 경로 뉴발란스 홍대점~연트럴파크~경의선숲길~원점 복귀 거리 6km 난이도 하 러닝 시간 40분 워킹 시간 80분 찾아가기 뉴발란스 홍대 직영점 지하 1층 짐 보관 역 내 짐 보관함 코스 주소 마포구 홍익로 20

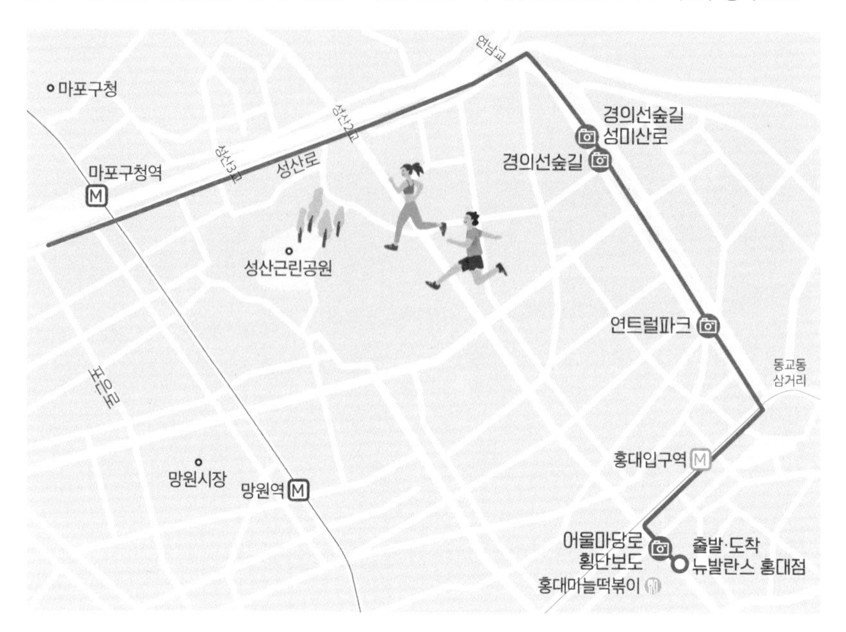

코스 팁

① 유동인구가 많은 곳에서 그룹 러닝을 할 때는 늘 보행자와 장애물에 주의하세요.

② 밤에 오픈 런이 진행돼요. 어두운 옷 보다는 밝은 옷을 추천해요.

③ 바닥이 울퉁불퉁한 구간이 간혹 있어요. 발목 부상에 조심하며 집중해서 달려야 해요.

포토 스팟

뉴발란스 앞 어울마당로

연트럴파크

경의선숲길 성미산로

홍대마늘떡볶이

마늘면볶이

마늘면볶이가 대표 메뉴다. 마늘이 들어간 독특한 소스가 매력적이다. 모듬튀김을 떡볶이 국물에 찍어 먹으면 더욱 맛있다.

📍 마포구 홍익로5안길 24 📞 02-324-1107

뉴발란스 러닝클럽

함께 달리는 즐거움

NBRC는 New Balance Run Club의 약자이다. 러너들을 위한 뉴발란스의 글로벌 러닝 커뮤니티다. 전 세계에서 운영하고 있다. 세계 최고의 러닝 커뮤니티를 지향하며, 다양한 러닝 이벤트를 진행한다. 누구나 뉴발란스 홍대 플래그십 스토어에서 참여할 수 있다. 탈의실과 샤워실, 그리고 물품 보관을 위한 개인 락커가 있으며 참가 안내는 아래와 같다. 또한, 출석률에 따라 뉴발란스만의 특별한 리워드가 제공된다.

오픈 런 일정 매주 화요일 모집 인원 30명
접수 일시 매주 금요일 11시부터 MyNB 앱을 통해 선착순 접수
집결 시간 19시 50분
집결 장소 홍대 NBRC 뉴발란스 플래그십 스토어 지하 1층(환복 및 러닝 준비 가능)
참가비 NBRC 기본 이용료 3,000원(출석점수는 MyNB앱의 회원 바코드를 통해 적립된다.)
전화 02-333-9901

홍대입구역~서울함공원 코스

#성산대교 #서울함공원 #망원한강공원 #야경

모든 학생이 활기차길 바라는 체육 교사 김현우 님의 추천 코스

젊음, 감성, 낭만이 공존하는 망원한강공원

김현우 님은 학창시절부터 운동을 즐겼다. 그는 운동하는 즐거움을 많은 사람에게 전파하기 위해 체육 교사의 길을 선택했다. 러닝은 운동의 기본이다. 그는 러닝을 통해 모든 학생이 건강하고 행복한 삶을 살아가길 바란다. 김현우 님은 망원한강공원의 서울함공원 코스를 추천한다. 고향은 안산이지만 서울로 임용되면서 연남동 주변에 살게 되었고, 자연스레 이곳을 달리게 되었다. 19시부터 23시엔 조명이 성산대교를 화려하게 변모시킨다. 야경을 감상하며 즉석라면과 곁들이는 맥주 한 캔은 하루를 정리하는 힐링 그 자체이다. 김현우 님에 따르면 여학생, 특히 고등학교 여학생들은 체육활동을 꺼린다. 하지만 러닝과 친해지는 방법이 있다. 바로, 팀워크가 필요한 뉴 스포츠 체육활동을 더하는 것이다. 넷볼, 플라잉 디스크얼티미트 등과 같은 뉴 스포츠와 결합하면 누구나 자연스럽게 러닝과 가까워질 수 있다. 그는 더욱 많은 사람이 러닝으로 더 활기찬 삶을 살기를 바란다. 홍대와 연남동이 놀이의 공간을 넘어 러닝 문화의 거리가 되기를 바라는 마음으로 오늘도 그는 한강을 향해 달린다.

코스 정보

코스 경로 홍대입구역~경의선숲길~성산로~마포구청역~망원한강공원~서울함공원 반환 후 복귀 거리 9.5km 난이도 중 러닝 시간 60분 워킹 시간 120분 찾아가기 홍대입구역 3번 출구 짐 보관 홍대입구역 내 짐 보관함 코스 주소 마포구 동교동 190-1

코스 팁

① 경의선 숲길 1km는 땀이 날 정도로 가볍게 뛰어요.

② 경의선 숲길을 지나면 성산로와 홍제천 따라 중강도~고강도로 뛰어요.

③ 한강에 들어선 후, 500M는 저강도 러닝으로 심박수를 서서히 낮춰요.

포토 스팟

경의선 숲길

망원한강공원(성산대교 방면)

서울함공원

소점

오코노미야키, 타코야키

연남동에 있는 오코노미야키와 타코야키 맛집이다. 늦게까지 불이 꺼지지 않는 심야식당이다. 소규모 모임이라면 아늑하게 즐기기에 안성맞춤이다. 마포구 성미산로17길 99 010-6316-7739

명인갈비

돼지 양념구이

돼지 양념구이 맛집이다. 숯불에 구워 향이 좋고 달달하다. 가성비가 좋아 러닝 후 허기진 배를 채우기에 좋다. 마포구 연남로 85 02-3142-8292

망원시장

아날로그 감성이 넘치는 시장

망원시장엔 싸고 맛있는 음식이 즐비하다. 시장의 대표 간식 고로케부터 도넛, 닭강정, 칼국수 등은 달리기 후 허기진 배를 채우기에 좋다. 시장 특유의 정취를 즐기는 기분도 남다르다. 시장뿐 아니라 망원역 2번 출구로 나와 골목길로 들어서면 저마다 특색있는 카페나 책방, 소품 가게 등이 늘어서 있다. 어느 한 곳을 정하기보다 그날 기분에 따라 들어서는 것도 재미있다.

마포구 포은로8길 14

서울함공원

한강의 군함 테마파크

한강은 예부터 선조들의 뱃길이자 문명의 이동 통로였다. 함공원은 서울시 최초의 함상 테마파크이다. 우리 바다를 30년간 지키고 퇴역한 군함 세 척을 전시하고 있다. 서울함과 참수리 고속정, 190톤 규모의 잠수함을 원형 그대로를 보존하고 있다. 이색적인 전시와 체험 공간이다. 내부 관람도 가능하다.

마포구 마포나루길 407 **3월~10월** 10:00-19:00(토요일 및 공휴일 10:00-20:00) **11월~2월** 10:00-17:00(토요일 및 공휴일 10:00-18:00) 휴관 월요일, 1월 1일, 설날, 추석 당일 휴관

₩ **어른** 3,000원 **어린이** 1,000원

02-332-7500 http://seoulbattleshippark.com/xe/main

크루고스트 베이스~마포대교 코스

#공덕역 #마포대교 #크루고스트 #러닝은문화다

수천 명 러너의 리더
신철규 님의 추천 코스

자유를 느끼며 달리는 공덕역 마포대교 코스

신철규 님은 유망한 축구선수였다. 하지만 다리를 다쳐 꿈을 접었다. 새로운 길로 들어섰으나 실패를 거듭하고 사업에 실패하자 나중엔 버스비마저 없었다. 그는 마포대교 위를 걸으며 힘든 시기를 보냈다. 그를 다시 일으켜 세운 건 달리기였다. 지금은 사업을 재개했고, 오픈 러닝 클럽 크루고스트CREW GHOST를 운영하며 많은 이들과 더불어 건강한 러닝 문화를 만들어 가고 있다.

'러닝은 문화다.' 그가 운영하는 크루고스트의 슬로건이다. 공덕역에 베이스 캠프가 있다. 신철규 님이 추천하는 코스는 공덕역에서 시작하여 마포대교까지이다. 공덕동 베이스를 출발해 효창공원앞역까지 갔다가 다시 돌아와 마포역, 마포한강공원 나들목, 마포대교 남단까지 갔다가 돌아오는 코스다. 이 코스의 하이라이트는 마포대교다. 야경을 감상하며 달리면 스트레스가 모두 날아간다. 어느 순간 자유로운 느낌마저 든다. 마포대교는 마법 같은 힘을 가지고 있다. 다리와 여의도의 화려한 조명이 모두 나를 비추는 것 같다. 마포대교에서는 누구나 자유인이 된다.

코스 정보

코스 경로 크루고스트 베이스~효창공원앞역~마포역~마포대교~마포대교 남단 반환 후 복귀 거리 7km 난이도 중 러닝 시간 50분 워킹 시간 90분 찾아가기 공덕역 1번 출구(크루고스트 베이스) 짐 보관 크루고스트 베이스 내 짐 보관함 코스 주소 마포구 염리동 169-12

코스 팁

① 다리 위는 주로가 좁아요. 한 줄로 달려요.

② 마포대교 고가 계단에선 뛰지 말고 걸어요.

포토 스팟

마포대교 고가 계단

마포한강공원 자전거길

마포한강공원 나들목

미친닭

쌀치킨, 워터멜론 맥주

후라이드 쌀치킨과 함께 마시는 시원한 워터멜론 맥주를 추천한다. 쌀로 만든 치킨이라 바삭하고 기름 흡수가 덜하다. 주소 마포구 백범로 199 02-3273-9994

크루고스트

누구에게나 열린 러닝 크루

크루고스트는 누구나 참가할 수 있는 오픈 러닝 크루이다. Android와 IOS 휴대 전화 어플을 내려받아 회원으로 참여할 수 있다. 러닝 세션 참가 신청도 하고, 마라톤 및 러닝 이벤트를 확인할 수 있다. 베이스 캠프에 짐을 보관할 수 있고, 겨울철엔 몸을 따뜻하게 녹일 수 있다. 매주 월요일과 목요일에 열리는 달리기 세션에는 약 100명의 러너가 모인다. 때론 휴일이나 특정 날짜에 특별 세션이 열리기도 한다. 이 또한 어플에서 확인할 수 있다. 러닝 프로그램도 다양하다. 빠른 속도부터 Run & Walk, 그리고 '나 오늘 처음 달려요' 코스까지 체력과 컨디션에 맞는 프로그램에 참여할 수 있다. 러닝 후에는 간식으로 바나나와 물이 제공된다. 참가비는 무료이다.

주소 마포구 백범로 28길 17
세션 매주 월, 목(오후 07:50 집결), 특별 세션 오픈 가능
APP CREWGHOST

상수역~마포대교 코스

#상수역 #서강대교 #광흥창나들목 #마포대교

달리기를 통해 세상 밖으로 다시 나온 김울프 님의 추천 코스

인적이 드물어 한강이 다 내 것 같은 광흥창 나들목

사람들은 저마다 달리기를 처음 시작하게 된 스토리를 품고 있다. 김울프 님도 마찬가지다. 2016년 그는 모든 일에서 승승장구하고 있었다. 그러던 어느 날, 갑자기 실연을 당했다. 아무것도 하지 못한 채 일 년을 보냈다. 손에 잡히는 건 없었고, 쉬어도 힘이 나질 않았다. 하고 싶은 것도 없었다. 이럴 때 간혹 사람들은 자신을 꾸짖는다. 김울프 님도 스스로 꾸짖으려고 달리기를 시작했다. "건강한 신체에는 건강한 정신이 깃든다."고 했던가. 달리기를 시작한 뒤로 모든 게 조금씩 제자리로 돌아오기 시작했다.

김울프 님은 상수동 한강 코스를 달린다. 이 코스는 그에게 단순한 길이 아니다. 한강의 대부분은 사람이 많지만, 이곳은 유일하게 인적이 드물다. 따라서 홀로 생각을 정리하며 달리기 좋다. 게다가 인적이 드물어 한강이 내 것 같은 느낌마저 든다. 허한 마음이 가득 채워지는 느낌을 강하게 받는다. 여의도 빌딩가의 야경은 묘한 해방감을 준다. '나를 가장 나답게' 만들어 주는 길. 한강이 멈추지 않고 흐르듯 그도 멈추지 않고 강변을 달린다.

코스 정보

코스 경로 상수역~서강대교 북단~마포대교 북단~광흥창 나들목~광흥창역~상수역 복귀 거리 5km 난이도 하 러닝 시간 40분 워킹 시간 60분 찾아가기 상수역 3번 출구 짐 보관 상수역 내 짐 보관함 코스 주소 마포구 상수동 309-18

코스 팁

함께 달리는 것도 좋지만 때로는 혼자 달리는 연습도 하세요. 인생은 혼자 가야 할 때도 있잖아요.

포토 스팟

서강대교 북단 아래 / 서강대교 북단(여의도 방면) / 광흥창 나들목

곤밥

갈비찜비빔밥

분위기 정갈한 상수동 맛집. 진한 된장국과 함께 나오는 갈비찜비빔밥이 대표 메뉴다. 맛있는 비빔밥 위에 갈비찜까지 올라갔으니 금상천화다. 마포구 토정로 105 02-336-5157

합정역~잠수교 LSD 코스

#합정역 #이촌한강공원 #LSD #장거리달리기

장거리를 달리는 장범진 님의 추천 코스

합정에서 한강을 거슬러 장거리 달리기

대학교에 입학했을 때 장범진 님의 몸무게는 100kg에 가까웠다. 대학 선배와 운동장을 뛰게 되었고, 그때 태어나서 처음으로 달리기의 매력을 알았다. 달릴 때마다 기분이 상쾌했다. 몸도 가벼워지는 걸 느꼈다. 그는 러닝을 즐기게 되었고 결국 30kg 이상 감량에 성공했다. 더 밝게 웃을 수 있는 내일을 위해 그는 지금도 달린다.

이제, 정범진 님은 러닝 실력을 높이기 위해 한강 장거리 코스를 달린다. 한강은 장거리 러닝LSD을 하기에 더없이 좋다. 공원이나 트랙을 반복적으로 달리는 것도 방법이지만 자칫 지루할 수 있다. 그는 합정역부터 잠수교까지 왕복으로 달린다. 코스 주변 아름다운 풍경이 계절마다 바뀌어 시간 가는 줄 모른다. 힘이 들 때면 한강 다리를 지나칠 때마다 마음을 새롭게 다잡을 수 있다. 한강을 달리는 러너가 많아 서로를 응원하며 달릴 수 있어서 더 좋다. 게다가 능력에 따라 코스를 늘이거나 줄일 수 있다. 합정역에서 잠수교까지는 10km이고, 왕복은 20km이다. 한강길 따라 장거리 러닝에 도전해 보자.

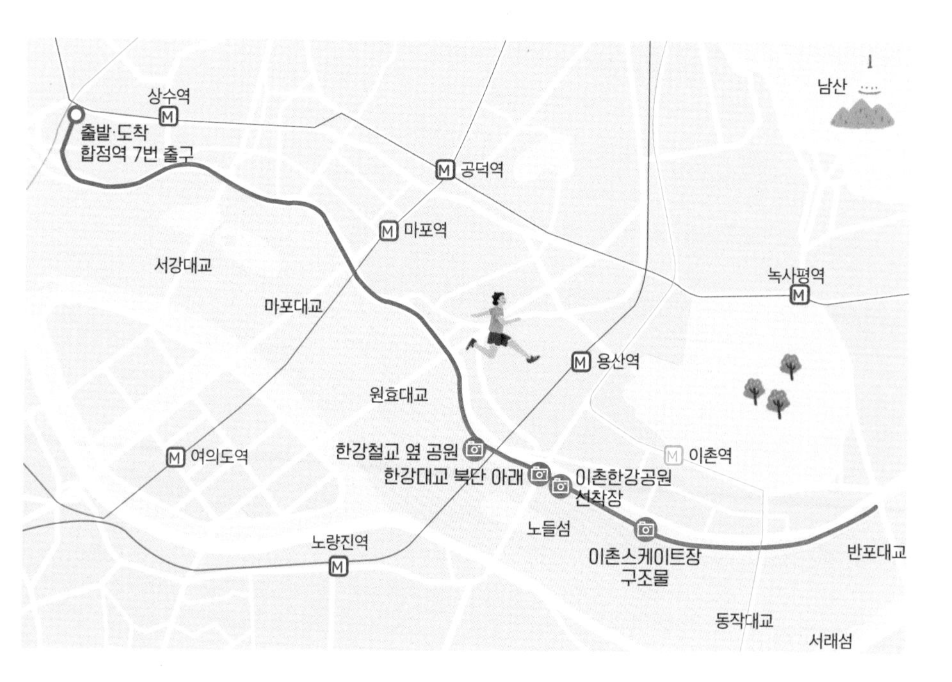

코스 정보

코스 경로 합정역 7번 출구~서강대교~마포대교~한강철교~한강대교~잠수교 반환 후 복귀 거리 20km 난이도 상 러닝 시간 120분 이상 찾아가기 합정역 7번 출구 짐 보관 합정역 내 짐 보관함 코스 주소 마포구 양화로 55

코스 팁

① 강을 따라 산책하는 기분으로 달리면 지루하지 않게 장거리를 달릴 수 있어요.
② 장시간 운동 시 체온에 무리가 가지 않도록 계절에 알맞은 옷을 입고 달려요.

포토 스팟

한강철교 옆 공원

한강대교 북단 아래

이촌한강공원 선착장

망원동 즉석우동

우동, 돈까스

오랜 시간 꾸준한 사랑을 받는 맛집이다. 대표메뉴는 매운우동국물과 왕돈까스. 기본적으로 매운맛이어서 순한 맛을 원하면 꼭 말해야 한다.

마포구 동교로 83 02-336-1330

LSD

Long Slow Distance

장거리를 천천히 오래 달리는 걸 LSD라고 한다. 숨이 차지 않게 옆 사람과 편하게 이야기를 나누며 달릴 수 있는 정도면 충분하다. 이 훈련을 하면 심폐기능이 향상되고 지구력을 기를 수 있으며 특히, 풀코스를 준비하는 러너에게 필수 훈련이다. 장거리 훈련이 처음이라면 처음에는 1시간을 쉬지 않고 꾸준히 달린다고 생각하자. 신호 대기나 자동차 등으로 멈춰야 하는 상황이 발생하는 코스보다는 쉬지 않고 달릴 수 있는 코스가 좋다. 중요한 것은 멈추지 말아야 한다. 훈련 시에는 다리에 무리가 가지 않도록 쿠션이 많은 러닝화를 신는 것이 좋다. 거리를 점차 늘리기 위해서는 거리를 한 번에 크게 올리기보다는 20%씩 늘려주자. 풀코스 대회 전 마지막 장거리 훈련은 3주 전에 마쳐야 한다. 이때는 30~32km 정도가 이상적이다. 두려워할 필요 없다. 처음 달리기를 시작했을 때는 1km도 힘들다. 하지만 5Km, 10Km, 21Km로 조금씩 거리를 늘리면 된다.

월드컵경기장역~노을공원 순환 코스

#월드컵경기장 #하늘공원 #메타세쿼이아길

부상 없이 즐기는 전직 육상선수 공유정 님의 추천 코스

피톤치드 가득한 메타세쿼이아길

공유정 님은 전직 육상선수다. 선수 시절 많은 부상을 경험하면서 "부상 없이 즐기는 자가 1등"이라는 생각을 갖게 되었다. 이러한 생각으로 꾸준히 러닝을 즐기는 그녀만의 코스는 어디일까? 알고 보면 180도 반전 매력이 있는 노을공원 순환코스이다. 예전엔 쓰레기매립장이었지만 지금은 서울시민에게 가장 친숙한 공원 가운데 하나이다.

마포구엔 아름다운 공원 5개가 몰려있다. 평화의 공원, 하늘공원, 노을공원, 난지한강공원, 난지천공원이다. 특히, 이 중에서 노을공원 순환코스는 월드컵경기장 주변으로 열리는 마라톤 대회 코스이기에 길을 미리 익혀두고 예행연습하기에도 좋다. 그 중 반드시 달려야 할 길은 메타세쿼이아길. 과거 쓰레기 매립지였다고는 믿을 수 없을 정도로 피톤치드 향이 가득한 그곳을 달리면 도심을 벗어나 자연 속에 풍덩 빠지는 느낌이 든다. 흙길이라 달리기에도 안전하다. 웨딩 촬영지로도 인기가 좋은 많은 만큼 꼭 인생 사진을 남기는 걸 추천한다. 많은 사람이 찾는 곳임에도 깨끗하고 자연 그대로 보존되어 있어 달리기에 참 좋다.

코스 정보

코스 경로 월드컵경기장역~평화의공원~하늘공원~노을공원~메타세쿼이아길~원점 복귀 거리 8.3km 난이도 중 러닝 시간 60분 워킹 시간 110분 찾아가기 월드컵경기장 1번 출구 짐 보관 월드컵경기장역 내 짐 보관함 코스 주소 마포구 월드컵로 240

코스 팁

① 작게 숨을 쉬는 것보다 크게 쉬면 호흡이 빨리 안정되고 근육 회복 속도도 빨라져요.

② 업힐에서는 언덕을 쳐다보기보다는 앞 러너만 보며 짧게 피치 해 올라가요.

③ 힘써서 뛰기보다 평상시 뛰는 동작의 크기를 반으로 줄여 뛴다는 생각으로 가볍게 발만 바꿔주며 뛰어요.

④ 오르막을 다 오른 후에는 힘들더라도 크게 호흡하며 심박을 안정시켜요.

포토 스팟

서울월드컵경기장 계단

하늘공원 입구

증산로 구름다리

족발귀신 본점

족발, 쟁반막국수

보들보들하게 삶은 족발 맛이 일품이다. '숯불에 구워 더 맛있는 반반족발(앞발)'을 추천한다. 쟁반막국수와 함께 먹으면 더 맛있다. 마포구 월드컵로 146 02-324-2634

월드컵공원 메타세쿼이아길

담양과 남이섬의 메타세쿼이아를 옮겨놓은 듯

서울에서 최고 산책로를 걷고 싶다면 월드컵공원 메타세쿼이아 숲길로 가야 한다. 공식 이름은 희망의 숲길이지만 오히려 낭만의 숲길이라 불러야 더 어울릴 듯하다. 당장이라도 개명하고 싶다. 메타세쿼이아의 이국적인 풍경을 느끼려면 담양이나 남이섬으로 가야 했지만 이젠 그럴 필요가 없다. 하늘공원과 노을공원 한강 쪽 아래, 그러니까 일산 방향 자유로 오른쪽으로 담양과 남이섬 부럽지 않은 메타세쿼이아 숲길이 펼쳐져 있다. 길이는 무려 900m. 이 숲길에 들어서면 서울이 아니라 순간 이동으로 갑자기 이국의 어느 숲에 들어온 듯 운치가 남다르다. 현실이 아니라 낭만적인 사랑 영화 속으로 순간 이동한 기분도 든다. 사실 메타세쿼이아는 초식공룡의 먹이였다. 메타세쿼이아가 빙하기 이전에 살았던 초식공룡의 먹이였다는 전설 같은 이야기를 듣고 나면 이 숲길은 더욱 비현실적으로 느껴진다. 서울의 새로운 표정을 만나고 싶다면, 월드컵공원 메타세쿼이아길로 산책을 떠나자.

마포구 하늘공원로 95

하늘공원 입구에서 이정표 따라 800m 이동

월드컵경기장역~난지한강공원 코스

#월드컵경기장 #평화의공원 #난지한강공원

뒤늦게 달리는 매력에 빠진 양재원 님의 추천 코스

활력을 되찾게 해준 난지한강공원 달리기

세상에서 가장 싫은 건 '달리기'고, 인생에 없는 것은 '오래달리기' 였던 양재원 님은 뒤늦은 40대에 달리는 매력을 깨닫게 되면서 인생의 변화를 느꼈다. 체중 변화로 생긴 우울증을 떨쳐내고 그 자리를 업무에 대한 의욕으로 채웠다. 자신감이 생기고 몸이 가벼워지니 늘 밝은 기운으로 하루를 만들어 간다.

양재원 님은 평화의 공원과 난지한강공원을 달린다. 난지 연못, 수변 공원, 잔디광장, 캠핑장, 습지원이 그를 반긴다. 월드컵경기장역~난지한강공원 코스는 흙길, 산길, 자갈길, 아스팔트 길로 이루어져 있다. 약간 오르막이 있지만, 눈이 즐거울 만큼 코스가 다채로워 힘들지 않게 달릴 수 있다. 주차장과 화장실 등 편의 시설도 잘 갖추고 있다. 또한, 난지한강공원에서 서쪽으로 더 가면 행주산성까지 장거리 달리기도 가능하다. 달리기를 너무나 싫어했던 사람이 이제는 달리며 즐거움을 느끼고 활력을 찾는다. 달리기는 사람을 변화시키고 인생을 변화시킨다. 오늘은 달리기가 주는 긍정의 힘을 떠올리며 평화의공원과 난지한강공원을 달리는 건 어떨까?

코스 정보

코스 경로 월드컵경기장역~평화의공원~난지한강공원 구름다리~난지한강공원 반환 후 복귀 거리 8km 난이도 중 러닝 시간 50분 워킹 시간 90분 찾아가기 월드컵경기장역 1번 출구 짐 보관 월드컵경기장역 내 짐 보관함 코스 주소 마포구 월드컵로 146

러닝 팁

① 천천히 뛰더라도 멈추지 않는다고 생각하며 달려요.

② 가장 힘든 순간엔 팔을 열심히 흔들어요.

③ 코스 중간에 계단과 언덕 등 오르막길이 있으니 안전에 주의해 달려요.

포토 스팟

서울월드컵경기장 계단

평화의공원 연못

난지한강공원 구름다리

상암일미락

통삼겹살

숙성 삼겹살 맛집으로 통삼겹살이 대표 메뉴다. 러닝 후 한입 베어 물면 입안 가득 육즙이 퍼진다. 입가에 미소가 절로 번진다. 마포구 성암로13길 40 02-302-9293

어무이

수비드삼겹살, 강된장덮밥

신효섭 셰프가 운영하는 상암동 맛집이다. 저온 조리한 수비드 삼겹살에 특제 강된장을 비벼먹는 수비드삼겹살 강된장덮밥을 추천한다. 수비드Sous vide는 음식물을 밀폐한 비닐봉지에 넣고 섭씨 70도 정도 되는 물로 오랫동안 데우는 조리법이다.

마포구 월드컵북로 375 DMC이안상암1단지 2층 02-6393-6365

문화비축기지

석유 탱크가 매력적인 문화공간으로

서울 월드컵경기장 서쪽, 하늘공원 북쪽에 있다. 옛 이름은 '석유비축기지'이다. 1973년 석유파동 이후 5개의 탱크를 건설해 석유를 보관했다. 2002년 월드컵을 앞두고 안전상의 이유로 폐쇄되었다가 2013년 시민 아이디어 공모를 통해 '문화비축기지'로 변신했다. 기존 산업 자원을 재활용한 도시 '재생' 프로젝트이다. 규모는 축구장 22개 크기. 기존 탱크 중 4개는 전시관 및 공연장으로 활용하고 있다. 한 곳은 기존 탱크를 재활용해 커뮤니티 센터로 운영 중이다. 단순 문화시설을 넘어 석유와 건설을 대표로 하는 산업화시대의 유산을 친환경과 재생의 가치로 재탄생 시킨 상징적인 장소다. 많은 시민이 나들이 장소로 이곳을 찾는다.

마포구 증산로 87 **공원** 연중무휴 **전시관** 10:00-18:00(월요일 휴무)

₩ 무료 02-376-8410 http://parks.seoul.go.kr/template/sub/culturetank.do

월드컵경기장~노을공원 코스

#노을공원 #노을캠핑장 #노을전망대

러닝 문화가 더 발전하길 바라는 최선녀 님의 추천 코스

180도 반전 매력이 넘치는 노을공원

요즘 들어 러닝의 인기가 부쩍 높아졌다. 크고 작은 마라톤 대회와 트레일런 대회도 많이 생겼다. 이에 따라 러닝 문화도 발전하고 있지만, 아직은 부족한 점도 눈에 띈다. 최선녀 님은 종종 마라톤 대회에 참여한다. 그녀는 달리기 대회가 함께 즐기고 서로 응원하는 축제가 되기를 바란다.

최선녀 님이 추천하는 코스는 월드컵경기장의 노을공원이다. 노을공원은 난지도 쓰레기매립장을 재생하려 만들었다. 재생 과정을 거쳐 대중 골프장이 들어섰으나 소수에게 혜택이 집중된다는 비판이 많았다. 2008년 서울시는 시민의 의견을 받아들여 골프장을 폐쇄하고 가족공원으로 전환했다. 골프장은 소규모 파크 골프장으로 바뀌었고, 나머지는 탁 트인 잔디밭으로 꾸몄다. 캠핑장, 산책로 원두막도 생겼다. 산책하고, 러닝을 하기에 최적의 조건을 갖췄다. 풍경이 워낙 아름다워 달리는 즐거움이 배가된다. 구석구석 흙길이 있어 어디든 달려도 좋다. 러닝이 즐거워 지는 곳, 바람 따라 새 소리 따라 이 길 저 길 마음껏 달리고 싶은 곳, 해 질 녘 노을이 장엄한 노을공원으로 가자.

코스 정보

코스 경로 월드컵경기장역~평화의공원~난지천공원~노을공원 한바퀴~메타쉐콰이어길~원점 복귀 거리 9km 난이도 중 러닝 시간 60분 워킹 시간 120분 찾아가기 월드컵경기장 1번 출구 짐 보관 역 내 짐 보관함 코스 주소 마포구 월드컵로 146

코스 팁

① 노을공원 바깥쪽엔 외부 탐방로가 있고 안쪽엔 테마 산책로가 있어요.

② 시민들이 캠핑을 즐겨요. 큰소리로 파이팅을 외치진 말아요.

포토 스팟

노을공원길

노을공원 구조물

노을공원 외곽길

서룡

된장 짜장, 된장 짬뽕

상암동의 중식 맛집이다. 고소하고 순한 된장 짜장과 된장 짬뽕이 시그니처 메뉴이다. 평소 짜장면을 먹지 않는 사람도 반하게 만든다.

마포구 월드컵북로 361 02-6365-4040

노을공원

석양과 예술이 흐르는 곳

노을공원은 서울에서 노을이 가장 아름다운 곳이다. 재생 사업을 통해 하늘공원 서쪽 매립지 약 10만평을 자연 친화적인 공원으로 만들었다. 공원 서쪽 노을광장이 해 질 녘 노을을 감상할 수 있는 명당이다. 눈앞으로 마곡철교와 아치형 방화대교가 시야에 들어오고, 시선을 멀리 던지면 행주대교와 행주산성도 노을로 붉고 노랗게 물들어 있다. 여기에 다리 아래로 흐르는 한강이 금빛으로 물들면 노을공원의 석양 풍경이 완성된다. 저녁 무렵이 아니어도 좋다. 도시농부정원, 노을캠핑장, 야외 설치 예술품, 드넓은 잔디광장, 하늘하늘 걷고 싶은 산책로, 파크골프장……. 어디든 소풍 온 기분을 마음껏 낼 수 있다. 특히 노을캠핑장에서는 공원에 준비된 텐트를 사용하거나, 텐트를 직접 가져와 캠핑을 즐길 수 있다. 파크 골프장은 12월부터 3월까지 휴장한다.

마포구 하늘공원로 108 05:00~22:00(겨울엔 19:30까지)

02-304-3213

월드컵경기장~하늘공원 코스

#월드컵경기장 #하늘공원 #억새 #노을

우리를 미소짓게 만드는 요리사 한재훈 님의 추천 코스

하늘과 가장 가까운 러닝 길, 하늘공원 코스

요리사라는 직업은 보람도 있지만 한정된 공간에 오래 있다 보니 답답할 때도 있다. 달리면 답답함이 풀릴까? 한재훈 님은 이런 생각으로 달리기를 시작했다. 러닝은 그에게 새로운 활력을 주었다. 많은 사람이 마라톤에 열광하는 이유를 그제야 알게 되었다. 그뿐이 아니다. 한재훈 님의 변화는 친구들과 직장 동료들도 변하게 도왔다.

일상에서 답답함을 느낀다면 가슴이 뻥 뚫리는 하늘공원 러닝을 추천한다. 이 길을 내가 올라갈 수 있을까 싶지만 일단 정상에 오르면 끝없이 펼쳐진 들판에 감탄을 금치 못한다. 첫 느낌은 웅장하고 거대하다. 그리고 내가 다 올라왔다는 뿌듯함이 가슴 밑바닥에서 탄산처럼 올라온다. 억새밭 사이를 달리면 내 마음도 덩달아 일렁인다. 반드시 전망대 앞에서 서울을 둘러보자. 한강부터 북한산, 63빌딩, 남산이 한눈에 보인다. 좀처럼 경험할 수 없는 탁 트인 전경, 서울 풍경을 모조리 눈에 담을 수 있다. 계절마다 다 매력적이지만 단연 최고는 가을이다. 황홀한 은빛 억새를 감상하고 싶다면 노을이 내리는 무렵을 추천한다. 온 세상이 금빛으로 보일 것이다.

코스 정보

코스 경로 월드컵경기장역~평화의공원~증산로 구름다리~하늘공원 순환 후 원점 복귀 거리 5.6km 난이도 중 러닝 시간 40분 워킹 시간 70분 찾아가기 월드컵경기장역 1번 출구 짐 보관 월드컵경기장역 내 짐 보관함 코스 주소 마포구 월드컵로 146

코스 팁

① 자연 보호를 위해 억새밭 바깥쪽의 산책로를 달려요.

② 하늘공원에 이르면 러닝을 멈추고 잠시 풍경을 즐기세요.

③ 퇴근이 늦어 달리기 어렵다면 줄넘기를 추천해요. 근육 강화, 심폐 능력 향상, 체지방 감소에 큰 도움을 줘요.

포토 스팟

평화의공원 구조물

하늘공원 둥지

하늘공원

에그드랍 홈플러스월드컵점

샌드위치

무항생제 달걀과 브리오슈 식빵고급 버터로 만든 식빵을 이용한 에그샌드위치가 유명하다. 그중에서 미스터에그를 추천한다. 두툼한 달걀은 하나만 먹어도 금방 배가 찬다. 주문 즉시 조리해서 더욱 맛있다.

마포구 월드컵로 240 월드컵경기장 내 홈플러스 2층 02-303-7670

하늘공원

청보리, 해바라기, 하늘하늘 억새꽃

생태환경 복원 목적으로 난지도 쓰레기매립장 6만여 평에 초지식물과 나무를 심어 자연생태계를 복원한 공원이다. 높이 98m로 월드컵경기장의 여러 공원 가운데 하늘과 가장 가까운 곳에 있다. 그뿐 아니라 월드컵공원 중에 가장 아름다운 곳이다. 봄에는 청보리밭이 시원하게 펼쳐지고, 초여름엔 꽃양귀비가 매혹적으로 피어난다. 늦여름과 초가을에는 해바라기꽃이 강렬하고, 가을에는 핑크뮬리와 억새가 당신에게 카메라를 들게 한다.

이곳엔 풍력발전소도 있다. 거대한 다섯 개 바람개비도 이국적이다. 높이 30m의 바람개비발전 타워에서 전력을 생산해 자체 시설의 전기 에너지원으로 사용한다. 또, 쓰레기 더미에서 발생하는 풍부한 메탄가스를 정제 처리해 월드컵경기장과 주변 지역에 천연가스를 공급한다. 다만 하늘공원엔 상점이 없어 음료수나 간식을 미리 준비해야 한다. 탐방객 안내소와 주요 지점에 간이 화장실이 있다.

마포구 하늘공원로 95 05:00~22:00(겨울엔 19:30까지) 02-304-3213

디지털미디어시티역~불광천 코스

#불광천 #DMC #디지털미디어시티

러닝과 싸이클을 즐기는 노재민 님의 추천 코스

두 바퀴도 좋고, 두 발로 달려도 좋은 불광천 러닝 코스

노재민 님은 자전거를 타다가 뒤늦게 러닝의 매력에 빠졌다. 구체적인 이야기는 이렇다. 좀 더 체계적으로 자전거를 타려고 스포츠 시계를 구매했다. 스포츠 시계 상단에 '러닝 모드'가 있었다. 하루는 호기심에 '러닝 모드'를 작동시키고 달리기를 해봤다. 어라! 달리기는 자전거와 또 다른 매력이 있었다. 러닝의 새로운 발견이었다. 지금은 자전거 타기보다 달리기를 더 많이 한다.

노재민 님이 추천하는 코스는 불광천이다. 자전거로 달려도 좋고, 두 발로 달려도 좋다. 보행자 도로가 따로 있어 무엇보다 안전하다. 한강까지 이어진 불광천 변에는 아기자기한 카페가 많아 카페를 투어하는 재미도 있다. 계절마다 바뀌는 천변 풍경은 사계절 내내 지루할 틈을 주지 않는다. 천변 길이 주는 덤이다. 불광천을 따라 지하철역이 쭉 연결되어 있다. 디지털미디어시티역부터 증산역, 새절역, 응암역까지 맞닿아 있기에 어디서 출발해도 접근성이 좋다. 또 가까운 지하철에서 달리기를 멈추고 되돌아가기에도 편리하다. 초보자에게 특히 좋은 코스다. 여름에는 시원하고 겨울에는 바람이 불지 않는 곳. 평지 구간이라 거리 늘리기 연습에도 아주 좋다.

코스 정보

코스 경로 디지털미디어시티역~불광천~3.5km 지점 반환 후 복귀 거리 7km 난이도 하 러닝 시간 50분 워킹 시간 80분 찾아가기 디지털미디어시티역 7번 출구 짐 보관 디지털미디어시티역 내 짐 보관함 코스 주소 마포구 상암동 1137

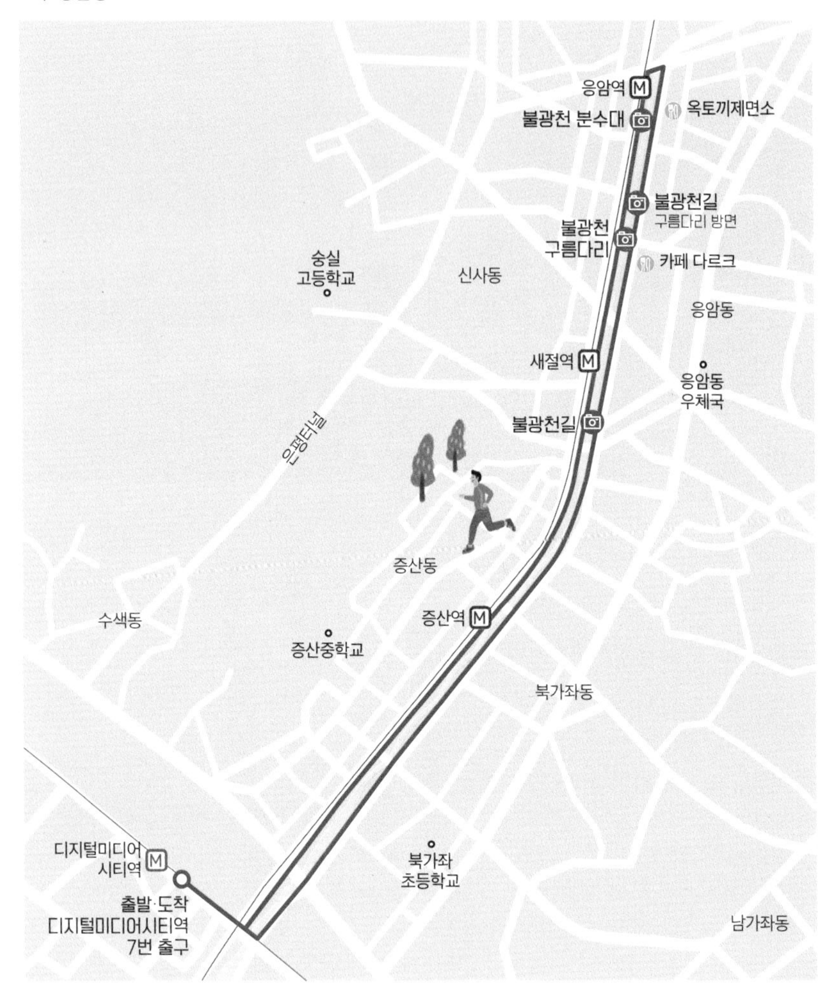

코스 팁

① 러닝 BPM과 일치하는 음악을 들으면 달릴 때 더 힘이 나요.

② 산책하는 분들이 많아요. 보행자를 조심하세요.

③ 자전거 타는 시민도 많아요. 그룹이어도 꼭 보행자 도로로 달려요.

포토 스팟

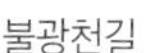

불광천길

불광천 분수대

불광천길 구름다리 방면

카페 다르크

멜랑지

고급스럽고 깔끔한 흰색의 외관으로 불광천에서 가장 눈에 띈다. 메뉴 중 '멜랑지'멜랑슈. 비엔나커피의 한 종류. 부드러운 우유 거품을 올린 밀크 커피이다를 추천한다. 은평구 불광천길 450 070-8624-7789

옥토끼제면소

백탕면

진한 국물맛이 일품이다. 특히 이곳의 백탕면은 장시간 닭사골과 돼지 사골을 우려내 국물이 더욱 깊다.
은평구 불광천길 536 02-6104-6353

디지털미디어시티DMC

뉴스와 엔터테인먼트 1번지

첨단 디지털 미디어 엔터테인먼트 클러스터를 뜻하며, MBC, YTN, JTBC, CJ엔터테인먼트 등 여러 방송국이 밀집해 있다. 건물 사이사이에 DMC 문화공원, 물빛 문화공원, 가온 문화공원 등이 있어서 방송국에서 야외 촬영을 할 때도 있다. 운이 좋으면 DMC를 달리다 촬영 현장을 만나기도 한다. 상암동 MBC 신사옥 앞의 설치미술은 방송에서도 많이 나오는 인기 스팟이다. 스타의 거리 바닥에는 연예인들의 손도장과 드라마 주인공의 모형이 있어 구경하는 재미도 있다.

마포구 월드컵북로 336
10:00~17:00(일요일 및 공휴일 휴무)
₩ 무료 02-309-7067 dmc.seoul.kr

신촌역~연세대학교 대운동장 코스

#연세대트랙 #연트 #트랙런 #이화여대

열정 러너
문현아 님의 추천 코스

속도가 달라도 함께 달릴 수 있는 연대트랙

문현아 님은 매일 달리기를 하고 해외 마라톤까지 도전하는 열정 러너다. 하지만 처음부터 그랬던 건 아니다. 1년에 한 번 스포츠 브랜드에서 개최하는 이벤트 대회에 나가는 것이 전부였다. 마음에 맞는 크루를 만나면서 달리기 인생이 바뀌기 시작했다. 어느새 그녀는 매일 달리고 있었다. '함께 달리는 즐거움'을 그때 알았다. 문현아 님이 추천하는 코스는 연트연세대 트랙이다. "지루하게 트랙을 달려야 하나?" 이런 생각을 할 수 있지만, 당신이 트랙을 달려야만 하는 이유가 있다. 서로 속도가 달라도 트랙에선 함께 달릴 수 있는 까닭이다. 앞서 가도 뒤처져도 언젠가는 다시 만난다. 다른 사람의 속도에 맞출 필요 없이 내 페이스로 달리면 된다. 그러기에 초보자와 상급자가 함께 할 수 있다. 혼자 달려도 좋고, 여럿이 달리면 더 좋다. 트랙은 발걸음에 부스터를 달아주는 묘한 힘이 있다. 특히나 보통 트랙은 빨간색인데 연세대 대운동장 트랙은 파란색이어서 이색적이다. 최근에 보수공사를 마쳐 트랙 상태도 최상급이다. 트랙 러닝이 끝나면 이화여자대학교까지 확장해도 좋겠다.

코스 정보

코스 경로 신촌역 2번 출구~연세대학교 대운동장 자율 러닝 후 복귀 거리 자율(트랙 400m) 난이도 자율 찾아가기 신촌역 2번 출구 짐 보관 신촌역 내 짐 보관함 및 연세대학교 트랙 스탠드 코스 주소 서울 마포구 신촌로 90

포토 스팟

연세대학교 대운동장

연세대학교 대운동장(스탠드 방면)

이화여자대학교

미분당

쌀국수

혼밥하기 좋은 베트남 쌀국수 맛집으로 다른 곳보다 고기가 많다. 차돌박이와 양지 중 입맛에 따라 골라 먹을 수 있다. 바로 옆 골목에 2호점도 있다. 서대문구 연세로5다길 35 02-3141-0807

독립문역~서대문독립공원 코스

#서대문독립공원 #서대문형무소역사관 #독립문 #이진아도서관

유모차 밀며 아이와 함께 달리는 윤수정 님의 추천 코스

근대 역사와 자연이 스며든 서대문독립공원

종종 이목을 끄는 사람이 있다. 유모차를 밀며 달리는 러너! 서대문구에는 빨간 유모차를 밀며 달리는 러너가 있다. 젊은 날의 즐거움을 꾸준히 이어가고 있는 엄마, 윤수정 님을 소개한다. 그녀는 임신 때부터 '유모차 마라토너'를 꿈꾸었다. 출산 후 틈틈이 유모차에 아이를 태우고 훈련을 했다. 이듬해 마침내 아이와 첫 10km 달리기에 성공했다. 혼자 달려온 지 11년, 아이와 함께 달린 지 1년. 그녀는 제2의 달리기 인생을 맞이했다. 임신과 출산을 겪으면 몸이 예전과 다르다. 하지만 느리더라도 러닝의 기쁨과 성취감을 만끽하기 위해 그녀는 오늘도 달린다.

윤수정 님은 서대문독립공원 코스를 추천한다. 도심 내 숨겨진 자연 달리기 길이다. 안전할 뿐만 아니라 역사 공부도 할 수 있어서 의미 있는 달리기가 가능하다. 공원 안에 화장실과 편의시설이 많아 편리하다. 게다가 봄, 여름의 녹음과 가을 단풍을 만끽할 수 있다. 온 가족이 공유하는 건강한 취미를 갖고 싶다는 그녀. 수정 님의 작은 움직임이 달리기를 머뭇거리는 엄마, 아빠들에게 도전의 영감이 되어주길 기대한다.

코스 정보

코스 경로 이진아 도서관~서대문형무소~서대문독립공원~독립문~원점 복귀 거리 4.5km 난이도 중 러닝 시간 30분 워킹 시간 50분 찾아가기 이진아 도서관 짐 보관 독립문역 내 짐 보관함 및 이진아 도서관 물품 보관함 코스 주소 서대문구 독립문공원길 80

코스 팁

① 오르막과 내리막이 많아 훈련에 적합해요.

② 독립공원에서 사직터널, 경복궁역, 광화문 광장으로 이어지는 시티 러닝도 가능해요.

③ 초보자라면 걷다가 뛰길 반복하며 코스를 익히는 걸 추천해요.

포토 스팟

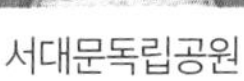

서대문독립공원

서대문형무소

독립문

대성집

도가니탕

미쉐린가이드에 등재된 60년 넘은 도가니탕 맛집이다. 뽀얀 국물과 쫄깃한 도가니는 달리기 훈련 후에 먹으면 더욱 좋다. ◎ 종로구 사직로 5 ☏ 02-735-4259

도깨비손칼국수

칼국수, 왕만두

독립공원 맞은편 영천시장 안에 있다. 손칼국수가 무려 2500원. 왕만두와 함께 먹으면 맛도 좋고 양 또한 넉넉하다. ◎ 종로구 사직로 5 ☏ 02-364-9981

서대문형무소역사관

민족의 아픔 100년이 그곳에 있다

1908년 10월 21일, '경성감옥' 이라는 이름으로 일제가 독립운동가들을 수감하려고 만들었다. 해방 이후 1987년까지 서울구치소로 이용되었다. 한국 근현대사의 굴곡을 안고 있는 상징적인 장소로 정부 수립 50주년 맞이하여 우리 민족의 근·현대사와 선열들의 자주 독립정신을 배울 수 있는 역사관으로 개관하였다. 3·1운동 직후 유관순 열사가 투옥되어 숨을 거둔 지하 옥사와 감시탑, 고문실, 사형장 등으로 구성되어 있다. 특히 관사와 고문실로 쓰이던 역사전시관에는 영상자료실, 관람객이 직접 체험할 수 있는 독방 등 옥중생활실과 사형장 옆에 시신을 몰래 버리기 위해 만든 시구문이 복원되어 있다. 전화로 도슨트 예약도 가능하다.
◎ 서대문구 통일로 251 ◷ 09:30~18:00(11월~2월은 17:00까지), 월요일, 1월 1일, 설 · 추석 당일 휴관(월요일이 공휴일일 땐 다음날 휴관) ₩ 어른 3,000원, 청소년 1,500원, 어린이 1,000원 ☏ 02-360-8590

독립문

청으로부터의 독립을 꿈꾼 흔적

청나라로부터 조선의 자주성을 회복하기 위해 세웠다. 중국을 높이는 사대주의의 상징 영은문을 헐고, 그 자리에 독립문을 건립하였다. 우리나라 최초의 서양식 건물로 프랑스의 개선문을 모티브로 삼았다. 아치 위에는 태극 문양이, 아치 중앙에는 대한제국 황실의 상징인 배꽃 무늬가 새겨져 있다. 그러나 독립문 건립을 주도한 독립협회 주요 인사들, 예를 들면 이완용, 윤치호 등이 훗날 친일파로 변절한 사실도 더불어 기억하자.
◎ 서대문구 현저동 941

인왕산~안산자락길 코스

#트레일러닝 #윤동주문학관 #청운문학도서관 #안산자락길

아스팔트보다 안전한 흙길을 달리는 트레일러너 김아영 님의 추천 코스

서울이 내려다보이는 인왕산과 안산자락길 트레일러닝

흙길은 위험할 거라고 짐작하지만 사실 우리가 흔히 달리는 보도블록이나 아스팔트보다 훨씬 안전하다. 지면이 푹신하고 부드러워 무릎과 발목을 보호해준다. 트레일러너 김아영 님이 추천하는 코스는 서울의 인왕산과 안산자락길이다. 인왕산~안산자락길 코스의 매력은 차고 넘친다. 자연이 몸을 감싸주는가 하면, 탁 트인 서울 전경을 시야 가득 담을 수 있다. 입체적인 부정형 코스를 달리는 재미도 남다르다. 게다가 산길을 달리는 그 자체가 희열감을 준다. 달릴수록 자연에 위로받고 치유를 받는 느낌은 트레일러닝이 주는 특별한 덤이다. 코스는 인왕산 끝자락 윤동주문학관에서 인왕산성곽길, 무악재하늘다리, 안산자락길로 이어진다. 안산은 연세대 뒷산으로 말의 안장과 닮았다 하여 '안산'이라 불리며 안산자락길은 그 안산의 둘레길이다. 데크와 흙길로 이루어져 있어 달리기에 좋다. 꼭 이 길이 아니어도 좋다. 한양도성 길 따라 스탬프 투어를 해도 좋고, 힘에 부친다면 일부 코스만 달려도 좋다. 산이 있어 더 특별한 도시 서울. 도심 내 산악 달리기, 그 특별한 기회를 꼭 누려보자.

코스 정보

코스 경로 윤동주문학관~인왕산성곽길~무악재하늘다리~안산자락길~무악재역 3번 출구 거리 10km 난이도 상 러닝 시간 90분 이상 워킹 시간 180분 이상 찾아가기 윤동주문학관 짐 보관 짐 보관 없음. 가방에 물과 기타 에너지 식품을 넣어 달리는 것을 추천 코스 주소 종로구 창의문로 119

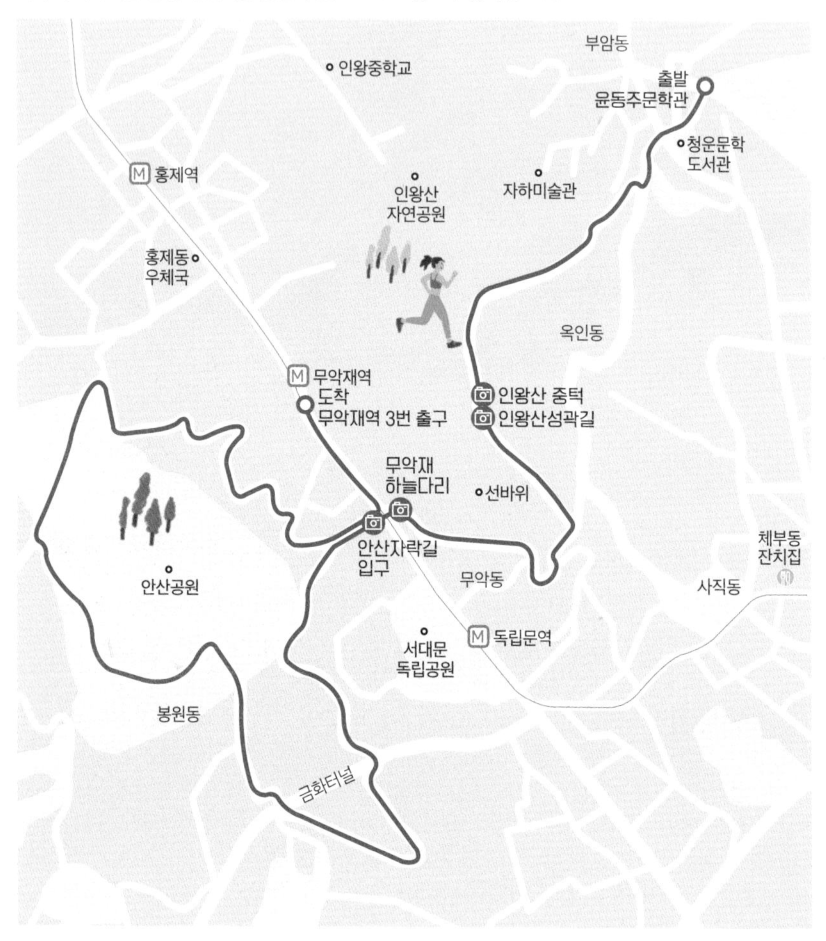

코스 팁

① 트레일러닝은 일반 러닝보다 칼로리 소비가 많아요. 달리기 전에 반드시 음식을 충분하게 섭취하세요. 간식은 필수예요.

② 뛰어 내려올 때는 무릎을 굽힌 상태를 유지하며 내려가요. 무릎을 곧게 펴서 내려가면 지면에 닿을 때 받는 충격이 그대로 무릎에 전해져 무릎관절에 손상을 주고 통증을 일으키기 쉬워요.

포토 스팟

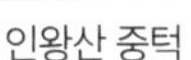
인왕산 중턱

무악재하늘다리

안산자락길 입구

체부동 잔치집

국수, 전

들깨칼국수 맛집으로 걸쭉한 들깨의 향이 건강하면서도 배를 든든하게 한다. 수제만두나 다양한 종류의 전 등 착한 가격 덕에 저렴하게 푸짐한 한 상을 먹을 수 있다 ◎ 종로구 자하문로1길 16 ☏ 02-730-5420

윤동주문학관

윤동주의 시 정신이 깃들다

인왕산 자락에 버려진 청운수도가압장물살에 압력을 가해 다시 힘차게 흐를 수 있도록 도와주는 곳과 물탱크를 개조해 2012년에 개관했다. 윤동주 시인의 독립 정신과 순수한 감성을 기억하기 위해 만들었다. 윤동주는 생전에 서촌에서 하숙했다. 시인은 종종 인왕산에 올라 시를 구상하며 산책을 즐겼다. 문학관에는 시인의 유품과 사진, 친필 원고, 그리고 물탱크를 개조한 영상실 등이 있다. 이 영상실은 항일운동을 하다 갇힌 일본 감옥을 연상시킨다. 문학관 근처 '윤동주 시인의 언덕'에 그의 시비가 있다. ◎ 종로구 창의문로 119 ◷ 10:00-18:00(매주 월요일, 1월 1일, 설날 연휴, 추석 연휴 휴관) ₩ 무료 ☏ 02-2148-4175

청운문학도서관

책도 읽고 산책도 즐기고

서울 최초의 한옥 공공 도서관이다. 9,000여 권의 도서 중 약 80%가 시와 소설, 수필 등 문학 도서이다. '윤동주 시인의 언덕' 옆에 있다. 정원에서 들려오는 물소리와 자연의 소리는 책을 읽기에 더할 나위 없이 좋다. 독서를 좋아하지 않던 이들도 이곳에서는 독서 삼매경에 푹 빠져버린다. 경치가 아름다워 독서뿐 아니라 사색과 휴식을 즐기기에 그만이다. ◎ 자하문로 36길 40 ◷ **화~토요일** 10:00-22:00 **일요일** 10:00-19:00(월요일, 1월 1일, 설날 연휴, 추석 연휴 휴관) ₩ 무료 ☏ 070-4680-4032

홍제역~홍제천 코스

#홍제천 #유진상가 #안산자락길 #카페소품이야기

홍제동 카페 사장님,
김나현 님의 추천 코스

한국의 나이아가라 폭포가 있는 홍제천

김나현 님은 마치 운명처럼 달리기에 빠졌다. 전혀 예상하지 못한 일이었다. 친구 따라 강남 간다고, 그녀는 친구 따라 처음 마라톤 대회에 참가했다가 친구보다 더 달리기에 빠졌다. 우연히 참가한 DMZ 트레일러닝 대회는 김나현 님에게 첫 달리기였다. 심지어 50K 부문을 완주해 버렸다. 그 뿌듯함으로 그녀는 지금까지도 러너로 활발히 활동 중이다. 그녀가 추천하는 코스는 홍제역~홍제천 코스이다. 홍제천 러닝 코스는 벽에 명화가 그려져 있고 길 중간에 나이아가라 폭포 부럽지 않은 공원이 조성되어 있어 지루하지 않게 달릴 수 있다. 또한, 코스 폭이 넓어 안전하게 달릴 수 있다. 홍제천의 매력은 안산 자락길과 안산공원으로도 향할 수 있다는 것이다. 안산 메타세쿼이아길은 안산공원의 가을 풍경을 더욱 황홀하게 만들어 준다. 마음만 먹는다면 성산대교까지 장거리 달리기도 가능하다. 이제는 그녀가 러닝의 즐거움을 직접 알린다. 그녀와 함께 달리고 싶다면 홍제천과 카페 소품 이야기 2호점을 찾아가 보자. 언제든 짐 보관이 가능하다. 그녀의 추천 음료는 당 충천을 위한 계절 과일 스무디와 아이스 아메리카노다.

코스 정보

코스 경로 홍제역~홍제천~4km 지점 반환 후 복귀 거리 8km 난이도 중 러닝 시간 60분 워킹 시간 100분 찾아가기 홍제역 4번 출구 짐 보관 홍제역 내 짐 보관함 코스 주소 서대문구 통일로 458-21

코스 팁

① 시계 배터리를 조금만 남겨놓고 뛰면 조금 더 빠르게 달릴 수 있어요.

② 사진은 뛰기 전보다 땀을 흘리고 난 후에 찍어야 날씬해 보여요.

③ 7080 노래는 더 신나게 달릴 수 있도록 도와줘요.

포토 스팟

홍제천 명화의 거리

홍제천 분수

안산공원

카페 소품이야기 2호점

커피, 수제청 음료

실내 장식용 소품이 가득한 카페이다. 러너와 사이클을 타는 이들이 많이 찾는다. 수제청 음료가 특히 맛있다. 서대문구 연희로41길 167 02-3217-0436

용씨네 누룽지통닭구이

통닭

바싹하게 구운 누룽지 위에 골고루 잘 익은 전기통닭이 통째로 올라가 있다. 누룽지와 함께 먹으면 식감과 함께 촉촉한 통닭의 맛을 함께 즐길 수 있다. 점심에는 닭곰탕 등의 한식을 판매한다.
서대문구 통일로39가길 10-3 02-379-7343

유진상가

남북 갈등 시대의 군사 건축 유산

서부권역의 교통 요충지 홍은사거리에 있다. 1970년에 지은 '유진맨션'과 복합 상가 '유진상가'A동과 B동가 마주 보고 있는 삼각형 모양이다. 지금은 허름하지만, 고급 아파트에 붙였던 '맨션'이라는 이름에서 옛 위상을 짐작할 수 있다. 유진상가는 사실 남북의 긴장이 절정에 달했던 시기에 전차 방어기지로 지었다. 1968년은 잇따른 북한의 서울 침투로 남북 사이의 군사적 긴장이 최고조에 달했다. 홍은동은 서울 침투를 막는 '최후의 방어선'이었다. 유진상가는 맨션이고 상가이지만 동시에 군사 시설이었다. 1층 가로변에 거대한 기둥필로티을 세우고 일정 공간을 확보해 유사시 아군 전차의 진지로 활용하려고 했다. 또한 기둥을 부수면 아파트가 넘어지면서 거대한 장애물 역할도 하게 지었다. 방어와 공격이 가능한 전술적인 건축물인 셈이다. A동과 B동은 원래 같은 5층 높이였지만 '내부순환로'가 들어서면서 B동 높이가 지금처럼 낮아졌다. 현재 B동은 서대문구 신지식산업센터로 사용하고 있다. 청년 예술가를 위한 공간도 마련되어 있다. 서대문구 통일로 48-84

구파발역~은평한옥마을 코스

#은평한옥마을 #진관사 #은평역사한옥박물관

두 미녀 마라토너 박명여 님과 이연진 님이 선택한 코스

고귀한데 예쁘기까지 한 느린 마을, 은평한옥마을

은평한옥마을은 북한산 자락 진관사 아래에 있다. 골목마다 전통한옥을 오늘의 주거문화에 맞게 재해석한 현대한옥이 쭉 늘어서 있다. 정자와 소공원, 갈대숲, 계곡, 아름드리 느티나무가 한옥마을에 멋진 배경이 되어준다. 그리고 북한산이 조금 뒤로 물러서서 보호자처럼 한옥마을을 품에 감싸고 있다. 도심에서 조금 벗어났을 뿐인데 시내에서는 느낄 수 없는 고요하고 우아한 서정이 흐른다. 시내에서 조금 벗어났을 뿐인데 서울에도 이런 곳이 있을까 싶을 정도로 색다르다.

전직 마라토너 박명여 코치와 현직 마라토너 이연진 선수는 이 멋진 한옥마을을 달린다. 출발 지점은 구파발역이다. 북한산 품에 안긴 은평뉴타운과 긴 언덕길을 오르면 이윽고 은평한옥마을이다. 한옥 골목을 달리는 특별한 기분은 한국에서도 쉽게 느낄 수 없다. 박물관과 문학관, 카페와 맛집도 있어 러닝 후엔 문화와 여유를 즐기기에 안성맞춤이다. 한옥과 자연이 어우러진 곳, 두 미녀 마라토너도 반한 은평한옥마을. 북한산 정기를 받으며 오늘은 낭만의 한옥 길을 달리자. 인생 사진을 남기는 일도 잊지 말자.

코스 정보

코스 경로 구파발역~은평우체국~은평역사한옥박물관~한옥마을~진관사~원점 복귀 거리 6.5km 난이도 중 러닝 시간 50분 워킹 시간 90분 찾아가기 구파발역 2번 출구 짐 보관 구파발역 내 짐 보관함 코스 주소 은평구 진관동 75-3

코스 팁

박명여 님

① 속도와 거리에 집착해 무리하게 운동량을 늘리지 말아요. 러닝은 자신만의 싸움이자 혼자만의 시간과 생각을 가질 수 있는 좋은 운동이에요. 숫자에 대한 부담보다 그 자체를 즐기며 주변 환경도 감상하면 러닝에 더욱 빠질 거예요.

② 러닝을 잘하고 싶다면 산을 뛰는 것도 좋은 방법이에요. 체력과 근지구력, 심폐 지구력을 동시에 키울 수 있어요.

이연진 님

① 욕심을 내면 부상을 입을 수 있어요. 컨디션에 맞게 너무 과하지 않게 훈련하세요. 그래야 롱런할 수 있어요.

② 달리기는 가장 정직한 운동이고 모든 운동의 기본이기에 우리에게 꼭 필요해요.

③ 전체적인 근력운동과 정확한 자세 훈련을 병행해요. 그래야 훨씬 더 효율적으로 달릴 수 있고 부상을 최소화할 수 있어요.

포토 스팟

은평역사한옥박물관 전망대

한옥마을

진관사 가는길

1인 1잔 카페

커피, 떡

진한 커피 맛을 즐길 수 있는 한옥 스타일 카페이다. 떡 디저트를 함께 판매한다. 4층엔 퓨전 한식 맛집 '1인 1상'이 있고, 5층엔 루프톱이 있다. 한옥마을과 북한산을 전망하기 좋다. 은평구 연서로 534 02-356-1111

은평역사한옥박물관

목가구 교실도 운영한다

2005년 은평뉴타운 개발 당시에 발굴된 유물과 한옥 관련 자료를 보존한 역사박물관이다. 2014년에 개관하여 은평구의 명소로 자리 잡았다. 은평역사실과 한옥전시실로 나누어져 있다. 모형 한옥 짓기부터 전통 목가구 교실 등 어린이와 어른을 대상으로 다양한 체험형 프로그램을 운영한다. 3층 전망 뜰에 올라가면 북한산과 한옥마을의 전경을 한눈에 담을 수 있다. 은평구 연서로50길 8 관람 시간 09:00~18:00 휴관 월요일 또는 월요일이 공휴일일 때는 다음날, 1월 1일, 설날 연휴, 추석 연휴 ₩ 500~1,000원, 영유아와 65세 이상 노인 무료 02-351-8524

진관사

3.1운동 태극기 보러 가자

고려 제8대 왕 현종이 1011년에 진관대사를 위해 창건했다. 한국전쟁 때 폭격으로 대부분 폐허가 되었지만 다시 복구했다. 진관사는 사찰음식과 100년 된 태극기로 유명하다. 일제강점기 독립운동의 근거지 가운데 하나였다. 1919년 일장기 위에 그린 태극기를 보관하고 있다. 이 태극기는 3.1운동 때 실제 사용한 것으로 추정된다. 경치 좋은 북한산 등산로 초입에 있다. 템플스테이 프로그램을 운영한다. 은평구 진관길 73 진관사 02-359-8410

영등포구·동작구

선유도역~선유도 코스

#선유도공원 #선유도역 #힐링 #환경재생생태공원

생방송 전문 아나운서
이주예 님의 추천 코스

동화에 나올 듯한 힐링 천국 선유도공원

생방송 전문 아나운서 이주예 님은 하루 짧게는 6시간부터 길게는 12시간까지 매일 긴장의 연속에서 살아간다. 늘 긴장하며 일해야 하는 그녀에게 스트레스 해소는 무척 중요하다. 이주예 님의 스트레스 해소법은 러닝이다. 달리기는 몸과 마음에 기분 좋은 변화를 가져다준다. 달리기는 그녀에게 내일도 즐겁게 일할 수 있는 긍정 에너지를 듬뿍 안겨준다.

이주예 님이 추천하는 코스는 선유도역~선유도공원 코스이다. 선유도공원은 우리나라 최초의 환경 재생 생태공원이다. 숲과 다양한 나무, 멋진 정원, 아름다운 조형물이 어우러진 한강 위의 생태공원. 선유도공원은 생태공원이기 때문에 다른 어떤 공원보다 유독 더 푸르다. 선유교는 마치 동화 속 신비의 장소로 들어가는 입구 같다. 연꽃 등 다양한 식물, 담쟁이덩굴에 휘감겨 있는 시멘트 기둥마저도 신비로워 보이는 곳. 멀리 가지 않고 도심 속에서 이런 러닝을 즐기는 것 자체가 행운이다. 일상을 벗어나고 싶지만 멀리 떠나기 어렵다면, 선유도를 추천한다. 발길이 닿는 대로 어디를 뛰어도 좋다. 매일 긴장의 연속이지만 이곳은 힐링을 선사해 주는 '나만의 특별한 공간'이 되어줄 것이다.

코스 정보

코스 경로 선유도역~선유교~선유도공원 순환 러닝~원점 복귀 거리 4km 난이도 하 러닝 시간 30분 워킹 시간 50분 찾아가기 선유도역 3번 출구 짐 보관 선유도역 내 짐 보관함 코스 주소 영등포구 양평로22길 2

코스 팁

① 달리면 달릴수록 예쁜 곳이 많아요. 잠시 달리기를 멈추고 사진을 찍어보세요.

② 볼거리가 많은 공원이라 사람이 많아요. 주말 오후보다 오전을 추천해요.

포토 스팟

선유도공원 지상층

선유도공원 지하층

선유도공원 지하층 통로

너도나도식당

우렁된장, 제육볶음

넓은 그릇에 담긴 현미밥에 강된장처럼 비벼 먹는 우렁된장 맛집이다. 양배추와 양파를 넣어 매콤하게 양념한 제육볶음과 함께 먹기도 한다. 영등포구 양평로 126 신성빌딩 02-2634-5469

선유도공원

겸재 정선의 그림에 나온다

폐허처럼 방치됐던 선유정수장을 우리나라 최초의 환경 재생 생태공원으로 탈바꿈시켰다. 동화의 나라처럼 아름다워 지금은 서울 시민이 손꼽는 힐링 공간이다. 선유도는 원래 섬이 아니었다. 안양천과 한강이 만나는 지점에 솟은 아름다운 산봉우리였다. 신선이 놀 만큼 빼어나다고 해서 '선유봉'이라고 불렀다. 진경산수화의 아버지 겸재 정선은 1740년대 양천 현령을 지냈다. 지금으로 치면 양천구청장이다. 그즈음 정선은 선유봉을 그림으로 남겼다. 금강산 봉우리 하나를 옮겨놓은 듯 아름답다.

하지만 선유봉은 1965년 양화대교가 개통되고 1968년 본격적인 여의도 개발이 이루어지면서 용산 백사장, 밤섬 등과 함께 사라져버리고 작은 섬이 되었다. 한때 정수장이 들어섰으나 2000년에 폐쇄된 뒤, 서울시에서 물을 주제로 한 녹색 기둥의 정원, 시간의 정원, 수질 정화원, 수생식물원 등을 만들었다. 선유도에서 바라보는 일출은 장관이다. 다리 교각과 서울의 높은 건물들 뒤로 새빨간 태양이 뜬다. 멀리 가지 않아도 바다처럼 아름다운 일출을 볼 수 있는 명소다.

영등포구 선유로 343 02-2631-9368

당산역~성산대교 코스

#당산역 #양화대교 #양화한강공원 #성산대교

러닝을 통해 인내심과 자신감을 얻은 이주상 님의 추천 코스

우리가 노래 부르던 양화대교, 그 아래 양화한강공원

지하철역과 술집 골목으로 알고 있는 당산동에도 한강으로 나가 달릴 수 있는 러닝 코스가 있다. 당산역에서 한강으로 연결된 통로를 이용하면 안전하고 편리하게 양화한강공원까지 이동할 수 있다. 그리고 그곳에서부터 시작하는 러닝 코스는 당산동 주변의 어떠한 길로도 갈 수 있다. 러닝을 하며 신비로운 선유도공원과 양화한강공원, 가양대교와 양화대교까지 아름다운 풍경을 마음껏 즐길 수 있다.

이주상 님은 러닝을 통해 인내심과 자신감을 얻었다. 그는 양화한강공원 내부의 여러 갈래 길은 물론이고 기분에 따라 어디든 달릴 수 있는 게 당산역~성산대교 코스만의 매력이라고 말한다. 한강을 남북으로 잇는 다리는 하나 같이 개성이 넘치고 모양이 다채롭다. 다양한 다리들이 한강, 나아가 도심과 자유로운 조화를 맺고 있는 풍경을 감상하며 달리다 보면 나도 모르게 도시의 삶 속에 녹아드는 기분이 든다. 달리기의 가장 좋은 점은 평소에 보지 못했던 풍경과 골목의 진짜 아름다움을 만날 수 있다는 것이다. 당산동의 진짜 매력을 느끼고 싶다면 러닝화를 신고 비밀 연결통로로 나아가보자. 당산동이 더욱 마음에 들 것이다.

코스 정보

코스 경로 당산역~양화한강공원~성산대교 아래 반환 후 원점 복귀 거리 4.6km 난이도 하 러닝 시간 30분 워킹 시간 50분 찾아가기 당산역 4번 출구 짐 보관 당산역 내 짐 보관함 코스 주소 영등포구 당산로 229

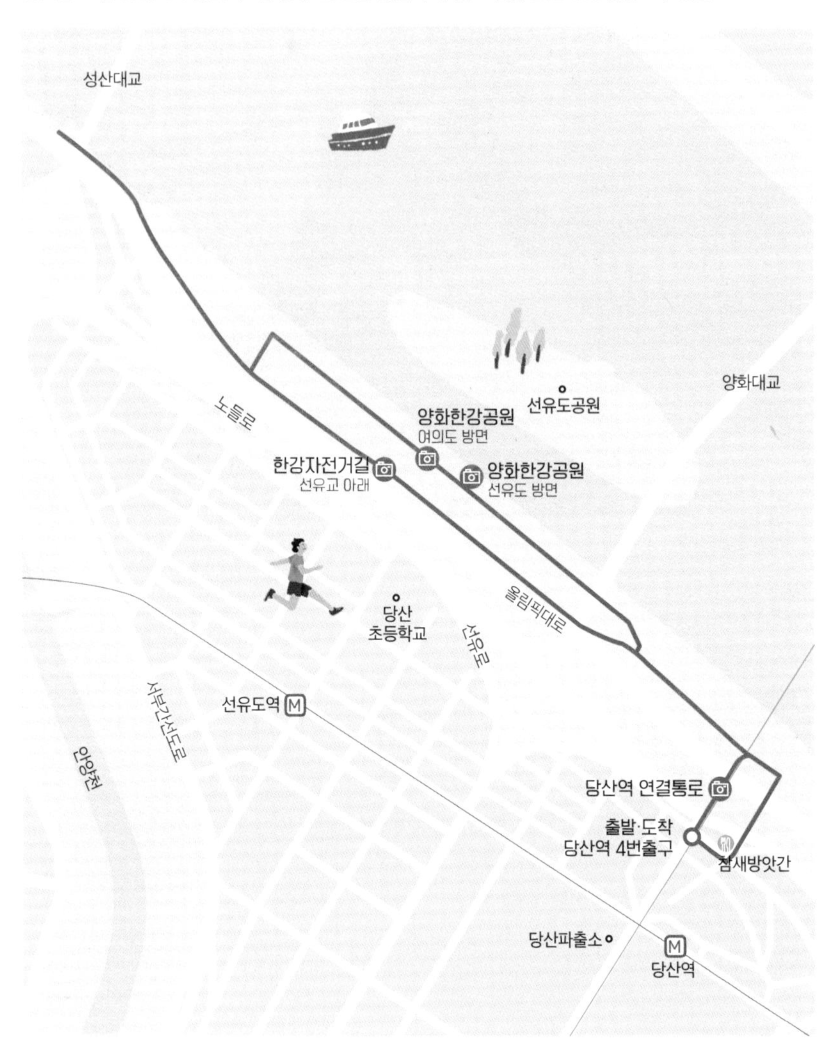

코스 팁

① 자전거 도로가 따로 있지만 주로 간격이 좁아요. 자전거와 차량을 주의해요.

② 연결통로에서는 보행자가 많을 수 있어요. 걸어서 이동해요.

포토 스팟

한강자전거길(선유교 아래)

양화한강공원(여의도 방면)

양화한강공원(선유도 방면)

참새방앗간

꼬막, 돼지두부탕

당산역의 실내포차로 꼬막과 돼지두부탕의 조합을 추천한다. 산더미처럼 쌓인 밥과 두부는 한 끼 식사와 술 안주로 제격이다. 영등포구 당산로48길 15 02-2675-1199

노량진수산시장

시장 체험도 하고, 싱싱한 생선회도 먹고

노량진수산시장의 역사는 길다. 1927년 서울역 옆 의주로에서 시작한 우리나라 내륙 최대 수산물 전문시장이다. 여러 민간회사가 운영하다가 2002년 수협이 인수하면서 현대화사업을 진행하였다. 하루 거래되는 수산물 물량은 약 250~300톤. 도매와 소매가 혼재되어 있다. 노량진수산시장에서 새벽 1시부터 시작되는 경매는 많은 볼거리를 제공한다. 특히 새벽 3시에 진행되는 활어 경매는 새벽시장의 활기찬 모습을 생생하게 체험할 수 있다. 싱싱한 수산물을 눈으로 직접 확인해 구매한 후 노량진수산시장 건물 2층 식당에 주문하면 원하는 요리를 해준다. 기본 차림비와 요리 및 조리비는 별도. 다른 어떤 곳보다 싱싱한 회를 저렴한 가격에 배불리 먹을 수 있다는 것이 노량진수산시장의 장점이다.

동작구 노들로 674 노량진수산물도매시장 02-2254-8000 https://www.susansijang.co.kr/

당산역~서울마리나 코스

#당산역 #서울마리나 #양화한강공원 #물빛광장 #런생샷

러닝메이트
김보은, 박채원 님의 추천 코스

런생샷을 찍고 싶다면, 믿고 달리는 여의도 한강길

유독 찍는 사진마다 인생 사진을 남기는 코스가 있다. 레몬처럼 상큼한 러닝메이트 김보은, 박채원 님이 강력하게 추천하는 코스는 당산역부터 서울마리나까지 달리는 여의도 한강길이다. 요트가 정박한 풍경이 이국적인 서울마리나 코스는 강이라기보다는 바다 같다. 어떤 때는 싱가포르를 달리는 듯한 기분이 든다. 물빛광장에서 물장구를 치는 아이들과 발끝에서 툭툭 소리를 내는 자갈밭은 마치 마리나베이 해변에 온 것 같다. 서울마리나 코스는 낮만큼이나 밤 풍경도 아름답다. 어둠이 내리면 여의도 빌딩에 하나, 둘 조명이 들어오는데 마치 싱가포르, 혹은 홍콩같다. 밤이 되면 국회의사당에 간접 조명이 켜진다. 국회의사당 야경 또한 어디에 내놓아도 손색이 없는 멋진 포토 스팟이다. 달빛을 전등 삼아, 도시 불빛을 가로등 삼아 달리는 이곳은 어디를 달리든 우리를 위한 포토존이다. 그리고 또 하나. 마지막 원점인 당산역으로 돌아오면 맛집의 향연이 펼쳐진다. 골목마다 숨겨진 맛집을 기대해도 좋다. 상큼한 러너와 함께 뛸 수 있다면, 게다가 런생샷까지 함께 남길 수 있다면 당산역~서울마리나 코스를 달리지 않을 이유가 없다.

코스 정보

코스 경로 당산역-서울마리나-서강대교남단-물빛광장- 원점 복귀 거리 6km 난이도 중 러닝 시간 50분 워킹 시간 80분 찾아가기 당산역 4번 출구 짐 보관 당산역 내 짐 보관함 코스 주소 영등포구 당산로 229

TIP 마라톤 대회 사진 촬영 팁

① 카메라 작가님이 있을 만한 구역을 미리 알아두었다가 카메라가 보이면 잠시 숨을 멈춰요.

② 상체를 곧게 세우고 턱을 당기면 여유로운 달리기 자세가 나와요.

③ 카메라의 렌즈가 크면 인물사진 용이니 표정관리가 중요해요. 렌즈가 작으면 전신사진 용이니 자세에 더욱 특별히 신경써요.

④ 피니시 라인에서는 팔을 들거나 하는 등의 나만의 세레모니를 해 보세요. 그리고 활짝 웃는 미소만큼 매력적인 사진은 없어요.

포토 스팟

양화한강공원(국회의사당 배경)

서강대교 남단

여의도 3주차장 앞

허브족발 2호점

족발, 비빔냉면

인기 메뉴는 앞다리. 서비스로 함께 나오는 비빔냉면은 자칫 느끼할 수 있는 부분을 잡아준다. 오래 생각나는 맛이다. 1호점은 바로 뒷골목에 있다.

영등포구 당산로 232 02-2633-4339

아보미

아보카도 샐러드

아보카도 요리 전문점으로 아보카도 마니아라면 반드시 가야 하는 맛집이다. 추천 메뉴는 아보 메쉬 미로 깔끔하고 푸짐해 러닝 후 더욱 건강한 몸을 만들어준다.

영등포구 당산로41길 당산 SK V1 center 1층

여의도한강공원 및 여의도색공원

봄에는 꽃축제, 가을엔 불꽃축제

여의도한강공원은 교통이 편리해 직장인과 시민들이 즐겨 찾는 명소다. 봄이면 봄꽃축제가 열리고, 가을이면 세계불꽃축제가 열린다. 또한, 매주 주말에는 다양한 마라톤 행사가 열리는 곳이라 러너들에게는 익숙하고 자주 찾는 마라톤 명소이기도 하다. 자전거 대여뿐 아니라 편의시설, 너른들판, 멀티플라자, 잔디마당, 수영장, 운동시설이 곳곳에 있어 나들이나 데이트 코스로도 좋다. 특히, 물빛광장분수 근처에는 항상 많은 시민이 물놀이를 하며 더위를 식힌다.

영등포구 여의동로 330 02-3780-0561

국회의사당역~서강대교 코스

#국회의사당 #서강대교 #벚꽃런 #국회의사당역

비로소 돌파구를 찾은 심재은 님의 추천 코스

한강을 달리는 자유, 여의도와 서강대교

심재은 님에게 달리기는 이별의 슬픔에서 몸과 마음을 구원해준 운동이다. 이별 후 술에 빠져 살았다. 몸과 마음이 계속해서 망가지는 것을 느꼈지만 헤어날 방법을 찾지 못하고 있었다. 그즈음 동료의 권유로 달리기를 만났다. 러닝의 첫 느낌은 너무나 뜨거웠다. 뜨거운 기운이 가슴 밑바닥에서 울컥울컥 올라왔다. 달리는 동안 나도 모르던 또 다른 나를 발견했다. 그리고 암흑 속에서 걸어 나올 방법을 찾았다. 돌파구를 찾은 것처럼 희열까지 느꼈던 그 순간을 영원토록 잊지 못한다.

그녀가 달리는 곳은 국회의사당역~서강대교 코스이다. 국회의사당 외곽과 시원하고 길게 뻗은 서강대교 위를 달리는 자유의 러닝 코스다. 한강 변을 돌다가 서강대교 위를 올라 아무 생각 없이 한바탕 자유롭게 달린다. 그러면 러닝이 끝나는 지점에서 비로소 진짜 나를 만날 수 있다. 잃어버린 나를 찾고, 인생의 돌파구를 만나고 싶다면 가슴 뻥 뚫리는 서강대교 위를 달려보자. 모든 고민이 내 발아래 작은 점으로 보일 것이다.

코스 정보

코스 경로 국회의사당역~국회의사당 외곽 길~서강대교 반환 후 원점 복귀 거리 5.3km 난이도 중 러닝 시간 40분 워킹 시간 70분 찾아가기 국회의사당역 1번 출구 짐 보관 국회의사당역 내 짐 보관함 코스 주소 영등포구 의사당대로 3

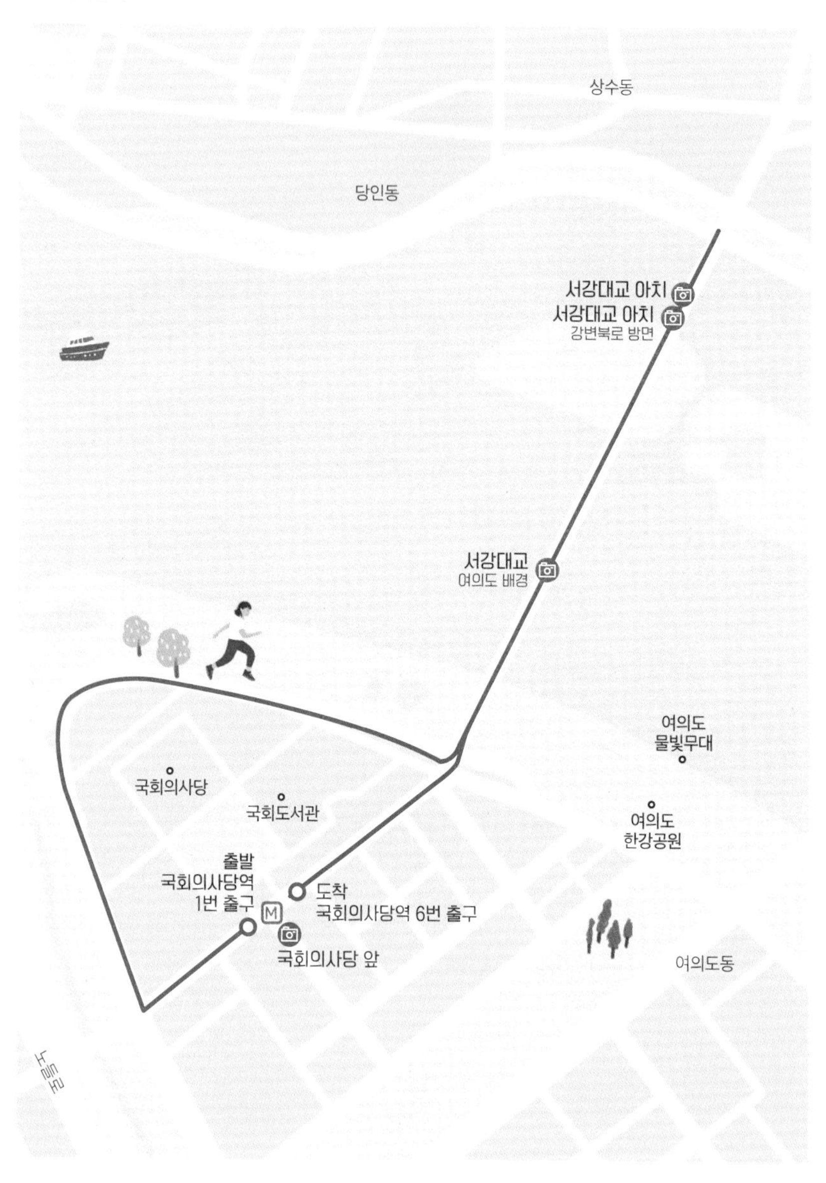

코스 팁

① 퇴근 후나 주말에는 시민이 많아요. 조심해서 달려요.
② 대교 위 주로가 좁아요. 한 줄로 달려요.
③ 달리기 후에는 한강에서 자전거도 타고 친구들과 함께 놀며 힐링 타임을 가져보세요.

포토 스팟

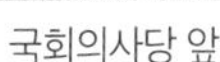
국회의사당 앞

서강대교(여의도 배경)

서강대교 아치(강변북로 방면)

고봉삼계탕

상황삼계탕

걸쭉하고 진한 국물과 쫄깃한 닭고기는 러닝으로 지친 몸을 충전할 수 있다. 상황버섯과 천연 약수로 끓인 상황삼계탕을 추천한다. 이영자가 매니저에게 추천한 맛집이다.

영등포구 국회대로72길 5 02-785-3877

여름철 러닝 TIP

① 탈수를 피하려면 달리기 전과 후에 충분한 물을 섭취해요.
② 러닝 후에는 반드시 운동화를 슬리퍼로 갈아신어 땀을 배출하고, 열을 발산시켜요. 계속 운동화를 신고 있으면 발에 습기가 차 발톱이 약해져 쉽게 빠질 수 있어요.
③ 헤어밴드나 모자, 선글라스 같은 러닝 용품을 사용해 햇빛과 땀이 흐르는 것을 막아줘요.
④ 햇볕이 강한 낮보다는 새벽이나 저녁 달리기를 추천하며 꼭 달려야 한다면 나무 그늘이나 가로수가 우거진 공원을 달려요.
⑤ 신발이 젖는 걸 주의해요. 여름철 고인 물에 젖으면 러닝화가 쉽게 변형이 돼요. 제 기능을 다 하지 못하고 수명도 단축돼요.

IFC몰~마포대교 코스

#IFC몰 #마포대교 #여의도공원 #여의도한강공원

포기하지 않는 러너 무명배우 김민수 님의 추천 코스

마라톤 대회의 인기 장소, 노는 재미도 특별한 여의도공원

이곳저곳, 다양한 코스를 달리는 재미도 있지만, 같은 코스를 다른 주법이나 훈련법을 적용해 달리는 것도 재미다. 점차 속도를 높이는 빌드업, 장거리 지속 주, 빠른 속도로 달리고 회복하기를 반복하는 인터벌, 그리고 코스를 역주하는 리버스런 등 작은 변화와 목적의 차이만으로도 러닝의 지루함을 해소할 수 있다. 그에 알맞은 러닝 코스가, 포기하지 않는 러너, 무명배우 김민수 님이 추천하는 여의도공원이다.

여의도공원은 한 공간에서 여러 훈련법을 시도하기 좋다. 여의도공원의 한 바퀴는 2.5km, 반으로 나눠 서쪽 구간은 1km이다. 이처럼 손쉬운 계산법으로 장거리 훈련을 할 수 있고, 미세하지만 높낮이가 다양해 리듬감 훈련도 가능하다. 여의도공원은 부담 없는 코스이기도 하다. 길게 뛰어도 언제든 멈출 수 있고, 길을 잃을 염려도 없다. 편의점과 화장실도 있다. 같은 코스가 지루해지면 공원 사이의 샛길이나 여의도한강공원, 마포대교로 노선을 변경하거나 확장할 수 있다. 한강의 시원한 바람과 야경까지 즐길 수 있는 곳, 여의도공원은 365일 지루하지 않은 김민수 님의 멋진 친구다.

코스 정보

코스 경로 IFC몰-여의도중앙공원-마포대교-원점복귀 거리 6km 난이도 중 러닝 시간 40분 워킹 시간 70분 찾아가기 OneIFC빌딩 입구 짐 보관 IFC 몰 내 짐 보관함 코스 주소 영등포구 국제금융로 10

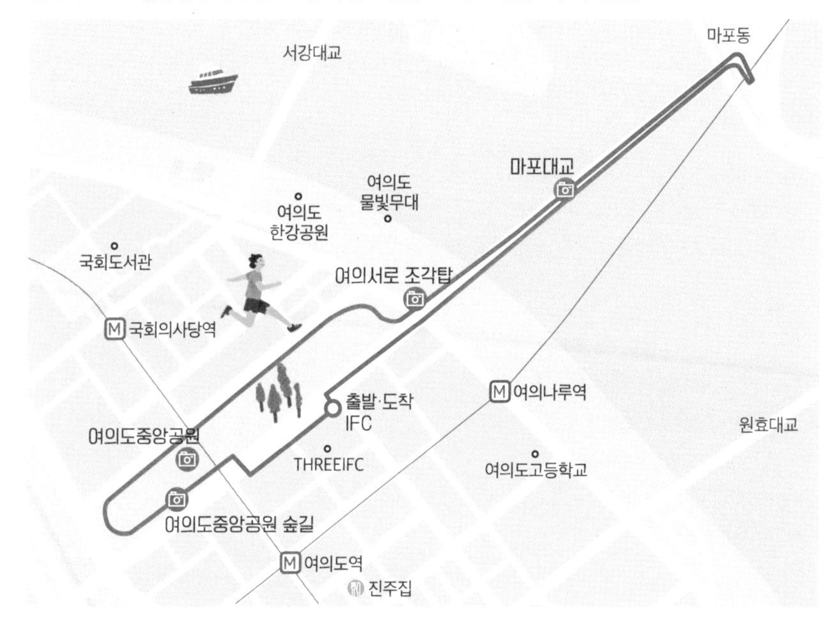

코스 팁

① 원하는 만큼 여의도공원을 반복적으로 달리는 순환코스도 가능해요.

② 풍경이 비슷하고 출구가 많아 처음 어디에서 달리기를 시작했는지 잊을 수 있어요. 러닝을 시작한 지점과 끝날 지점을 미리 기억하세요.

③ 마포대교는 산책하는 보행자가 많아요. 피해가 가지 않도록 한 줄, 혹은 걸어서 이동해요.

④ 여의도공원 출입구 9번은 여의도 물빛광장으로 이어져 한강 러닝도 가능해요.

포토 스팟

여의도중앙공원 숲길

여의도중앙공원

마포대교

진주집

콩국수, 닭칼국수

콩국수 마니아라면 반드시 방문해야 하는 곳. 여름에는 단백질이 풍부한 걸쭉하고 시원한 콩국수를 추천하고 여름이 지나면 속을 든든하게 채워 줄 닭칼국수를 추천한다. 영등포구 국제금융로6길 33 02-780-6108

서글렁탕

냉동 삼겹살

여의도를 대표하는 노포 고깃집이다. 대표 메뉴는 양념 소스에 찍어 먹는 냉동 삼겹살이다. 양념장 덕에 맛과 향이 독특한 숯불구이 맛을 느낄 수 있다. 영등포구 여의대방로 394 02-780-8858

여의도공원

여의도의 센트럴파크

뉴욕에 센트럴파크가 있다면 서울에는 여의도공원이 있다. 사실 숲과 잔디, 조경으로 어우러진 지금의 여의도공원은 27년간 검은 아스팔트로 뒤덮여 있었다. 1916년 여의도 부근에는 일본 군용 활주로와 격납고가 있었고 해방 후에는 민간공항으로 이용했다. 대홍수가 발생한 이후로 1971년 여의도광장을 조성해 대규모 행사와 자전거, 롤러 등을 타던 곳을 1997년 아스팔트를 걷어내고 숲과 문화의 마당이 있는 공원으로 조성했다. 지금은 직장인과 시민이 산책하고 각종 마라톤 대회가 열리는 녹색공간이 되었다.

영등포구 여의공원로 120 여의도지구대
02-761-4079

IFC몰

반려견 동반 가능 쇼핑몰

국내외 주요 SPA 브랜드와 글로벌 패션 브랜드, 라이프스타일 브랜드를 한자리에서 만날 수 있는 쇼핑몰이다. 특히나 이곳은 반려견 동반 가능한 쇼핑몰이다. 강아지 발자국 스티커가 붙어있는 계단을 통해 이동하면 문제가 없다. 단, 식당이 있는 L3은 입장 불가이며 홈페이지를 통해 관련 내용을 미리 숙지하고 가는 것이 좋다. 러닝 후 허기진 배를 채우거나 필요한 러닝 물품을 구매하기 위해 러너들이 많이 찾는다. 영등포구 국제금융로 10 IFC몰 B1 02-6137-5000 10:00~22:00

여의나루역~여의도 한바퀴 코스

#여의도한강공원 #원효대교 #여의도색공원 #ISEOULU

새롭게 서울살이를 시작한 이승희 님의 추천 코스

답답할 땐 여의도 고구마 섬 한 바퀴

이승희 님은 서울 취업에 성공했다. 다양한 매력을 품고 있는 서울이지만, 낯선 이에게는 오히려 두려운 도시. 가까이하기엔 너무 먼 서울이 제2의 고향이 될 수 있게 도와준 건 '달리기'였다. 그녀는 한겨울에 서울로 올라왔다. 나서고 싶지 않던 추운 겨울이었지만 달리기 덕분에 주변을 둘러볼 용기가 생겼고, 몸과 마음이 뜨거워졌다. 퇴근 후 러닝을 하면 뜨거운 열정이 생겼고 그 열정으로 첫 직장과 서울에 적응할 수 있었다. 서울이 낯선 누군가에게 모락모락 갓 구운 고구마 모양의 여의도 러닝 코스를 소개한다. 여의도 주변으로 여의도한강공원이 있어 달리기에 안성맞춤이다. 특히, 고구마 모양의 여의도한강공원은 고구마를 먹은 듯이 답답한 사람이나, 여의도 거주자, 혹은 퇴근 후 늦은 밤 달리기를 하는 이에게 좋다. 달리며 감상하는 야경과 한강의 맑은 바람은 그날의 스트레스를 날려주기에 충분하다. 달리기를 통해 내가 살아갈 거주지와 친해지자. 이승희 님에게 그랬듯 달리기는 당신에게 위로와 응원의 공간이 되어줄 것이다.

코스 정보

코스 경로 여의나루역~여의도한강공원 외곽 한 바퀴 순환 러닝 거리 8.3km 난이도 중 러닝 시간 60분 워킹 시간 110분 이상 찾아가기 여의나루역 2번 출구 짐 보관 여의나루역 내 짐 보관함 및 IFC 몰 ZARA 앞 물품보관소 코스 주소 영등포구 여의동로 344-2

코스 팁

① 가로등이 많아 저녁에도 위험하지 않고, 곳곳을 지켜주는 지구대가 있어 안전해요.

② 일부 구간은 급수하기 어려워요. 미리 충분한 급수를 하고 뛰거나, 카드를 지참해 편의점을 이용해요.

③ 마음만 먹으면 여의도공원을 포함해 10km도 달릴 수 있어요.

포토 스팟

여의도한강공원(I SEOUL U)

원효대교 남단

마포대교 남단 아래

Pig in the garden

샐러드, 오렌지 치킨 브레스트

신선한 제철 재료로 만든 다양한 샐러드 맛집으로 부드러운 수비드 닭가슴살과 오렌지를 그릴에 구워 상큼한 맛을 잡아주는 오렌지 치킨 브레스트를 추천한다. 영등포구 여의대로 56 02-761-4272

정인면옥

평양냉면, 수육

미쉐린 가이드에 뽑힌 냉면 맛집으로 평양냉면을 추천한다. 정갈하고 간이 세지 않은 반찬이 평양의 맛을 그대로 느끼게 해준다. 허기지다면 수육이나 편육, 만두 등의 반접시 메뉴도 가능하다. 영등포구 국회대로 76길 10 02-2683-2615

63스퀘어

일조량에 따라 금빛이 변한다

63스퀘어는 황금빛 유리 건물로 유명하다. 계절별로 일조량에 따라 분위기가 달라지고, 한강과 하늘빛에 의해 반사되는 모습이 장관이다. 63스퀘어의 로비와 야외정원에는 현대미술 작가들의 작품이 설치되어 있다. 60층에는 서울과 한강의 모습을 전망할 수 있는 전망대가 있고 미술작품을 함께 감상할 수 있는 63아트가 있다. 아쿠아리움도 운영한다.

영등포구 63로 50 한화금융센터_63 1833-7001 매일 10:00~22:00
₩ **성인** 20,000원 **청소년** 18,000원 **어린이** 16,000원 (아쿠아리움 별도)

이랜드크루즈

유람선 타고 한강 즐기기

한강 유람선을 타며 낭만 여행을 떠날 수 있는 곳이다. 여의도, 잠실, 뚝섬, 양화, 잠두봉, 선유도, 서울숲, 김포, 인천 지역에 총 7개의 선착장과 2개의 터미널을 운영하고 있다. 서울 시민뿐 아니라 외국인 관광객에게 특별한 경험과 휴식을 선물해준다. 터미널 내에 카페와 레스토랑, 편의시설을 갖추고 있다. 운항 정보는 홈페이지를 통해 확인 가능하며 디너 뷔페, 선상 재즈 공연, 한강 투어, 불꽃 쇼 등 컨텐츠가 다양하다. 영등포구 여의도동 86 02-6291-6900

신길역~여의도 샛강생태공원 코스

#샛강공원 #샛강다리 #여의도 #신길역

천천히 그리고 꾸준한 달리기의 매력에 빠진 김민선 님의 추천 코스

자연의 소리가 정겨운 여의도 샛강생태공원

김민선 님은 취미로 요가를 하던 중, 달리기에 흥미를 느껴 달리기를 시작했다. 정적인 운동만 하다가 달리기를 하면서 동적인 운동의 매력에 금세 빠졌다. 뭐랄까? 콩닥콩닥, 심장이 뛰는 소리를 느끼며 살아있음의 희열을 경험했다. 시시각각 바뀌는 풍경을 즐기는 재미도 쏠쏠했다. 꾸준히 달리다 보니 이제 김민선 님은 나만의 러닝 코스를 찾아내는 즐거움까지 알게 되었다. 그녀는 매주 '크루고스트' 러닝 동호회에서 운영진으로 함께 달리고 있다.

그녀는 신길역~여의도 샛강공원 코스를 추천한다. 하루를 성취감으로 마무리하고 싶을 때 언제든 달리는 동네 코스다. 신길역을 출발해 샛강다리를 건너 여의도샛강생태공원으로 들어갔다가 여의도한강공원 외곽을 거쳐 다시 샛강다리로 돌아오는 코스다. 이 코스의 가장 큰 매력은 샛강생태공원과 여의도공원, 여의도한강공원을 모두 품에 안고 달릴 수 있다는 점이다. 달리면 닿을 수 있는 공원이 세 개나 된다는 건 큰 행운이다. 달리지 않았다면 얻지 못할 행운이었다. 좋은 건 무엇이든 나누고 싶다는 그녀. 김민선 님과 함께 달리고 싶다면 똑똑, '크루고스트'의 문을 두드리자.

코스 정보

코스 경로 신길역~샛강다리~샛강생태공원~여의도중앙공원~마포대교남단~여의도한강공원~샛강다리~원점 복귀 거리 6km 난이도 중 러닝 시간 50분 워킹 시간 80분 찾아가기 신길역 2번 출구 짐 보관 신길역 내 짐 보관함 코스 주소 영등포구 영등포로 327

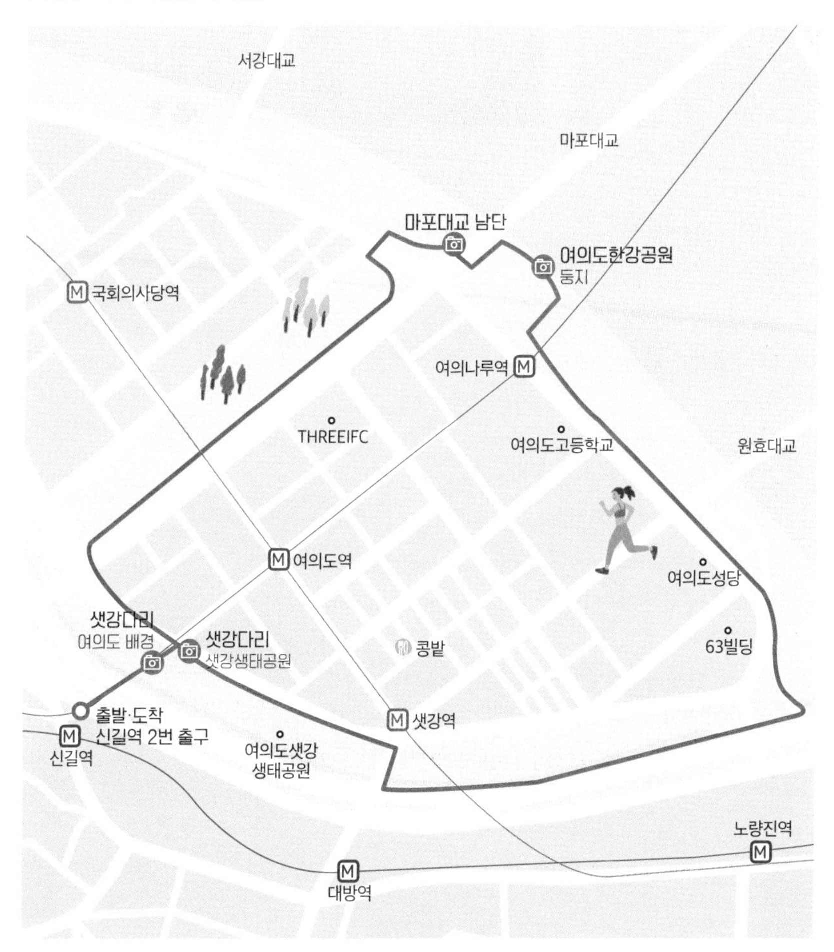

코스 팁

① 밤엔 조명이 적은 편이에요. 안전을 위해 낮에 달리거나 밝은 옷을 입고 달려요.

② 힘이 들면 나만의 스팟을 정해놓고 그곳까지만 달리자, 하는 마음으로 달려요.

③ 출퇴근길 샛강다리에는 보행자가 많아요. 안전에 유의하며 달려요.

포토 스팟

샛강다리(여의도 배경)

샛강다리(샛강생태공원)

마포대교 남단

콩밭

순두부, 잣순두부

순두부에 고소한 가평 잣을 더한 잣순두부를 추천한다. 러닝 후에 먹는 건강한 비밀 맛집으로 밥과 잣순두부로 탄수화물과 단백질을 한 번에 섭취할 수 있다. 영등포구 의사당대로1길 11 대우메종오피스텔 1층 02-780-8220

여의도 샛강생태공원

버들, 미나리꽝, 물억새 싱그러운

원래는 여의도 남쪽을 돌아 흐르는 샛강이었으나 여의도가 개발되면서 오랫동안 저습지로 방치되어 있었다. 1997년 자연환경 생태공원으로 바뀌었다. 빌딩 숲 사이에 있어서 더 싱그럽고 소중하게 여겨진다. 버들, 갈대, 물억새가 유명하다. 공원 내에는 6km의 산책로도 있다. 천연기념물 제323호 황조롱이를 비롯해 흰뺨검둥오리, 왜가리 등 희귀 동식물이 살고 있다. 온갖 야생화와 송사리, 붕어 등도 살아간다. 생태공원에는 자연 보호를 위해 벤치와 매점이 없다. 동식물들의 휴식과 수면을 위해 가로등도 설치하지 않았다. 연중 이용할 수 있지만, 동물의 산란기에는 일부 구간 출입이 제한된다. 한강시민공원과 연결되며 가까운 곳에 여의도공원과 앙카라공원 등이 있다.

영등포구 여의도동 49 02-3780-0570

문래역~문래창작촌 코스

#문래동 #문래창작촌 #문래역

어릴 적 추억의 장소를 달리는 윤여운 님의 추천 코스

새로운 역사가 탄생하고 있는 현재진행형 문래창작촌

문래동은 윤여운 님에게 어릴 적 추억이 깃든 장소다. 이제 어엿한 사회인이 된 그는 직장생활을 시작하면서 달리기에 입문했다. 달리기를 시작한 뒤 좋은 사람들을 만나고 좋은 일도 많이 생겼다. 그렇게 그는 달리기와 함께 성장했다.

문래동도 그와 함께 조금씩 자라고 성장했다. 가끔은 옛 추억이 있는 동네를 달려보는 것도 의미가 있다. 어릴 적에는 몰랐던 어른들의 힘겨움에 공감할 때도 있고, 작아진 듯한 건물에서 느끼는 낯섦과 옛 추억의 익숙함 사이에서 아찔한 간지러움을 느낀다. 때로 나의 변함없는 건 무엇이고, 성장한 건 또 무엇인지 돌아보기도 한다. 탁 트인 코스는 아니지만 작은 골목마다 특징이 있다. 상점마다 스토리와 정성, 그리고 오래 묵은 역사가 남아있다. 꼭꼭 숨겨놓은 나만의 비밀 맛집과 아지트를 스치듯 달리는 것도 이 코스의 묘미이다. 코스가 비교적 짧은 것도 매력이지만, 골목골목 사진을 찍을 수 있는 요소가 많아 초보자에게도 잘 맞는다. 문화와 산업이 공존하는 곳, 과거와 현재가 공존하는 곳, 문래창작촌을 추천한다.

코스 정보

코스 경로 문래역~문래예술공단~문래창작촌~문래근린공원~원점 복귀 거리 3km 난이도 중 러닝 시간 20분 워킹 시간 40분 찾아가기 문래역 7번 출구 짐 보관 문래역 내 짐 보관함 코스 주소 영등포구 문래동3가 55-12

코스 팁

① 숨바꼭질 하듯 모든 골목을 달려보는 재미도 있어요.

② 거리나 속도, 코스 등 제한을 두지 않고 달리고 싶은 속도와 코스로 달려요. 길을 잃은 곳에서 나만의 아지트를 만나게 될지도 몰라요.

③ 길이 좁거나 골목에 철재가 놓여있을 수 있으니 늘 안전에 유의하며 달려요.

포토 스팟

문래창작촌(도림로128가길)

도림로133길

도림로139길

영일분식

비빔국수

칼국수 면으로 만든 비빔국수가 유명한 문래동 철공소 골목의 맛집이다. 부드러우면서 쫄깃한 맛이 계속 들어가게 한다. 국수와 밥은 무한 리필이다.

영등포구 도림로141가길 34-1 02-2636-9817

문래창작촌

철공소 옆 갤러리

문래동 일대는 원래 면직물 공장이었지만 해방 후 우리나라를 대표하는 철 중심 공업 단지로 변했다. 2000년대 들어 저렴한 임대료 덕에 그림이나 조각, 설치 예술을 하는 젊은 작가들이 입주하기 시작했다. 이때부터 삭막한 공장 풍경에 화려한 벽화와 설치 작품이 채워지기 시작했다. 점점 더 많은 예술가가 모이면서 '문래창작촌'이라는 새로운 이름을 얻었다. 철공소와 젊은 예술가들이 만나 독특한 분위기를 만든다. 많이 떠났지만, 여전히 1,000여 개의 철공소가 있고 동시에 300명이 넘는 예술가들이 활동한다. 인포메이션 부스 옆의 거대한 망치와 못, 용접 가면이 문래동의 정체성을 나타낸다. 주말이면 문래동을 찾는 젊은이들이 많아지자, 이들을 겨냥한 카페와 레스토랑이 문을 열었다. 문래창작촌 곳곳에는 갤러리와 극장이 있다. 1년 내내 다양한 전시와 공연이 펼쳐져 내일이 더 기대되는 도시 재생 지역이다.

영등포구 도림로128가길 13-8

동작역~서래섬 코스

#동작대교 #서래섬 #유채꽃 #구름카페

기분 전환을 할 때면 달리기를 선택하는 주성환 님의 추천 코스

살랑살랑 유채꽃 가득한 서래섬과 구름 위 동작대교

러닝 커플에게 강력하게 추천하는 코스가 있다. 기분 전환을 할 때면 달리기를 하는 주성환 님이 추천하는 동작역~서래섬 코스이다. 은빛 봄 햇살 비추는 5월, 동작대교와 서래섬을 달리면 살랑거리는 유채꽃처럼 사랑이 더욱 아름답게 피어날 것이다. 러닝 후에는 동작대교의 구름&노을 카페에서 함께 야경을 감상하면 어떨까? 아마도 사랑은 더 깊어지고, 서로의 존재가 더욱 소중해질 것이다.

주성환 님의 추천 코스는 동작역에서 시작된다. 동작대교를 건넜다가 다시 돌아와 동작대교 남단 아래 한강공원을 지나 서래섬까지 갔다가 원점으로 복귀하는 코스다. 동작대교를 달리고 돌아오면 스트레스가 강바람에 다 날아간 듯 머리가 개운하다. 서래섬으로 향하는 길은 마치 버진로드 같다. 형형색색 꽃들이 당신을 반긴다. 그즈음 시선을 서래나루 요트선착장으로 가져가자. 한강과 꽃밭과 은빛 햇살이 한 프레임에 들어오는데, 이국적인 느낌을 들어 외국의 어느 도시를 달리는 기분이 든다. 철마다 꽃 사태가 나는 서래섬. 인적이 드문 꽃길을 달리고 싶다면 사랑이 꽃피는 서래섬으로 가자.

코스 정보

코스 경로 동작역~동작대교~동작대교 남단 아래 공원~서래섬~원점 복귀 거리 5.5km 난이도 하 러닝 시간 40분 워킹 시간 70분 찾아가기 동작역 2번 출구 짐 보관 동작역 내 짐 보관함 코스 주소 동작구 현충로 257

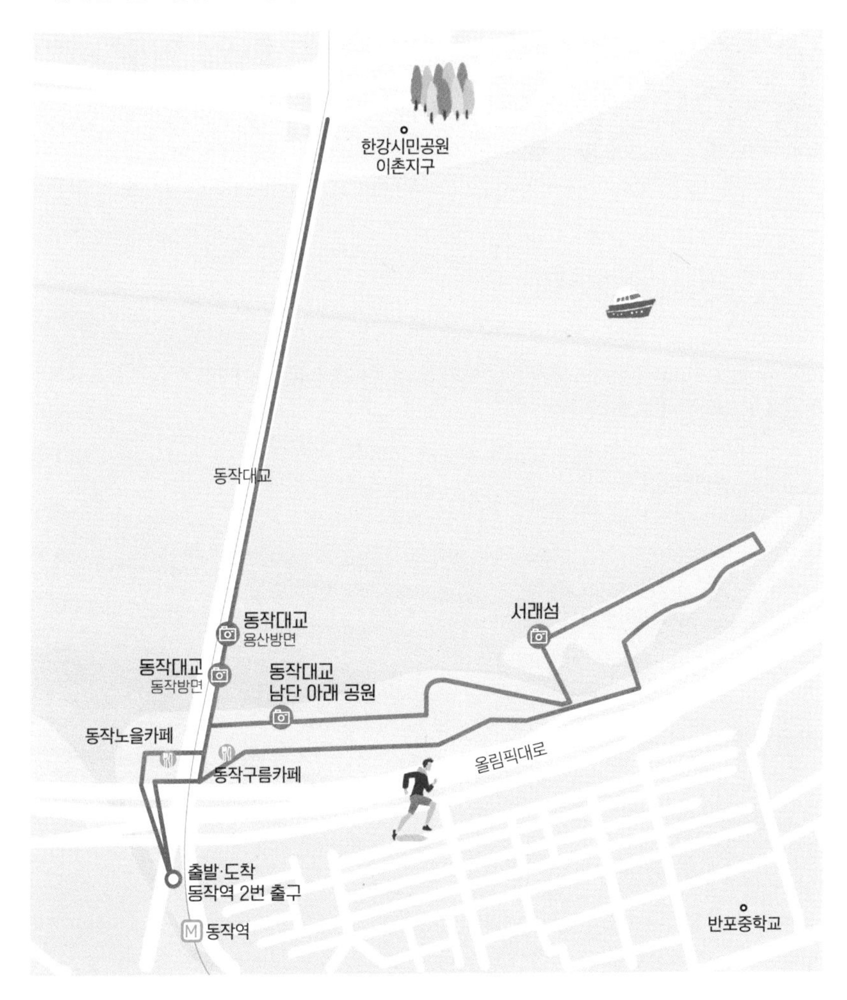

코스 팁

① 동작대교 위를 달릴 때는 앞만 보지 마세요. 슬쩍 한강과 하늘을 눈에 담아보세요.

② 색감이 예쁜 코스예요. 색감이 좋은 주말 아침에 달리면 당신의 마음도 꽃처럼 환해질 거예요.

포토 스팟

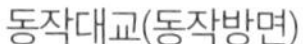

동작대교(동작방면)

동작대교 남단 아래 공원

서래섬

동작구름카페

커피, 음료

동작대교 남단 동쪽 위에 우뚝 선 카페이다. 서울과 한강을 파노라마 뷰로 내려다 볼 수 있다. 음료 가격 또한 저렴하다. 서초구 동작대로 350

동작노을카페

커피, 음료

동작대교 남단 서쪽에 있는 카페로 이름에 맞게 해가 저무는 한강의 모습을 노을과 함께 감상할 수 있다. 북카페와 루프톱도 겸하고 있어 여유를 만끽하기에 좋다. 동작구 동작대로 335

노들역~잠수교 코스

#노들역 #노들나루 #잠수교 #세빛섬 #무지개분수

느린 러너, 캐시Cathy lim 님의 추천 코스

세상의 모든 러너를 만나는 반포한강공원

'얼마나 빨리 달려야 잘 달리는 러너일까?' 러닝을 시작한 지 2년이 넘었지만, 속도는 여전히 느리다. 캐시Cathy lim 님은 느리다는 이유로 러너라고 말하기 부끄러웠다. 그래서 혼자 달리기 시작한 반포한강공원과 잠수교에서 오히려 큰 용기를 얻었다. 신기하리만큼 이 코스를 달리면 다른 러너들을 자주 만난다. 여의도, 동작, 용산, 서초, 강남……. 잠수교와 반포한강공원은 다양한 지역에서 출발한 러너들이 서로 교차하는 지점인 까닭이다. "저 러너는 힘들이지 않고 즐기면서 달리는구나, 나도 즐겨야지!" 하며 동기부여가 되고 힘을 얻는다. 잠수교를 제외한 코스에는 신호등이 없어서 멈추지 않고 달릴 수 있다.

그녀는 잠수교에서 무지개 분수를 만날 때면 이곳까지 달려온 게 자랑스럽기까지 하다. 가끔은 "내가 러너라고 말할 수 있을까?" 하고 스스로 물을 때도 있다. 하지만 달리는 사람은 빨리 달리든 천천히 달리든 모두 러너다. 느려도 괜찮고 잠시 멈춰도 괜찮다. 잠수교와 반포한강공원을 달리다 그녀를 만나면 주저 말고 외쳐주자. 캐시Cathy 화이팅!

코스 정보

코스 경로 노들역~노들나루공원~세빛섬~잠수교~반환 후 원점 복귀 거리 10Km 난이도 중 러닝 시간 70분 이상 워킹 시간 120분 이상 찾아가기 노들역 2번 출구 짐 보관 노들역 내 짐 보관함 코스 주소 동작구 본동 258-49

코스 팁

① 한강 중간 지점이라 러너를 자주 만나 재밌어요.
② 잠수교엔 빠르게 달리는 자전거가 있어요. 반드시 보행자 도로로 달리세요.
③ 밤에 달리면 동작대교와 반포대교의 야경을 둘 다 즐길 수 있어요.

포토 스팟

노들나루공원

한강대교 남단 아래

잠수교(세빛섬 배경)

브레드숨

팥마차식빵

수제식 빵집으로 당일 생산, 당일 판매를 원칙으로 한다. 매일 신선한 빵을 먹을 수 있다. 네모난 식빵 안에 다양한 재료들이 첨가되어 있어 취향에 따라 골라 먹을 수 있다. 팥마차식빵이 인기 메뉴다. 동작구 노량진로18길 37 070-8861-0007

세빛섬

물 위에 뜬 세계 최초 플로팅 건축물

물 위에 뜬 플로팅 형태 건축물로는 세계 최초이다. 한강 수위를 따라 높이가 자동으로 바뀐다. 섬 3개와 미디어아트갤러리 예빛으로 이루어져 있다. '세빛'은 빛의 삼원색으로, 3개 섬이 조화를 이루어 한강과 서울을 빛내라는 의미다. 3개 섬은 각각 가빛, 채빛, 솔빛이라는 이름을 가지고 있다. 해 질 녘처럼 하루의 끝을 우아하게 빛나라는 뜻의 '가빛'은 활짝 핀 꽃을 형상화했다. 국제회의·리셉션·제작발표회 등을 할 수 있는 컨벤션홀과 레스토랑 등이 있다. '채빛'은 활기찬 하루를 여는 찬란한 빛으로 꽃봉오리를 형상했다. 공연·전시 등의 문화 행사와 콘퍼런스·세미나 등의 행사를 유치하는 공간이다. 한낮의 해처럼 사방을 비추어 주는 '솔빛'은 씨앗을 형상화한 수상 레포츠 공간이다. 마지막으로 은은한 달빛으로 밤을 비추는 '예빛'은 다양한 영상 및 콘텐츠가 상영되는 초대형 LED와 수상 무대를 갖춘 미디어아트갤러리다. 세빛섬은 그 이름처럼 서울을 밝게 빛내는 조명이다.

서초구 올림픽대로 2085-14 세빛섬 1566-3433

강서구·양천구·구로구·금천구·관악구

마곡나루역~서울식물원 코스

#서울식물원 #보타닉가든 #마곡나루역 #허준박물관

마흔에 시작한 초보 러너
박은미 님의 추천 코스

마음 정화의 끝 서울의 보타닉가든, 서울식물원

“아이들은 잘 크는데 과연 나는 잘 크고 있을까?” 박은미 님은 나이 마흔이 되자 고민에 빠졌고, 변화가 필요했다. 마라톤 풀코스에 출전하는 남편을 응원하러 광화문으로 갔다. 그런데, 마음이 요동쳤다. 사람들은 즐거워 보였고, 출발 전 광화문은 축제 같았다. “그래. 나도 달리자!” 그렇게 러너가 되었다. 달리기는 마법 같았다. 나이 마흔에, 그녀의 삶은 청춘처럼 활력이 샘솟는다.

박은미 님의 추천 코스는 마곡나루역에서 시작한다. 이 코스의 핵심은 서울식물원이다. 이제 막 개발된 곳이라 깨끗하고 볼거리도 다양하다. 매연과 소음이 없는 식물원을 달리는 것이 이 코스의 가장 큰 장점이자 매력이다. 특히 밤에는 예쁜 조명이 켜지고 미세먼지와 기온을 나타내는 전광판이 있어 스마트 러닝이 가능하다. 그녀는 특히 시간, 체력, 여유도 없다며 망설이는 3040 주부에게 달리기를 추천한다. 함께 뛰기를 바라며 먼저 손을 내밀고 있다. 그저 달리기만 했을 뿐인데 용기가 생겼다. 무언가에 계속 도전하고 싶어졌다는 그녀는 지금, 달리기에 푹 빠졌다. 박은미 님은 오늘도 서울식물원을 달린다.

코스 정보

코스 경로 마곡나루역~한강보행육교~서울식물원 식물문화센터-원점 복귀 거리 3.5km 난이도 하 러닝 시간 30분 워킹 시간 50분 찾아가기 마곡나루역 3번 출구 짐 보관 마곡나루역 내 짐 보관함 코스 주소 강서구 마곡동로 115

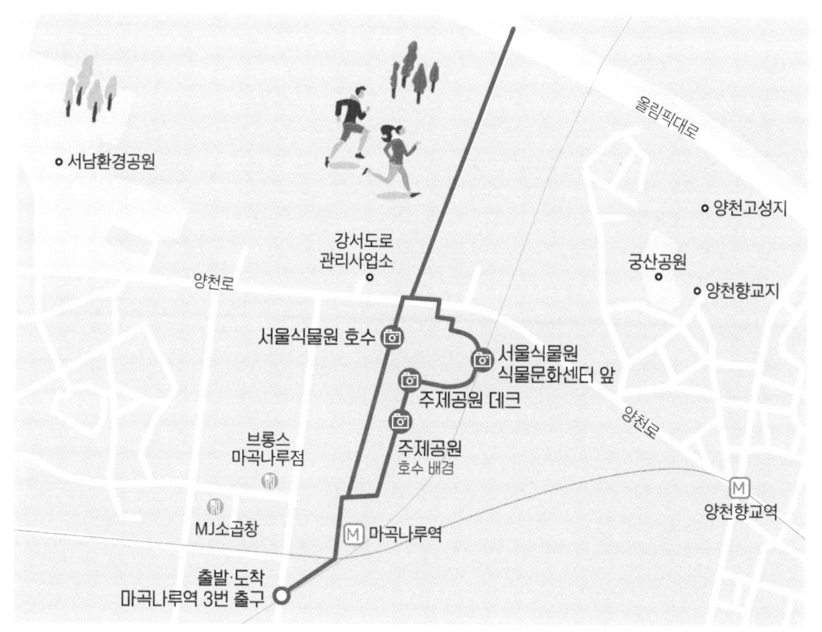

코스 팁

① 습지를 따라 달리면 한강으로 이어져 장거리 러닝도 가능해요.

② 공원 옆 마곡나루에는 식당과 마트 등 편의시설이 많아요.

③ 식물 보호를 위해 자전거를 포함해 바퀴 달린 기구는 금지예요. 안전관리 요원이 곳곳에 있어 안전해요.

④ 레몬을 넣은 생수를 러닝 후 마시면 몸에 더 좋아요.

포토 스팟

주제공원(호수 배경)

서울식물원 호수

주제정원 데크

MJ소곱창

소곱창모둠구이

대표메뉴는 소곱창모둠구이다. 부추와 김치가 철판 위에 올려져 있어 더욱 아삭한 맛을 즐길 수 있다. 양념장에 찍어 먹으면 감칠맛을 더할 수 있다. ◎ 강서구 마곡중앙로 161-22 1층 ☏ 02-2658-8856

브롱스 마곡나루점

수제맥주, 피자

수제맥주 전문점이다. 다양한 양조장의 맥주를 즐길 수 있다. 함께 먹을 음식으로는 페퍼로니 피자를 추천한다. 조각 피자도 있어 혼맥하기 좋다. ◎ 강서구 마곡중앙로 165 ☏ 02-2039-1770

서울식물원

크기가 무려 축구장 70배

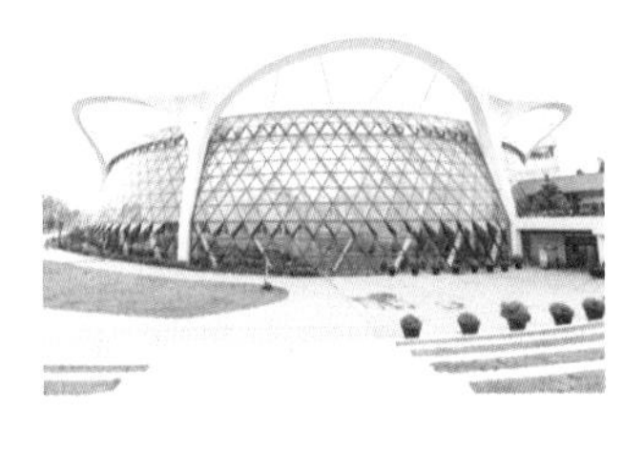

서울 최초의 도시형 식물원으로 2019년 5월에 문을 열었다. 축구장 70개 크기에 달한다. 열린숲, 호수원, 주제원, 습지원 등 4가지 테마로 이루어져 있다. 주제원을 제외하고는 연중무휴로 운영된다. 열린숲은 서울식물원의 입구에 있다. 방문자 안내 서비스가 제공되며 축제와 전시 등 볼거리가 다양하다. 호수원은 호수 주변 산책길과 관람 데크가 조성된 공간이며 주제원은 식물문화센터로 세계 유일의 접시형 온실 안에서 열대 · 지중해 12개 도시 식물을 관람할 수 있다. ◎ 강서구 마곡동로 161 서울식물원 ◷ **3월~10월** 09:30-18:00 **11월~2월** 9:30-17:00 **휴관** 매주 월요일 ₩ 어른 5,000원 청소년 3,000원 어린이 2,000원 ☏ 02-120

허준박물관

전망 좋은 한의학 체험장

구암 허준 선생의 학문적 업적을 기리고자 개관한 한국 최초의 한의학 전문공립박물관이다. 허준 선생은 우리나라를 대표하는 의학자로 옛 양천향교 옆인 이곳 강서구에서 태어났다. 특히, 그의 저서인 <동의보감>은 의서 최초로 유네스코 세계기록유산으로 등재되었으며 국보 제319호로 지정되었다. 침을 놓거나 약재를 직접 써보는 등 한의학을 체험해 볼 수 있는 자연 체험 학습장이자 서울에서 전망이 좋은 곳 중 하나이기도 하다.

◎ 강서구 허준로 87 ◷ **3월~10월** 10:00-18:00 **11월~2월 · 토~일 · 공휴일** 10:00-17:00 **휴관** 매주 월요일, 1월 1일, 설 · 추석 당일 ₩ 어른 1,000원 학생 및 군경 500원 ☏ 02-3661-8686

SEOUL 94 RUNNING

목동종합운동장~안양천 코스

#목동종합운동장 #파리공원 #안양천 #고척스카이돔

달리기로 건강을 유지하는 이현 님의 추천 코스

그냥 쭉 달리면 되는 마력의 안양천 연습코스

이현 님은 목동종합운동장~안양천을 달린다. 목동종합운동장을 출발해 안양천을 거슬러 달리다가 고척스카이돔에서 반환해 다시 물길 따라 달리는 코스다. 이 코스의 핵심은 안양천이다. 산책로를 자전거 전용 도로와 분리해 놓아 안전하다. 강변 따라 달리는 상쾌함이 남다르고, 한강처럼 강폭이 크지 않기에 평온하고 조용하다. 업힐과 다운힐이 없는 평지라 일정한 페이스를 유지하며 쭉 달릴 수 있다. 철 따라 색을 바꿔가며 꽃을 피워내는 천변 꽃밭은 달리는 내내 화사하게 러너를 응원해준다.

금융서비스 회사의 실장으로 영업업무를 하는 이현 님은 업무능력 향상을 위해 달린다. 그덕에 건강도 잘 유지하고 있다. 그는 특히 장비에 신경을 많이 쓰는 편인데 무릎과 발목보호대를 착용하고 발가락 부상방지를 위해 마라톤 전용 양말도 신는다. 건강한 달리기는 부상 방지에서 시작된다고 믿는 까닭이다. 그에게 잘 달리는 사람은 빨리 달리는 사람이 아니라 부상없이 러닝을 즐기는 사람이다.

코스 정보

코스 경로 목동종합운동장~안양천~고척스카이돔 반환 후 복귀 거리 7.7km 난이도 중 러닝 시간 50분 워킹 시간 90분 찾아가기 목동종합운동장 짐 보관 오목교역 내 짐 보관함 코스 주소 양천구 안양천로 939

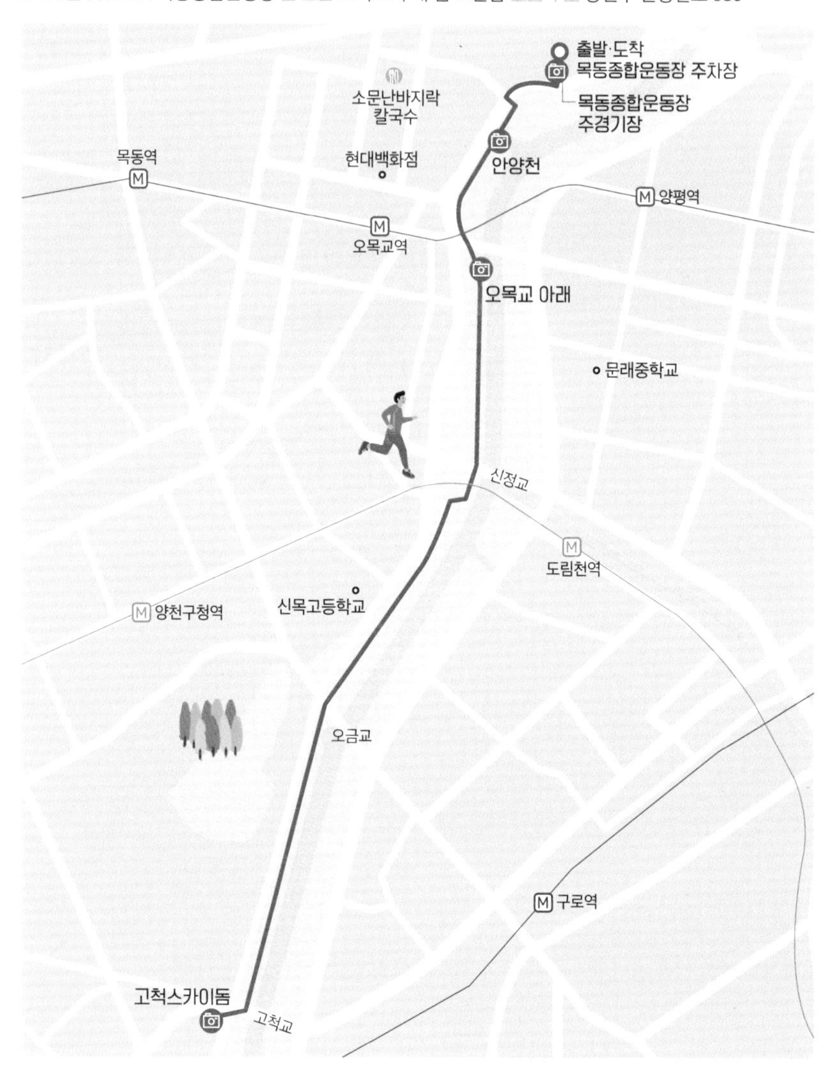

코스 팁

① 목동종합운동장 주경기장 외부를 크게 돌 수도 있어요. 한바퀴에 1km에요.

② 언덕이 없는 평지 코스라 초보자나 장거리 훈련에 좋아요.

포토 스팟

목동종합운동장 주경기장

안양천

오목교 아래

소문난바지락칼국수

바지락칼국수

큰 그릇에 한가득 나온다. 바지락 식감은 쫄깃하고 국물은 시원하다. 달리기 후 든든히 배를 채우고 몸을 풀기에 그만이다. 양천구 목동서로 155 목동파라곤 지하 02-2642-2211

파리공원

파리엔 서울공원, 서울엔 파리공원

한국과 프랑스의 수교 100주년을 기념하기 위해 만든 공원이다. 1986년 파리의 코로니아파트 단지 내에 '서울광장'을 마련한 답례로 서울은 1987년에 파리광장을 세웠다. 개선문과 에펠탑 모형 조형물이 있으며, 양국의 특성을 살린 소나무, 마로니에, 느티나무를 심었다. 파리의 서울광장을 삼태극 무늬로 꾸몄다면 서울의 파리광장엔 프랑스식 화단을 조성했다. 양국의 전통 양식을 조화롭게 반영한 점이 인상적이다. 책놀이터에는 국내 그림책 작가와 앤서니 브라운 등 국외 작가 그림책 360권, 프랑스 작가 서적 130여 권 등 전 연령대가 함께 즐길 수 있는 책을 갖추고 있다. 농구대와 게이트볼장 등 체육시설도 있다. 인근에 양천도서관도 있어, 자연과 문화생활을 더불어 즐기기에 더없이 좋다.

양천구 목동동로 363 02-2620-3570

신목동역~용왕산 코스

#용왕산 #용왕정 #목동 #둘레길 #트랙런 #트레일러닝

어린 시절 추억의 공간을 달리는 정은아 님의 추천 코스

전망이 뛰어난 서울 8경, 용왕산 둘레길

용왕산은 목동 신시가지를 엄마처럼 포근하게 감싸고 있다. 해발 높이가 100m가 안 되는 작은 산이지만 한강과 서울을 조망하기 좋고, 양천구 시민들에겐 손꼽히는 일출과 일몰 명소이다. 용왕정은 특히 전망이 뛰어나 서울 8경에 뽑혔다. 산 정상 근린공원 안에 깔끔한 트랙이 있다. 잔디축구장, 실내배드민턴장, 게이트볼장도 갖추고 있다. 또 산 아래 용왕산 둘레길도 러닝 코스로 좋다. 다만 이곳은 길이 좁아 산책하듯 조깅하는 게 알맞다.

용왕산과 용왕산 둘레길은 정은아 님의 추억이 깃든 곳이다. 이곳은 어린 시절 그녀가 뛰어놀던 놀이터였다. 그녀는 추억의 장소를 달린다. 출발지는 9호선 신목동역이다. 용왕산 둘레길을 달리다가 산 위 근린공원으로 방향을 바꾼다. 러닝 초보라면 용왕산까지 올라오는 길이 조금 힘겨울 수 있다. 힘들면 걸어도 좋다. 다 오르면 뿌듯함에 환호성을 지를지도 모른다. 조금 특별한 러닝을 하고 싶다면 일출런은 어떨까? 새벽 러닝의 뿌듯함에 해돋이의 감동이 더해져 뭉클한 기운이 오래도록 당신 가슴을 뛰게 할 것이다.

코스 정보

코스 경로 신목동역~용왕산 다목적운동장~용왕정~용왕산 근린공원~ 원점 복귀 거리 2.5km 난이도 하 러닝 시간 20분 워킹 시간 30분 찾아가기 신목동역 1번 출구 짐 보관 신목동역 내 짐 보관함 코스 주소 양천구 목동 136-7

코스 팁

① 달리는 게 힘들면 용왕산 둘레길을 산책하듯 조깅해도 좋아요.

② 상급자라면 용왕산까지 뛰어오르는 트레일런을 추천해요.

③ 용왕산 다목적운동장은 LSD 훈련하기에 좋아요.

포토 스팟

용왕산 근린공원

용왕정 계단

용왕산 다목적운동장

대합탕 수제비 포장마차

골뱅이무침

얼큰한 수제비 대합탕과 매콤한 골뱅이무침이 인기메뉴다. 쫄깃한 수제비와 걸쭉한 국물이 시원하다. 얼핏 보기에 허름해 보이지만 그 속은 옛 감성 그대로인 알찬 포장마차다. 양천구 목동동로 350 02-2062-2888

천왕역~항동철길 코스

#푸른수목원 #항동철길 #항동 #항동저수지

서울을 달리는 문 과장, 문진수 님의 추천 코스

서울의 끝에서 누리는 나만의 작은 행복, 푸른수목원

정처 없이 동네를 달리다가 우연히 멋진 러닝 코스를 발견할 때가 있다. "아니, 이렇게 좋은 곳이 있었나?" 하고 감탄할 때도 있다. 동네를 달리던 문진수 님이 소개하는 '푸른수목원'도 이런 코스이다. 달리지 않았더라면 이처럼 아름다운 러닝 코스가 있는지 몰랐을 것이다. 구로구 천왕동에는 기차가 거의 다니지 않는 항동 철길과 2013년에 개원한 푸른수목원이 있다. 이 두 곳을 이으면 세상 어디에 내놓아도 좋을 러닝 코스가 완성된다. 천왕역 2번 출구에서 출발한다. 천왕역에서 서북쪽으로 조금만 달리면 이윽고 항동 철길이 나타난다. 주택가 사이에 숨겨놓은 듯한 철길은 무척 서정적이다. 들꽃 사이로 난 철길을 달리면 이윽고 푸른수목원이 보인다. 메타세쿼이아가 먼저 반겨준다. 이어서 장미원, 습지, 수생식물원, 항동저수지가 차례로 러너를 맞아준다. 이곳을 달릴 때면 다른 코스에서 경험하지 못한 특별한 자유를 느낀다. 동네 한 바퀴로 시작한 달리기지만 지금은 좋은 사람들이 모여 함께 달린다. 지금, 그는 멋진 사람들과 아름다운 서울을 함께 달리는 행복을 만끽하고 있다.

코스 정보

코스 경로 천왕역~항동철길~푸른수목원~원점 복귀 거리 3.5km 난이도 하 러닝 시간 30분 워킹 시간 40분 찾아가기 천왕역 2번 출구 짐 보관 천왕역 짐 보관함 코스 주소 구로구 천왕로 106-1

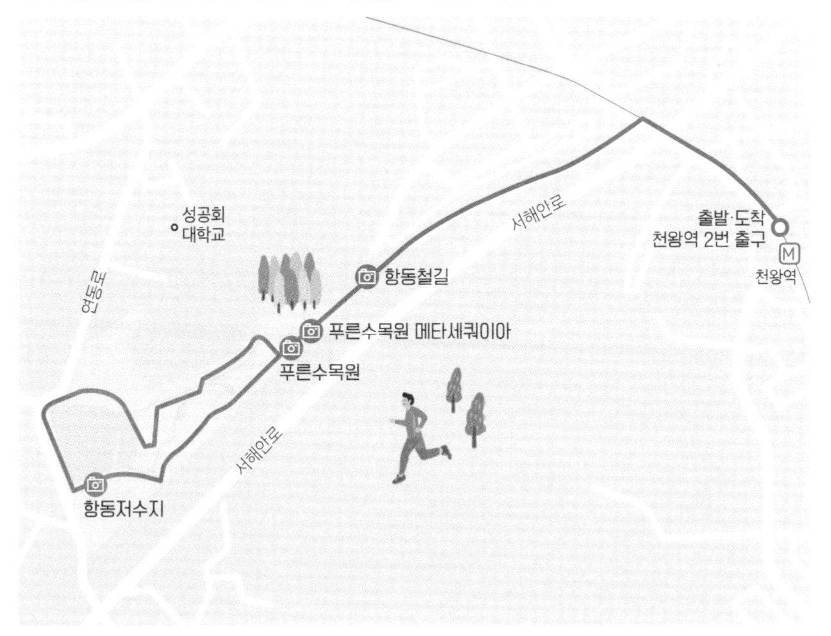

코스 팁

① 공원 안엔 여러 갈래 길이 있어요. 코스를 내 마음대로 바꿔 달리거나 회전수를 더해 거리를 늘릴 수 있어요.

② 달리기가 끝난 후 공원 안 카페에서 음료를 마실 수 있어요.

③ 자연을 가꾸고 보호하는 수목원이에요. 쓰레기는 되가져 가요.

포토 스팟

항동철길

푸른수목원 메타세쿼이아

항동저수지

고구려 본토짜장

간짜장

역곡역에 있는 중국집이다. 달걀 프라이를 튀켜 올린 간짜장을 추천한다. 가격은 저렴하지만 면발이 쫄깃하고 춘장을 아낌없이 주어 다시 방문하게 된다.

부천시 경인로 505 032-345-5507

푸른수목원

기찻길 옆 수목원

구로구 끝자락 항동에 있다. 푸른수목원은 테마공원 다섯 개로 구성되어 있다. 2013년에 개원한 서울시 첫 시립수목원이다. 기존의 지형과 연못, 저수지를 그대로 살려 친환경적으로 조성했다. 2,100여 종의 식물이 자란다. 잔디마당, 향기원, 어린이정원 등 다양한 테마정원을 감상할 수 있다. 식물과 정원에 관련된 책을 비치하고 있는 북카페가 있다. 그리고 식물원 안 숲교육센터는 전 세계 유용작물의 전시장이자 '가드닝 스쿨' 등 다양한 식물 교육과 생태 체험학습 프로그램을 운영하고 있다. 수목원 옆에는 항동 철길이 지나간다. 구로구 오류동에서 부천시 옥길동까지 이어지는 단선 철길이다. 아주 가끔 부정기적으로 화물열차가 다닌다. 철길 양쪽으로 봄에는 들꽃이, 가을엔 코스모스가 살랑살랑 피어난다. 철길을 달리는 즐거움도 크지만 여유롭게 산책하는 기쁨도 특별하다. 간혹 철로 침목에 기찻길을 소재로 쓴 시와 감성적인 글귀를 적어놓았다. 서정 깊은 글귀가 당신의 마음속으로 자연스레 스며든다. 항동 철길과 푸른수목원은 요즘 새롭게 떠오르는 사진 스팟이다.

구로구 연동로 240
02-2686-3200

금천구청역~안양천 코스

#금천구청 #안양천 #벚꽃런

커플 러너에서 부부 러너가 된 이이랑 님의 추천 코스

봄바람 불 때면 '벚꽃비' 내리는 안양천으로

안양천은 사계절 내내 매력을 뽐내지만, 특히 봄철은 사랑을 꽃피게 해준다. 벚꽃비를 맞으며 달리는 모습은 그대로 아름다운 화보이다. 이이랑 님은 러닝을 하다가 친구를 만났다. 시간이 흐른 뒤 둘은 연인으로 발전했고, 이제는 부부가 되었다. 이이랑 님은 오늘도 남편과 함께 달리며 행복한 신혼생활을 즐긴다.

신혼부부가 달리는 길은 금천구와 광명시 사이를 흐르는 안양천이다. 1호선 금천구청역에서 출발하자마자 이윽고 안양천이다. 안양천은 한강보다 사람이 적어 러닝에 집중할 수 있어서 좋다. 또 다른 장점은 다른 강변 코스도 그렇듯 상류 또는 하류로 거리를 확장할 수 있는 점이다. 햇살 좋은 4월, 팝콘 같은 벚꽃이 피면 안양천은 달콤한 데이트 코스로 변한다. 바람이 불어 벚꽃비라도 내리면 화양연화가 따로 없다. 이이랑 부부는 평일 저녁에는 러닝 크루에서, 주말에는 마라톤대회에 나가 함께 달린다. 취미가 같으니 대화를 많이 하고, 마음이 더 돈독해진다. 사랑은 마주 보는 게 아니라 같은 방향을 보는 거라고 했던가? 신혼부부는 오늘도 같은 방향으로 달린다.

코스 정보

코스 경로 금천구청역~안양천 5km 지점 반환 후 복귀 거리 10km 난이도 하 러닝 시간 70분 워킹 시간 120분 이상 찾아가기 금청구청역 1번 출구 짐 보관 역 내 짐 보관함 없음. 근처 '롯데마트 금천점' 및 '홈플러스 시흥점' 내 물품보관함 이용 코스 주소 금천구 시흥대로63길 91

코스 팁

① 간혹 어두운 곳이 있어 주의가 필요해요.

② 코스 중간중간에 운동기구가 설치되어 있어 보강 훈련이 가능해요.

③ 컨디션과 훈련 목표에 따라 거리를 유동적으로 늘리고 줄일 수 있어요.

포토 스팟

금천구청역 고가다리

안양천 다목적광장

안양천 벚꽃길

전주명가

닭칼국수

시그니처 메뉴는 닭칼국수이다. 단백질 풍부한 닭고기와 쫄깃한 칼국수의 조합이 러너에게 제격이다. 겉절이, 깍두기와 함께 먹으면 조합이 더 환상적이다. 금천구 가산디지털2로 138-3 02-857-1459

신림역~도림천 코스

#도림천 #신림역 #보라매공원 #도림천러닝크루 #DRC

도림천 러닝 크루 DRC 님의 추천 코스

비가 오나, 눈이 오나 달릴 수 있는 지붕 아래 도림천

비가 와도 눈이 와도 달리고 싶을 때가 있다. 그런 날이면 도림천을 추천한다. 도림천은 관악산에서 시작해 신림동, 신도림을 지나 안양천으로 흐른다. 도림천은 도림천러닝크루DRC의 달리기 코스이다. 도림천의 한쪽 위에는 지붕이 있다. 지붕 위로 2호선 지상선이 달린다. 이 지붕은 여름에는 그늘을 만들어주고, 비 오는 날과 눈 내리는 날에는 우산이 된다. 비가 오면 빗소리를 들으며 달릴 수 있어 좋고, 눈이 내리면 낭만의 러닝을 할 수 있다.

도림천엔 산책하거나 달리는 사람이 많다. 설령 혼자 달리더라도 동질감을 느낄 수 있어 좋다. 또한, 보행자도로와 자전거도로를 구분해 놓아 운동하기에 안전하다. 도림천엔 중간중간 물길을 건널 수 있는 다리가 있다. 이 다리를 건너 크루와 이탈해도 얼마든지 다시 합류할 수 있다. 천변의 재미난 벽화와 조각품은 구경하는 재미까지 준다. 힐링 러닝을 원한다면 보라매 공원으로 방향을 틀자. 한두 바퀴 더 달리면 신나는 트레일 러닝도 가능하다. 꽃은 계절 따라 피어나고, 여름의 숲은 푸르고 울창하다. 그리고 가을엔 붉은 단풍이 마음을 흔든다.

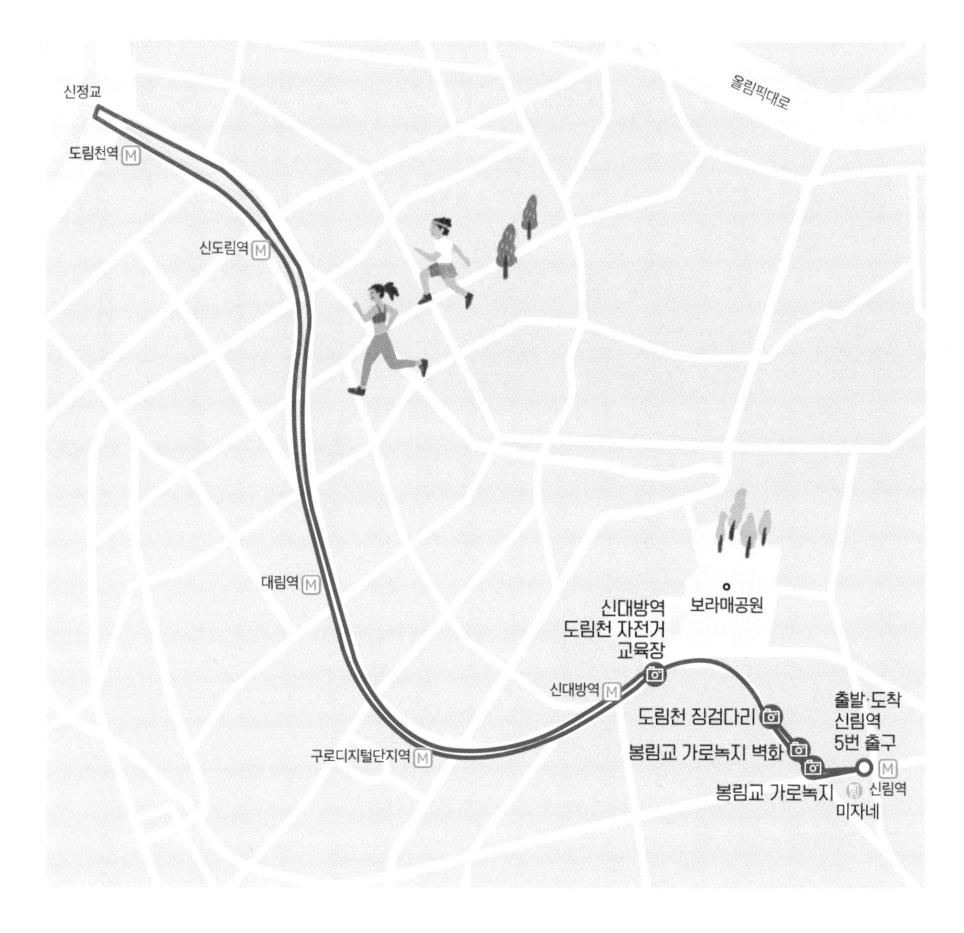

코스 정보

코스 경로 신림역-봉림교 가로녹지-도림천-안양천 합수부 7km 지점 반환 후 복귀 거리 14km 난이도 중 러닝 시간 90분 워킹 시간 150분 이상 찾아가기 신림역 5번 출구 짐 보관 신림역 내 물품 보관함 코스 주소 관악구 신림동 1472-1

코스 팁

① 스피드 러닝 시에는 신도림역 방향으로 달렸다가 반환하는 코스를 추천해요.
② 보행자 도로가 좁은 곳에선 한 줄로 달려요.
③ 주말에는 가족 단위 나들이객이 많아요. 보행자를 조심해 달려요.
④ 도림천 코스의 2호선은 역마다 물품 보관함이 있어 본인만의 자유로운 코스 설정이 가능해요.

포토 스팟

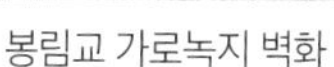
봉림교 가로녹지 벽화

봉림교 가로녹지

도림천 징검다리

미자네
백순대

원조 백순대를 각종 야채, 들깻가루 특제 양념과 함께 먹으면 이색적인 맛에 중독된다. 한번 맛보면 누구나 단골이 되는 신비한 맛집이다. 볶음밥은 선택이 아니라 필수다. 신림동 순대 골목에 있다.
관악구 신림로59길 14 원조순대타운 318호 02-884-5065

보라매공원
러닝 트랙을 갖췄다

80년대까지 공군사관학교가 있던 자리다. 공군사관학교가 충청북도로 이전한 뒤 일부에 보라매병원, 사무빌딩, 백화점, 주상복합 아파트를 들이고, 나머지를 공원으로 만들었다. 공군사관학교의 상징인 '보라매'를 공원 이름 그대로 사용했다. 러닝 트랙을 갖춘 잔디광장, 생태연못, 축구장, 배드민턴장, 암벽 등반장, 음악분수, 피크닉장, 에어파크 등이 들어서 있다. 비행기 8대를 전시해 놓은 에어파크는 이 땅의 스토리를 사물로 보여준다. 나들이, 운동, 산책을 즐기러 많은 사람이 찾는다. 화장실, 편의점 등 공원 이용자를 위한 편의시설도 잘 갖추어 놓았다. 여름에는 물놀이터가 운영되며, 음악분수에서 여름마다 하루 4회 음악분수 쇼를 운영한다.
동작구 여의대방로20길 33

서울대학교 순환코스

#서울대학교 #캠퍼스런 #관악산 #낙성대공원

서울대학교 15년 토박이 조장환 님의 추천 코스

서울대학교 관악 캠퍼스에서 낭만 조깅을 즐겨요

조장환 님은 서울대학교에서 15년을 생활했다. 학부 기숙사와 석박사 대학원 기숙사, 그리고 결혼 후에는 가족 생활관까지, 그에게 서울대학교 관악 캠퍼스는 제2의 고향이다. 낮에는 걷고, 밤에는 달린 덕분에 누구보다 캠퍼스의 구석구석을 잘 알고 있다. 달빛 아래 관악산 캠퍼스를 달리며 아내도 만났다. 서울대학교 캠퍼스는 관악산의 품 안에 있다. 산 속에 자리 잡은 캠퍼스이기 때문에 오르막, 내리막, 평지 등 코스가 다양해 다채로운 러닝을 즐길 수 있다. 특히 밤에는 거대한 숲에서 내뿜는 맑은 공기가 러닝의 상쾌함을 더해준다. 더불어, 관악 캠퍼스 곳곳에 숨겨진 연인들의 필수 산책 코스 '자하연', 경영대-음미대-법대로 이어지는 '걷고 싶은 거리', '버들골' 비밀의 코스, 캠퍼스 셔틀버스를 따라 달리는 순환 도로 'C4 코스' 등 모두 매력 넘치는 스팟이다. 달이 뜨는 밤에 즐기는 러닝은 특히 낭만적이다. 낭만을 넘어서 몽환적이다. 연구에 지친 몸을 이끌고 스트레스를 잊기 위해 달렸지만, 아내를 만나 사랑을 속삭이고 함께 달리며 캠퍼스 곳곳을 누볐다. 학교를 졸업한 지금은 사랑하는 아내, 그리고 아들과 함께 더 밝고 즐거운 미래를 꿈꾸며 여전히 이곳을 달린다.

코스 정보

코스 경로 서울대학교 기숙사 삼거리~전파천문대 방향~서울대학교 정문~원점 복귀 거리 5km 난이도 중 러닝 시간 60분 워킹 시간 80분 찾아가기 서울대학교 기숙사 삼거리 짐 보관 낙성대역 짐 보관함 및 중앙도서관 사물함 코스 주소 관악구 관악로 1 서울대학교 관악학생생활관(기숙사) 삼거리 08826

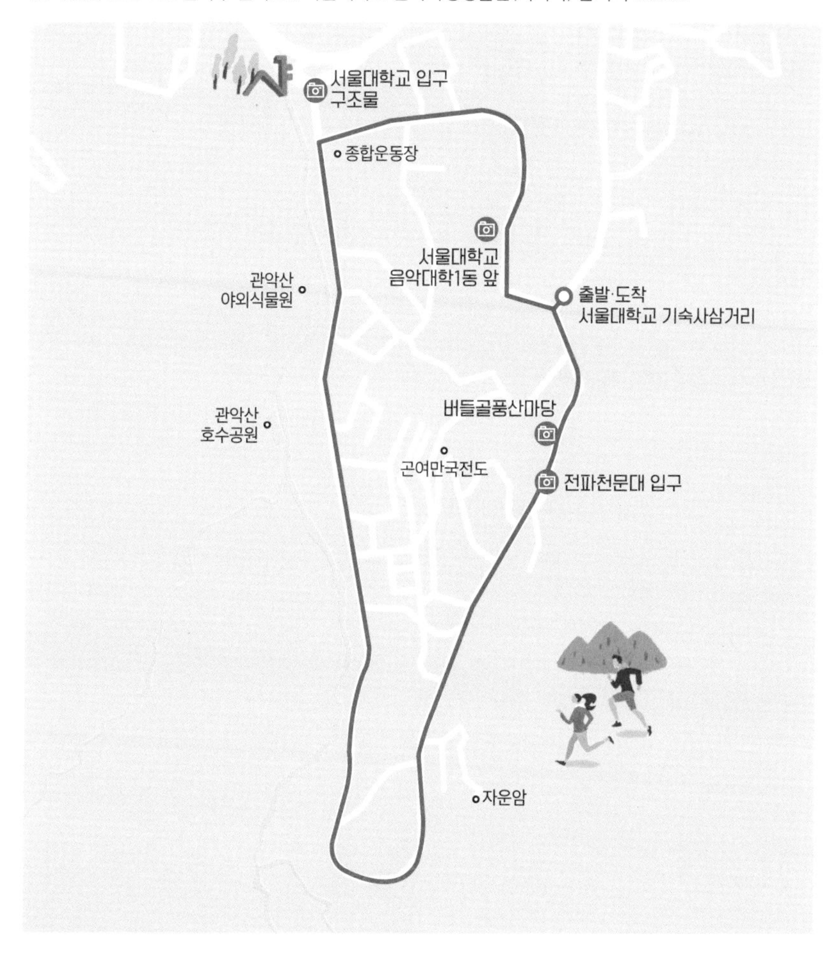

코스 팁

① 달릴 때 셔틀버스가 지나는 방향으로 달리면 코스를 익히기 좋아요.

② 언덕을 오를 땐 힘들어도 멈추지 말고 보폭을 좁게 달려보세요. 호흡이 안정되고 체력도 회복돼 다시 달릴 수 있어요.

포토 스팟

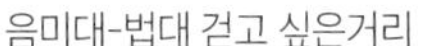

음미대-법대 걷고 싶은거리

버들골

전파천문대 입구

시골집

쌈밥

집밥을 먹고 싶을 때 찾아가는 쌈밥 맛집이다. 만원 이내 저렴한 금액으로 제육과 오징어제육, 고등어구이 등의 쌈밥을 즐길 수 있다. 다양한 쌈채소들이 이곳의 매력이다. 관악구 낙성대로 22-7 02-874-7333

낙성대공원

강감찬 장군의 집터, 공원이 되다

강감찬 장군을 기리는 공원이다. 강감찬 장군이 탄생한 집터이며, 본래 낙성대 3층 석탑이 있던 자리이다. 낙성대는 강감찬 장군이 태어날 때 출생지에 큰 별이 떨어졌다는 전설을 따 지은 이름이다. 공원으로 들어서면 강감찬 장군의 기마청동상이 가장 먼저 눈에 띈다. 말을 탄 채 칼을 빼고 앞으로 돌진하는 형상인데, 역동적인 모습을 잘 표현했다. 공원에서 가장 중심이 되는 공간은 '안국사'로 영주 부석사 무량수전을 본 따 만들었다. 장군의 영정을 모시는 사당이다. 서울대학교 후문으로 통하는 길이기도 해서 이곳을 찾는 사람이 많다. 매년 10월 강감찬 장군의 호국정신을 기리는 낙성대인헌제가 열린다. 토요일과 일요일 오전에는 낙성대 숲속여행 프로그램을 진행한다.

관악구 낙성대로 77 낙성대공원

서울대학교 대운동장 코스

#서울대학교 #트랙 #트랙런 #프로그맨

불가능은 없는 프로그맨 김명재 님의 추천 코스

관악산 품에 포근하게 안긴 서울대학교 트랙

김명재 님은 다양한 운동에 도전하고 운동 관련 정보를 안내하는 유튜버이다. UDT 출신 김명재 님은 장거리보다 단거리 달리기를 즐긴다. 단거리를 달릴 때 느껴지는 근육의 역동적인 움직임과 턱 밑까지 차오르는 호흡이 그의 심장을 더욱 요동치게 한다. 김명재 님은 서울대학교 관악캠퍼스 트랙을 달린다. 영상에도 종종 나오는 바로 그 서울대학교 트랙이다. 지하철역과 조금 떨어져 있지만, 이곳을 달려야 할 이유는 분명하다. 서울대학교 트랙은 관악산 아래에 있어 공기가 무척 맑다. 서울에서 이처럼 맑은 공기를 마시며 달릴 수 있는 곳은 몇 안 될 것이다. 찾는 이가 많지 않아 어떤 날은 넓은 트랙을 독차지 한다. 그럴 땐 운동장과 주변 풍경을 다 가진 것처럼 기분이 좋다. 게다가 트랙 중간중간 설치한 전등이 불을 환히 밝혀줘 야간 달리기도 안전하게 할 수 있다. 설령 혼자 달리더라도 학생들이 축구 하는 모습을 구경하며 달리면 외롭지 않다. 김명재 님은 단거리 달리기도 활성화되길 바란다. 그의 바람이 꼭 이루어지기를!

코스 정보

코스 경로 서울대학교 관악캠퍼스 종합운동장 트랙 거리 자율 난이도 자율 찾아가기 서울대학교 관악캠퍼스 종합운동장 짐 보관 서울대학교 관악캠퍼스 종합운동장 스탠드 코스 주소 관악구 관악로 1(정문에서 직진 후 바로 왼쪽 위)

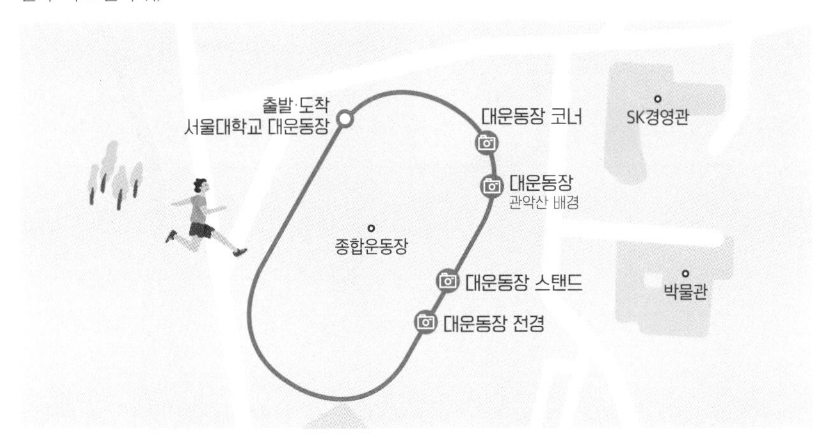

러닝 팁

① 비나 눈이 내린 후 트랙은 미끄러워요. 특히 곡선 주로에서 미끄러지지 않도록 조심해요.

② 인터벌 훈련 시, 달리기와 충분한 회복의 반복이 중요해요. 회복 시간은 점차 줄이고 달리는 거리는 점차 늘려요.

포토 스팟

종합운동장 전경

종합운동장 스탠드

종합운동장(관악산 배경)

황토방

보쌈 정식

저렴한 가격에 배부르게 맛볼 수 있는 보쌈 정식. 다양하고 정갈한 반찬 덕분에 주변 직장인과 학생들에게 인기가 많다. 테라스도 있다. 관악구 관악로12길 6 02-883-3214

안정은·최진성 작가가 알려주는 러닝의 모든 것

1. 오래 잘 달리는 방법

① 달리기가 망설여진다면 일단 대회부터 접수해요.

② 롱런을 위해서는 무엇보다 자신만의 페이스를 알고 달려야 해요.

③ 혼자 달리는 것보다는 러닝메이트와 함께 달리면 더욱 멀리 달릴 수 있어요.

④ 많은 짐을 갖고 달리기보다는 가벼운 옷차림과 기록장치만 갖고 달려야 힘들지 않아요.

⑤ 러닝 APP이나 시계를 설정하고 달리면 코스와 페이스 확인은 물론이고 목표로 하던 거리를 채우기 위해 조금 더 힘내 달릴 수 있어요.

⑥ 자신만의 개성을 드러낼 수 있는 러닝복을 입어요. 예쁘고 뿌듯한 만큼 더 열심히 달리려 노력하게 돼요.

⑦ 늘 달리던 코스가 지겹다면 『서울을 달리는 100가지 방법』을 통해 새로운 나만의 러닝 코스를 만들어 보아요.

⑧ 모닝 런은 신진대사를 높여 다이어트에 좋고, 저녁 런은 근력과 체력 강화에 도움이 돼요. 둘 중 목적에 맞는 시간대를 정해 꾸준히 달려요.

⑨ 1km씩 거리를 늘리거나 1분씩 시간을 단축하는 등 남과 비교하지 말고 어제의 나와 비교하며 매일의 성취감을 느껴 보아요.

⑩ 서울만 달리는 것이 아니라 캐리어에 운동화 한 켤레를 넣어 여행지에서 달려보아요. 색다른 하루가 시작될 거예요. 어쩌면 『대한민국을 달리는 100가지 방법』이 생겨날지 몰라요!

2. 달리기 사진 잘 찍는 방법

① 달리는 도중에 흔들리지 않는 사진을 담기 위해서는 빛이 충분한 상태에서 찍어야 해요.
② 다리가 길게 나오기 위해서는 앉아서 찍거나, 스마트폰을 거꾸로 들어서 찍어요.
③ 주변의 랜드마크와 러너가 함께 어우러지도록 구도를 설정해요.
④ 달리는 사진의 반 이상은 다리가 굽혀진 사진이 나와요. 꼭 연사 촬영을 하세요.
⑤ 러너는 움직이는 피사체이니 러너가 옆으로 지나갈 때 같이 카메라 렌즈를 따라 이동하면 자연스러운 움직임을 포착할 수 있어요.

3. 달리기 사진 잘 찍히는 방법

① 하늘에서 누가 끌어당기는 것처럼 등과 목을 펴되 턱을 당기고, 전방 15도 낮게 시선을 향해 달려요.
② 팔꿈치는 몸에서 벗어나지 않게 옆 선에 붙이고 앞뒤로 흔들어 나아가도록 해요.
③ 빨리 달리기보다는 천천히 달려 공중에 떠있는 시간을 최대화로 해요.
④ 미소, 만세, 비행기, 하트 등 다양한 포즈를 연구해서 자신을 어필할 수 있도록 해요.
⑤ 힐풋보다뒤꿈치 착지 포어풋앞꿈치 착지으로 달려야 다리가 더욱 길어 보여요.
⑥ 카메라 앞에서 달리는 게 어색하다면 시계를 보거나, 옆의 풍경을 감상하며 여유로운 모습을 보여줘요.
⑦ 주변의 사진작가님과 많은 이야기를 나누고, 함께 호흡해 보아요.

4. 나만의 달리기 코스를 개발하는 방법

① 지도 앱을 켜고 녹색 지대 주변을 찾아 달려요. 파란색의 물도 좋아요.
② 대중교통과 짐 보관, 그리고 편의시설 이용이 편리한 곳을 선정해요.
③ 서울 곳곳의 타워, 구조물, 마천루, 전통문양 등 멋진 랜드마크를 보며 달릴 수 있는 장소를 선택해요.
④ 어릴 적 추억이 깃든 곳을 찾아가 달리는 것도 좋아요. 이미 코스는 익숙하지만 안 보이던 것들도 보이고 색다른 시선으로 다가올 거예요.
⑤ 낯선 곳을 처음 달릴 때는 어두운 밤보다 밝은 낮에 먼저 뛰어 보아요.

서울을 달리는 100가지 방법

지은이 안정은·최진성

초판 1쇄 발행일 2020년 2월 15일
2쇄 발행일 2020년 3월 31일

기획 및 발행 유명종
편집 이지혜
디자인 이다혜
조판 신우인쇄
용지 에스에이치페이퍼
인쇄 신우인쇄

발행처 디스커버리미디어
출판등록 제 300-2010-44(2004. 02. 11)
주소 서울시 종로구 사직로8길 34 경희궁의 아침 3단지 오피스텔 431호
전화 02-587-5558
팩스 02-588-5558

ISBN 979-11-88829-14-9 03690